고령화 사회와 노인인권

서혜경 · 나영희

경춘사

2010년도 현재 한국의 65세 이상 고령인구는 542만명(11.3%)이다. 이 같은 한국의 고령화속도는 일본이나 미국 등 선진국에 비해 상당히 빠른 편이다.

2050년 한국의 노인인구비율은 38.2%로, 이미 고령사회에 들어선 유럽이나 북미 등의 25.9%에 비해 훨씬 높은수준에 이를 것으로 예측되고 있다. 그럼에도 불구하고 우리나라는 급속한 고령화속도에 비해 고령화 사회에 적합한 구조를 가지고 있지 않다는 것이 오늘날의 현주소이다.

예를 들면, 2010년 현재 OECD 국가 중 노인의 자살율 1위도 한국이며, 한국노인의 빈곤율 역시 OECD 1위이다. 물론 노인의 빈곤문제는 고령화 사회의 한 단면에 불과하며 한국만의 문제는 아니다.

이러한 측면에서 노인문제에 주목하여 온 많은 국제 비영리단체는 물론 유엔기구에서도 2007년도부터 유엔에서 국제노인인권규범을 제정하기 위한 전 세계적 캠페인을 벌여왔다. 이러한 노력으로 유엔에서는 (가칭) 국제노인인권규약을 만들기 위한 초안 작성에 이미 들어가 있으며 몇 차례 유엔총회에서 국제노인인권규약을 위한 성안을 위해 유엔 회원국으로부터의 각국의 노인인권상황보고서 제출을 받기도 하였다.

또한 이를 기초로 2011년 7월에 유엔인권 최고대표부가 세계노인인권보고서를 유엔총회에 제출하기도 하였다. 노인인권과 관련하여 유엔이 주목하는 분야는 노인인권의 국내법과 정책동향, 차별문제, 노인에 대한 폭력과 학대, 재정적인 착취, 건강, 장기요양과 재가보호, 사회보장과 사회적 보호, 노동과 일, 성인교육과 평생교육, 정책결정과 정치문화적 참여, 사법정의와 법적 구조에 대한 접근 등이다.

이점에서 본 교재는 노인인권분야에서 꼭 다루어야 할 분야들을 선정하여 그 현황을 개괄하고, 정부의 정책과의 연관성, 그리고 여전히 해결되지 않은 관련 분야의 노인인권과제들을 제시하고자 하였다. 총 4부 21장으로 노인들이 가장 관심이 많은 영역에서부터 여전히 소홀히 다루어지고 있는 분야까지 총 망라하고자 하였다.

머리말

Preface

이러한 각도에서 1부에서는 개인고령화, 인구고령화, 고령화에 대한 대륙별 동향 한국의 고령화 현황과 고령화의 사회적 경향을 다루었으며,

제 2부에서는 노인인권을 다루었다. 인권의 개념, 인권의 발달 노인인권, 노인인권의 국제 적 공통 경향, 인권과 노인복지실천을 다루었고,

제 3부는 노인인권의 주요현황과 과제를 짚어보았다. 즉, 노인인권과 소득보장, 노인인권과 의료보장, 노인인권과 사회서비스 보장등을 다루었다.

끝으로 그밖의 노인인권과 다양한 이슈들을 점검해보았으며 그중에서 호스피스 노인인권과 안락사, 노인인권과 소비자 보호. 노인인권과 안전, 노인인권과 안락사. 노인인권과 범죄피해, 노인인권과 노인학대, 노인인권과 노인과 성을 포함하고 있다.

본 교재는 한국에서 노인인권과 복지에 초점에 맞춘 거의 최초의 대학교재이다. 그러나 그러한 첫 시도만큼 자료수집에 많은 어려움도 있었고, 내용면으로도 더 보완해야 할 부분도 여전히 많다는 아쉬움이 남는다. 그럼에도 노인의 삶의 주요한 부분과 관련한 인권과 복지문제에 대해 유엔이나 국제사회는 물론 국내의 정부의 정책변화가 지속적으로 이어질 것이고, 이러한 변화가 더 많이 축적된다면 한국 고령사회가 노인의 인권과 복지에 기반한 사회로의 연착륙에 적지않은 기여를 희망해 본다.

심한 무더위 속에서 세심하게 교정을 봐주고 좋은 의견을 내준 이성학군, 노인사진을 제공해 주신 우면종합 복지관 김월도 관장님을 비롯 직원 관계자 여러분, 그리고 경춘사 사장님께 진심으로 감사드린다.

2012. 10

저자 서혜경. 나영희

Contents 차례

노인보호

자료: blog.naver.com/PostView.nhn?blogId=journaledu&logNo=20158409970

제1부
고령화 사회

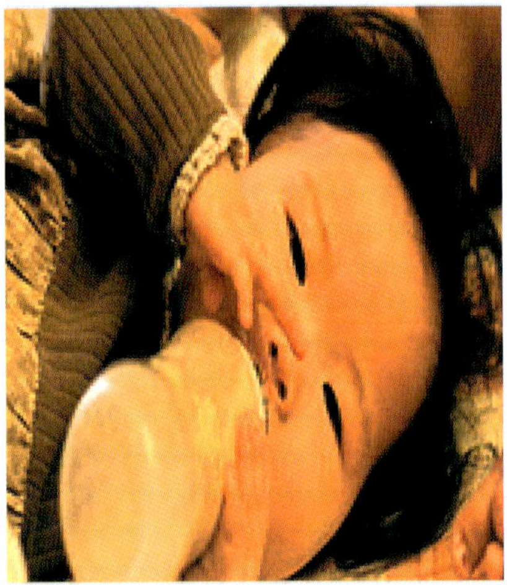

세상에 첫발을 디디고…

부모님의 보살핌을 받고 나를 채워나가며…

나를 형성해 나가고…

우리는 먼 훗날 연로함에서 묻어나오는

인생의 향기를 가지게 됩니다.

그것은 필히 황혼의 행복이며 특권입니다.
우리 모두 행복한 인생의 황혼기를 꿈꿉니다.

사진: 인권위원회, 인권동화(2008)
사진 김윤섭 월간 인권 2004년 4월 / 사진 최항영 월간 인권 2004년 11월
사진 김윤섭 월간 인권 2004년 5월 / 사진 성남훈 월간 인권 2004년 11월

제1장 개인 고령화

인권연극

개인 고령화는 개인적 차원에서 개인의 평균수명이 늘어나는 것을 의미한다. 개인고령화는 1900년 이후 출산율의 감소와 의학의 발달 보건 위생의 개선 등으로 인해 크게 증가하기 시작하여 2010년 기준으로 세계 모든 국가의 개인 고령화는 남성이 61.1세, 여성이 70.5세로 크게 증가하였다. 한편 OECD 국가의 평균 수명은 80세로 세계 모든 국가의 고령화 평균보다 매우 높게 나타났다. 또한 세계 모든 국가를 선진국, 개발도상국, 저개발국으로 구분하여 살펴보면 선진국의 남성의 기대수명이 74.2세, 여성이 80.9세로 나타났고, 개발도상국은 남성이 64.6세, 여성이 68.1세, 저개발국의 남성의 경우 기대수명이 55.6세 여성이 58.2세로 나타났다.

개인 고령화가 가장 높은 나라는 남성의 경우 아이슬란드(80.5세), 스위스(79.8세), 홍콩(79.7세)순이었고, 여성은 일본(86.6세), 홍콩(85.4세), 프랑스(85.0세)로 나타났다.반면, 개인 고령화가 가장 낮은 나라는 남성이 아프가니스탄(44.7세), 레소토(45.6세), 앙골라(46.1세) 순으로 여성은 아프가니스탄(44.6세), 레소토(45.9세), 스와질란드(46.0세) 순으로 조사되었다. 우리나라는 남성이 76.4세로 31위를 차지했고, 여성은 82.9세로 17위를 기록했다. 북한은 남성이 65.5세(118위), 여성이 69.7세(125위)로 나타났다(인구보건복지협회, 2010).

표1-1. 세계 주요국의 평균수명

남자			여자		
순위	국가	평균수명(남)	순위	국가	평균수명(여)
1	Iceland(아이슬란드)	80.5	1	Japan(일본)	86.6
2	Switzerland(스위스)	79.8	2	Hong Kong SAR, China(홍콩, 중국)	85.4
3	Hong Kong SAR, China(홍콩, 중국)	79.7	3	France(프랑스)	85.0
4	Japan(일본)	79.6	4	Switzerland(스위스)	84.4
5	Australia(오스트레일리아)	79.6	5	Spain(스페인)	84.4
6	Sweden(스웨덴)	79.1	6	Italy(이탈리아)	84.4
7	Israel(이스라엘)	79.0	7	Australia(오스트레일리아)	84.1
8	Norway(노르웨이)	78.8	8	Iceland(아이슬란드)	83.6
9	Canada(캐나다)	78.8	9	Finland(핀란드)	83.4
10	New Zealand(뉴질랜드)	78.7	10	Sweden(스웨덴)	83.3
	⋮				
31	Korea, Republioc of(한국)	76.4	17	Korea, Republioc of(한국)	82.9
	⋮				
118	Korea, Democratic People's Republic of(북한)	65.5	125	Korea, Democratic People's Republic of(북한)	69.7
180	Zimbabwe(짐바브웨)	46.8	180	Nigeria(나이지리아)	48.9
181	Zambia(잠비아)	46.7	181	Mozambique(모잠비크)	48.9
182	Congo, Democratic Republic of the(콩고민주공화국)	46.4	182	Zambia(잠비아)	47.8
183	Central African Republic (중앙아프리카공화국)	46.2	183	Zimbabwe(짐바브웨)	46.7
184	Angola(앙골라)	46.1	184	Swaziland(스와질란드)	46.0
185	Lesotho(레소토)	45.6	185	Lesotho(레소토)	45.9
186	Afghanistan(아프가니스탄)	44.7	186	Afghanistan(아프가니스탄)	44.6

*2010년 기준
자료: 인구보건복지협회, 2010
*note: SAR(Special Administrative Region)

한편 한국의 경우 개인 고령화가 매우 빠르게 진행되고 있다. [표1-2]를 살펴보면 일본, 영국, 미국 그리고 헝가리의 경우 2년 정도 증가한 반면 한국의 경우는 2000년 평균 수명이 76세에서 2009년 80세로 평균수명이 4년이나 증가하였다. 이것을 통해 다른 나라에 비해 한국은 두배나 빠른 속도로 개인 고령화가 진행되었다고 볼 수 있다.

표1-2. 세계 각국의 평균 수명

	2009			2000		
국가	남성	여성	전체	남성	여성	전체
한국	77	83	80	72	80	76
일본	80	86	83	78	85	81
스웨덴	79	83	81	77	82	80
영국	78	82	80	75	80	78
미국	76	81	79	74	80	77
헝가리	70	78	74	68	76	72

자료: WHO, Data and Statistics-Life Expectancy ; 보건복지부 한국보건산업진흥원 (2011), 고령친화사업 실태조사 및 산업분석

인구 고령화 제2장

노인학대연극

개인 고령화는 평균수명의 증가를 나타내는 것이지만 이것은 결국 인구 고령화에 영향을 미치게 된다. 평균 수명의 연장이라는 개인 고령화와 출산율의 저하는 인구 고령화에 영향을 미치게 된다. 인구 고령화는 사회의 고령화를 측정하는 척도로서 일반적으로 노년인구비율이라는 것이 쓰여진다. 이것은 총인구에 대한 65세 이상의 사람의 비율을 나타낸 것으로 문자 그대로 인구고령화 정도를 표시한 것이다. 전체인구대비 노년인구비율이 7%를 넘고 14% 미만의 사회를 고령화 사회, 14%에서 19% 미만의 사회를 고령사회, 20% 이상의 사회를 초고령사회라고 부른다. 실제 65세라고 하는 연령이 인구의 고령화를 나타내는 지표로서 쓰이게 된 본래의 발달은 19세기말에 독일에서 최초로 노인연금이 만들어 졌을 때 지급연령이 65세부터라고 정해졌기 때문이라고 한다.

그림1-1. 국가별 인구 고령화 정도

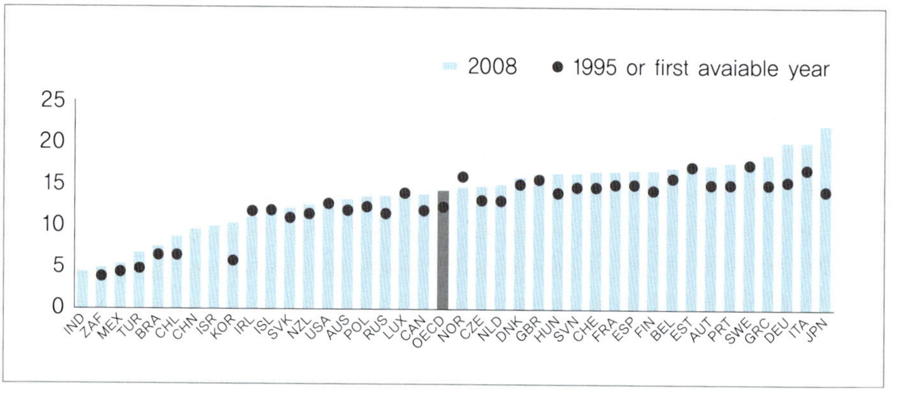

자료: OECD factbook 2011, Elderly population by region

[그림1-1]은 각 나라별 인구 중 65세 이상의 노인의 비율을 나타낸 것이다. 2006년 기준으로 보았을때 OECD의 인구 고령화 평균은 14.4%로 이미 고령사회에 진입한 것으로 나타난다. 1995년 또는 최초 관측시기 대비 2005년 고령인구의 증가를 살펴보면 전체적으로 1.9%p 증가한 반면 한국의 경우 4.4%p로 개인 고령화의 속도 역시 매우 빠르게 진행되고 있는 것을 알 수 있다. 이는 [표1-3]에서 세계 고령화 속도 추이를 통해서 더욱 분명하게 알 수 있다.

표1-3. 세계 고령화 속도

국가	도달연도			증가 소요연수	
	고령화(7%)	고령(14%)	초고령(20%)	7%→14%	14%→20%
한국	2000	2018	2026	18	8
일본	1970	1994	2006	24	12
프랑스	1864	1979	2018	115	39
이태리	1927	1988	2006	61	18
미국	1942	2015	2036	73	21
스웨덴	1887	1972	2014	85	42

자료 : 통계청, 장래인구추계 2006

일본의 경우 1970년에 고령화 사회에 진입하였고, 24년 후인 1994년 고령사회가 되었다. 이것은 구미에서 각국이 고령화 사회에서 고령사회로 이해하는데 약 반세기나 1세기가 걸린 것에 비하면 2배에서 4배의 속도이다. 일본의 고령화는 앞으로 더욱 진행하여 2015년에 28.8%, 2050년에는 35.7%에 달한다고 전망하고 있다. 노인인구의 증가는 세계적인 현상이며 우리사회의 인구사회학적인 변화를 살펴보면 우리나라도 이미 2000년 7월 65세 이상 노인인구가 전체인구의 7%를 넘어 고령화 사회에 진입하였다. 또한 2019년 노인인구가 14.4%로 고령사회 진입이 예상된다. [그림1-2]를 살펴보면 2010년 이미 11.0%에 도달한 것으로 나타나며, 10년 이내에 고령사회에 진입할 것으로 예상된다. 이러한 인구 고령화 속도는 전 세계에서도 유래를 찾아보기 힘든 것으로 매우 빠른 속도로 진행되고 있다는 것을 의미한다.

그림1-2. 한국의 인구구조 추이

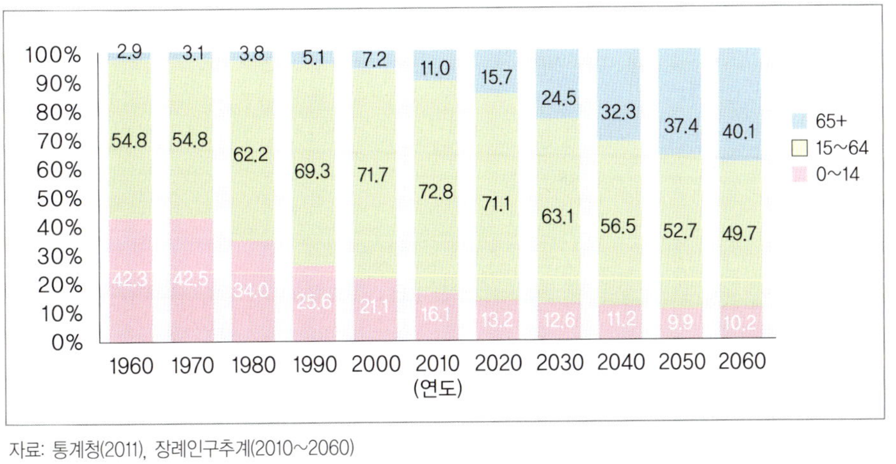

자료: 통계청(2011), 장례인구추계(2010~2060)

행복

제3장

고령화에 대한 대륙별 동향

1. 노인인구분포도

60세 이상 노인인구는 급속하게 증가하고 있다. 1980년경에는 60세 이상의 인구가 3억 78백만명 이었지만 30여년이 지난 2010년경에는 2배로 늘어난 7억 59백만명이며, 2050년경에는 20억으로 폭발적으로 증가할 추세이다.

그림1-3. 60세 이상의 인구:1980, 2010, 2050

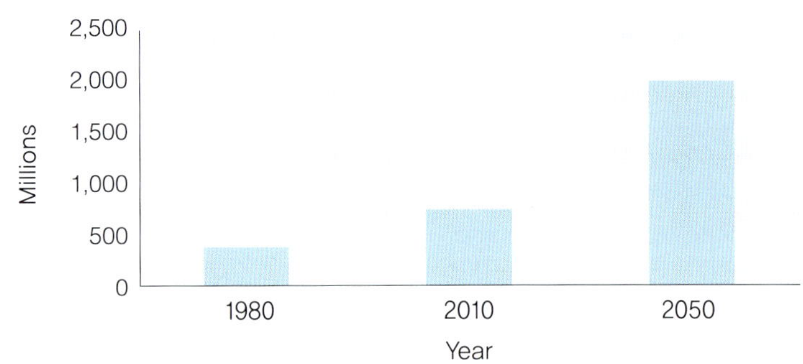

자료: 유엔, 2009, World Population Prospects, 2008 Revision

이러한 노인인구는 2010년 현재 총 노인인구인 7억 60백만명 중 1/2 이상인 4억 14백만명이 아시아에 살고 있다. 이 중 중국이 1억 66백만명, 인도에는 92백만명이 살고 있다. 이어서 유럽지역이 1억 61백만명, 그리고 북미에 65백만명, 남미와 카리브해에 59백만 명이 아프리카에는 55백만 명, 오세아니아 대륙에 6백만 명이 살고 있다. 이러한 인구추세를 보건대, 2010년에 개발도상국에 거주하는 노인인구는 약 65%에서 2050경에는 80%를 점유할 것으로 예상되고 있다.

한편 여성이 남성에 비해 오래사는 경향이 있다는 것을 감안할 때, 60세 이상의 여성노인은 2009년만 하더라도 남성노인보다 66백만명이 더 많다. 이처럼 기대여명에서도 남녀간의 차이가 지역에 따라 달라지게 나타난다.

표1-4. 기대여명별 남녀차이, 여성과 남성노인의 기대여명 차이

	1950-1955	2005-2010	기대여명의 차이
세계	2.8	4.4	1.6
아프리카	2.5	2.4	-0.1
아시아	1.3	3.7	2.4
유럽	5.0	8.0	3.0
남미와 카리브연안	3.4	6.5	3.1
북미	5.8	4.5	-1.3
오세아니아	4.8	4.8	0.0

자료: 유엔, 2009, World Population Prospects, 2008 Revision

연령이 증가함에 따라 여성의 비율도 증가하고 있다. 60세 이상의 노인인구중, 2009년에 여성노인의 비율은 54%이었으나, 80세이상의 경우에는 63%를 점유하고 있으며 100세 이상에는 81%로 여성비율이 증가한다.

2. 혼인상태

대부분의 남성노인은 기혼상태이며, 대부분의 여성노인은 그렇지 않다. 대신에 여성노인은 과부가 될 가능성이 많다. 세계적으로 60세 이상의 남성노인의 80% 가량이, 그리고 같은 연령대의 여성노인의 반 정도 이하가 현재 배우자가 있는 상태이다. 대륙별로 본다면, 아프리카에서는 남성노인이 85% 이상이 결혼한 상태이며, 오세아니아가 73% 정도이다. 반면 아시아의 경우 결혼한 여성노인의 비중이 52%이고, 아프리카에서는 39% 정도이다. 아프리카의 경우, 남성노인은 여성노인에 비해 기혼상태일 가능성이 더 많은데 기혼여부에 대한 남녀차이가 나는 이유는, 여성의 기대수명이 남성보다 높은데다 남성노인의 경우 이혼이나 혹은 사별후에 재혼할 가능성이 많은데서 기인하기 때문이다. 이렇듯 결혼여부의 상태는 사회적 지위, 삶의 상태나 복지에 영향을 끼친다. 한 보고서에 따르면 기혼의 경우 정신적 건강에 유익한 영향을 미친다. 기혼상태에 있는 노인들은 기혼상태에 있지 않은 노인에 비해 우울이나 외로움을 느낄 가능성이 더 적은 편이며, 게다가 삶의 만족도도 더 높은 편이다. 기혼이 건강에 끼치는 긍정적 영향은 여성보다 남성노인에게 더 크다. 반면 여성노인의 경제적 상황은 주로 남성에 비해 결혼에 의한 아주 강력한 영향을 받는 편이다. 남편과 사별한 여성노인의 경우 종종 노령연금의 부분적 손실을 입기 때문이다. 어떤 경우, 특히 개발도상국에서는 여성은 남편과 사별할 경우 유산을 받고 이를 처분할 수 있는 법적 권리가 없거나 혹은

남편의 친척이 주택이나 토지 혹은 다른 자산들을 빼앗아가기도 한다.

3. 가족구성도

대부분의 개발도상국에서는 노인의 대다수가 친인척과 살고 있거나 혹은 자녀와 살고 있기도 하다. 전통적으로 다세대 가족구성원들은 가족자원의 공유를 하고 있으며, 상호간의 지원을 제공하기도 한다. 이들 나라에서는 적어도 1명 정도의 성인자녀가 부모가 살고 있는 동안에 같이 살고 있기도 하나, 선진국의 경우 대부분의 노인들은 같이 동거하는 자녀없이 홀로 늙어가기도 한다. 중진국의 경우 60세 이상의 노인의 3/4 정도가 자녀들이나 혹은 손주들과 살고 있는데, 이러한 수치는 선진국의 경우 노인의 1/4 정도가 자녀들, 혹은 손주들과 살고 있는 경우와 비교되는 면이다. 대부분의 선진국에서는 노인은 배우자가 있거나 혹은 배우자의 사망이후 단독가구를 형성하기도 한다. 대부분 유가족들은 여성이며 여성노인은 미망인 될 가능성이 많으며 그리고 그들의 노후를 특히 75세 이후에는 홀로 살 가능성이 많다.

4. 세대주

자녀들과 살고있는 대부분의 노인들은 세대주로 간주된다. 개발도상국에서는 평균적으로 60 세이상의 남성노인의 90%가 세대주로 확인되고 있다. 80세 이상의 경우에도 남성의 반 정도가 여전히 세대주인 경우가 많다. 이에 반해 개발도상국의 여성노인의 2/3가 평균적으로 세대주로 있거나 혹은 배우자와 함께 살기도 한다. 세대주로서의 역할이 가족자원이나 가족의 중대사에 어느 정도 의사결정을 할 수 있는 권한까지를 포함하는 것인지가 분명치 않지만 노인의 세대주 구성치가 제시한 것이 의미하는 것은 적어도 남성노인의 경우 가족중대사에 중요한 역할을 하고 있는 것으로 볼 수 있다.

자녀와 살고 있는 노인과 비교 시, 친인척이나 혹은 이웃과 살고 있는 노인들은 세대주가 될 가능성이 훨씬 적다. 이러한 노인의 수치는 개발도상국에서는 5% 정도이다.

한국의 고령화 현황 제4장

고독, 외로움 치매

2010 통계청의 인구주택총조사에 따르면 연령별 인구구조는 30대, 40대 인구가 가장 많으며, 유소년인구가 감소하고 고령인구가 증가함에 따라 「항아리형」인구피라미드를 나타내고 있다. 이러한 인구피라미드에서 중위연령은 38.1세로 2005년(35.0세)보다 3.1세 증가하였고 노령화지수는 유소년 10명당 고령자 7명 수준인 69.7로 2005년(48.6)보다 21.1이 증가한 것으로 나타났다.

한편 65세 이상 고령인구는 542만명(11.3%)으로 2005년 437만명(9.3%)보다 106만명(24.3%) 증가하였다. 이에 따라 모든 시도의 고령인구 비율이 7%가 넘어 고령화사회 진입하였는데, 전남 20.4%, 경북 16.7%, 전북 16.4% 순이며,울산이 7.0%로 가장 낮게 나타났다.

2010년 총조사 인구의 연령별 구조는 30, 40대의 인구가 15,999천명(33.3%)으로 연령별 구조의 중심을 이루면서, 30대 미만과 50대 이상이 적은『항아리형』인구피라미드를 나타낸다고 할 수 있을 것이다(통계청, 2010 인구주택총조사). 이를 50년전과 비교하면 50년 전인 1960년의 연령별 구조는 전형적인 피라미드 형태와 다른 것을 알 수 있다.

그림1-4. 1960 / 2010 인구피라미드

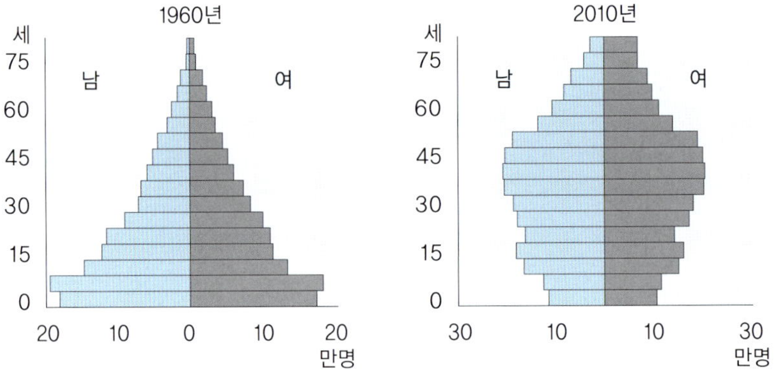

그림1-5. 2005/2010 인구피라미드

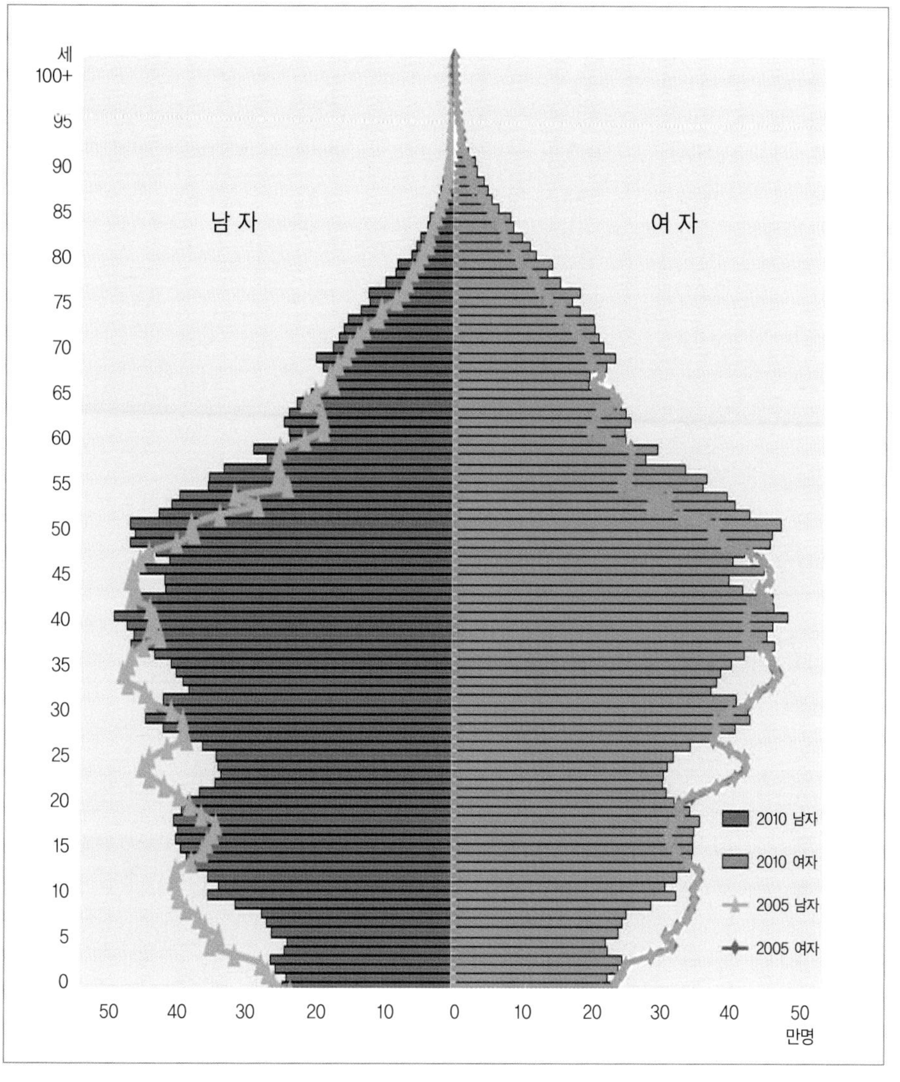

또한 2010년 인구주택 총조사에서 나타난 인구의 분포도를 보면, 연령별로는 40~44세 인구가 4,131천명(8.6%)으로 가장 많으며, 0~4세 인구는 2,219천명(4.6%)으로 2005년(2,382천명, 5.1%)보다 163천명 감소한 것으로 드러났다. 즉 40대를 기점으로 고연령층은 증가한 반면, 저연령층은 감소하는것으로 보인다. 이를 자세히 연령별로 살펴보면 다음과 같다.

표1-5. 연령별 내국인 인구

(단위 : 천명, %)

연 령	2005년(A)		2010년(B)		증감(B-A)	
		구성비		구성비		증감률
계	47,041	100.0	47,991	100.0	949	2.0
0-4	2,382	5.1	2,219	4.6	-163	-6.9
5-9	3,169	6.7	2,395	5.0	-774	-24.4
10-14	3,435	7.3	3,173	6.6	-262	-7.6
15-19	3,101	6.6	3,438	7.2	338	10.9
20-24	3,662	7.8	3,055	6.4	-607	-16.6
25-29	3,672	7.8	3,539	7.4	-133	-3.6
30-34	4,096	8.7	3,695	7.7	-401	-9.8
35-39	4,113	8.7	4,099	8.5	-14	-0.3
40-44	4,123	8.8	4,131	8.6	8	0.2
45-49	3,901	8.3	4,073	8.5	172	4.4
50-54	2,855	6.1	3,798	7.9	943	33.0
55-59	2,278	4.8	2,767	5.8	488	21.4
60-64	1,889	4.0	2,182	4.5	293	15.5
65-69	1,680	3.6	1,812	3.8	132	7.9
70-74	1,253	2.7	1,566	3.3	313	25.0
75-79	767	1.6	1,084	2.3	317	41.4
80-84	432	0.9	596	1.2	163	37.8
85세 이상	233	0.5	367	0.8	133	57.1

고령화지수와 더불어 노년 부양비를 살펴보면 다음과 같은 특징이 나타난다. 유소년 인구(0-14세)는 감소, 고령인구는 증가 추세에 있다. 즉 2010년 총조사 인구 중 유소년 인구는 7,787천명(16.2%), 생산연령인구는 34,779천명(72.5%), 65세 이상의 고령인구는 5,425천명(11.3%)으로 나타난 것이다. 결국 유소년부양비는 지속적으로 감소하는 반면, 노년부양비는 증가하고 있는 것이다. 2010년 현재 노령화지수는 69.7로 2005년(48.6)보다 21.1증가하였다고 할 것이다.

표1-6. 연도별 유소년, 생산연령 및 고령인구 추이

(단위 : 천명, 100명당)

구 분	1980년	1985년	1990년	1995년	2000년	2005년	2010년
계	37,407	40,420	43,390	44,554	45,985	47,041	47,991
유소년인구(0~14세)	33.8	29.9	25.7	23.0	21.0	19.1	16.2
생산연령인구(15~64세)	62.3	65.8	69.4	71.1	71.7	71.6	72.5
고령인구(65세 이상)	3.9	4.3	5.0	5.9	7.3	9.3	11.3
유소년부양비	54.3	45.5	37.0	32.3	29.2	26.7	22.4
노년부양비	6.2	6.6	7.2	8.3	10.2	13.0	15.6
노령화지수	11.4	14.5	19.4	25.8	35.0	48.6	69.7

그림1-6. 연령 계급별 분포 및 고령화지수

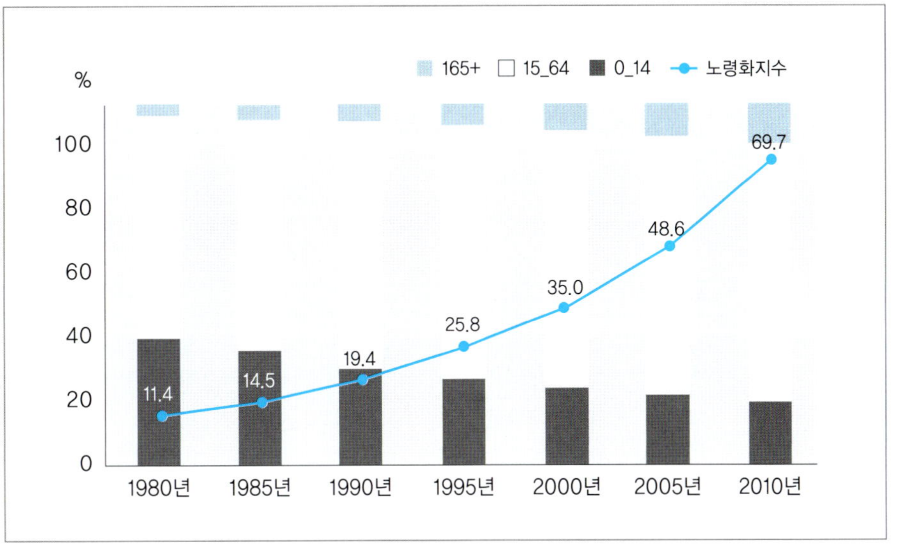

이를 다시 고령인구 규모 및 추이별로 보면 65세 이상 인구는 5,425천명, 총인구의 11.3%으로 2005년 4,365천명(9.3%)보다 1,059천명(24.3%) 증가한 것이다. 성별로는 여자가 3,227천명(59.5%), 남자가 2,198천명(40.5%)이다. 한편 거주지역별로 고령인구분포도를 보면 동지역 거주자가 3,618천명(66.7%), 읍면지역 거주자가 1,806천명(33.3%)이다.

표1-7. 연도별 고령인구 추이

(단위 : 천명, %)

구 분		1995년		2000년		2005년(A)		2010년(B)		증감(B-A)	
			구성비		구성비		구성비		구성비		증감률
인 구		44,554		45,985		47,041		47,991		949	2.0
65세이상		2,640	100.0	3,372	100.0	4,365	100.0	5,425	100.0	1,059	24.3
	남자	975	36.9	1,287	38.2	1,736	39.8	2,198	40.5	461	26.6
	여자	1,666	63.1	2,084	61.8	2,629	60.2	3,227	59.5	598	22.8

그림1-7. 고령인구 및 남녀 비율

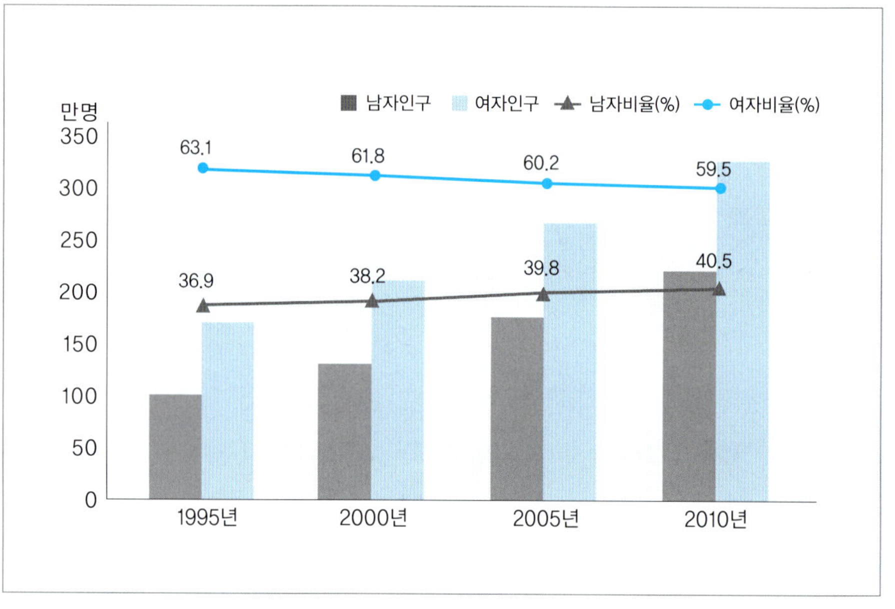

고령화의 사회적 영향 제5장

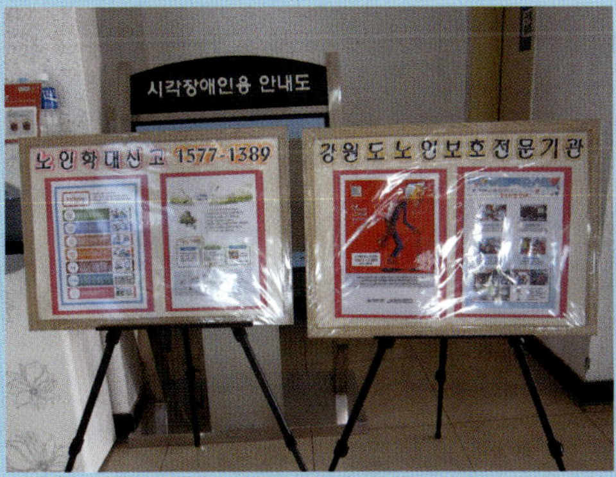

노인학대 신고

과거에는 수명이나 장수라는 말에 상징되듯이 행복한일로 여겨져 왔다. 장수를 보장하는 것은 기본적으로 기뻐할 일이며 행복한 일로 여겨져 왔다. 오늘날도 고령자에 대해서 '건강하게 오래사세요' 라는 말이 자주 쓰이고 있다. 그러나 나이를 거듭한다는 것은 노화가 진행한다는 것이 되고 육체적으로나 정신적으로나 젊었을 때와는 같은 일을 하기에는 한계가 있다. 그것은 당연한 것으로 그것자체가 사회적인 문제가 되지 않는다. 사회문제로서의 고령자 문제라는 것은 반드시 장수와 결부되지 않는 사회의 상황시스템에 있다. 인구의 고령화에 따른 노인인구의 증가는 현대사회의 심각한 사회문제로 대두되고 있다.

평균수명에는 평균수명 중 건강하게 생활하는 기간의 평균수명으로 건강평균수명이 있고 건강약화로 타인에게 의존하게 되는 기간의 평균수명으로 의존평균수명이 있다. Estes(2001)는 고령화는 만성질병으로 죽었던 노인들이 보건환경의 개선과 의학의 발달로 인해 오랫동안 살게 되었지만, 근본적인 만성질병은 해결하지 못함으로써 만성질병을 가진 노인의 증가 양상을 가져왔다고 주장하였다(Estes, 2001). 즉, 의존평균수명이 증가하고 있다는 것이다. 이러한 건강약화로 인해 누군가의 도움이 필요한 노인이 증가함으로써 돌봄의 필요성이 제기되고 있다. 옛날에는 가족안에서 이러한 욕구를 해결하는 경우가 많았지만 고령화가 노인의 가족구성에 영향을 미쳐 노인단독세대가족이 크게 증가함으로써 가정에서 해결하지 못하는 경우가 발생하고 있다. [표1-8]을 보면 가구규모가 1인(독거노인)인 경우가 26.7%, 2인이 사는 경우는 45.5%로 매우 높게 나타났으며, 1세대가 사는 경우는 39.8%로 나타났다. 이것은 결국 노인의 의료보장에 대한 지출 증가로 연결되고, 더 나아가 노인의 다양한 삶의 질 향상을 위한 욕구를 가구에서 해결하지 못하게 됨으로써 사회서비스, 소득보장 등의 증가로 인한 사회 비용이 크게 증가할 것이다.

자료: blog.paran.com/blog/detail/postBoard.kth?pmcId=nsc&blogDataId=12590960

표1-8. 가구 규모 및 세대 구성

(단위 : %)

구분		60세 이상			65세 이상
		동부	읍면부	전체	
가구규모	1인	21.8	34.1	25.7	26.7
	2인	44.8	46.9	45.6	45.5
	3인	15.2	8.9	13.2	12.1
	4인	7.5	3.3	6.1	6.8
	5인 이상	10.7	6.8	9.4	9.9
계 (가구수)		100.0 (8,529)	100.0 (4,088)	100.0 (12,567)	100.0 (10,715)
평균 가구원수(명)		2.5	2.1	2.3	2.3
세대구성	1세대	38.0	43.3	39.7	39.8
	2세대	24.8	18.4	21.1	19.3
	3세대 이상	15.3	9.1	13.4	14.1
	1인 가구	21.8	34.1	25.7	26.7
	비혈연가구	0.1	0.1	0.1	0.1
계 (가구수)		100.0 (8,529)	100.0 (4,038)	100.0 (12,567)	100.0 (10,715)

자료: 보건복지부,계명대학교, 2008년도 노인실태조사: 전국노인생활실태 및 복지욕구조사, p.139

노인의 비율이 증가하고, 공적연금수급기간이 늘어나면서 재정적인 부담을 가중시키며, 이로 인해 국가 재정적자를 증가시킬 가능성이 높아지게 될 것이다. 무엇보다 저출산으로 노동인구가 감소하여 고령의 근로자가 노동시장에 더 오래 머물러 있어야 한다거나 노동력 부족 현상이 발생할 가능성이 높다(최성재, 장인협, 2010).

하지만 사회적 영향으로 바라보는 인구고령화로 인한 문제로써 재정적 부담, 사회적 부담 증가가 아니라 변화한 인구구성과 그에 따르는 사회적 위험의 내용과 성격의 변화에 있어서 우리 사회가 얼마나, 그리고 어떻게 대처할 것인가가 더욱 중요하다. 고령화로 인한 사회적 영향은 위기가 아니라 우리 사회가 겪어온 수많은 변화 중 또 하나의 새로운 변화이다. 이러한 변화에 대한 대응은 Marmor and Mashaw가 주장한 것과 같이 우리(us)-그들(them)이 아닌 우리(us)-우리(us)의 차원에서 고려되어야 하고, 노인이 인간으로써 누려야하는 권리로써 인정할 필요가 있다.

자료: 중앙일보(2009.1.20.일자)

제 2 부
노인인권

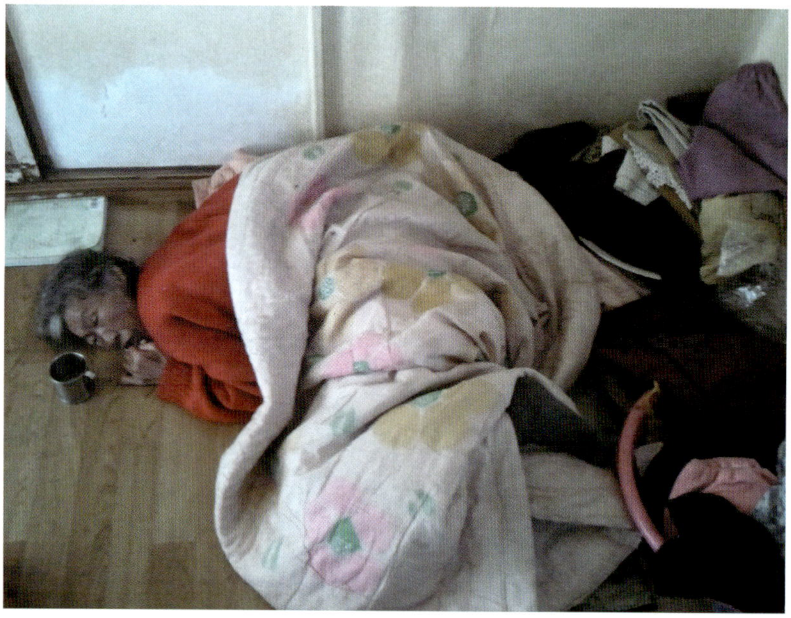

방임

인권의 개념 제1장

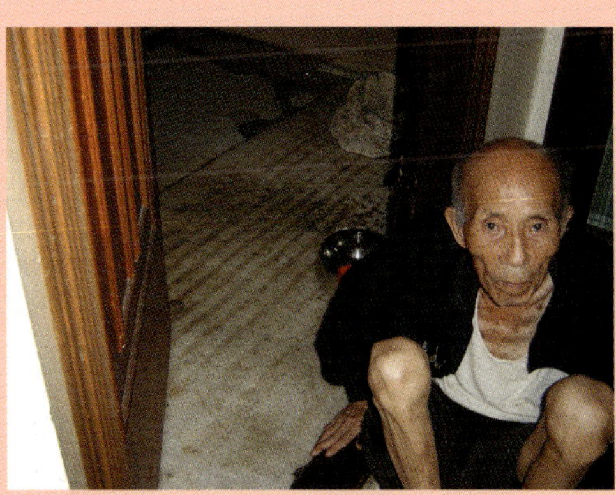

방임(쓸쓸함)

인권(Human Rights)의 개념은 봉건사회의 몰락과 근대 자본주의 사회의 형성이라는 역사적 측면과 인간의 해방이라는 보편적 사상의 발전이 결합되어 나타났다. 인권의 개념은 17세기 이후 서유럽의 자유주의 정치사상에 입각한 자연법 사상에서 비롯되었으며, 인권이라는 용어는 '인간의 권리' 에서 유래 되었다. 이러한 인권은 모든 개인에게 보편적으로 적용되는 생명, 자유, 평등, 정의, 사회적 책임과 같은 광범위한 기본 가치들이 내포되어 있고, 사람들 사이의 의사소통과 상호작용을 통해 구성되고 진화하는 역동적 개념이다.

인권을 바라보는 관점 또한 매우 다양하다. 기본적으로 인간의 존엄성을 보장받을 권리 또는 차별받지 않는 권리로 보는 관점과 그 내용과 영역이 다양하다고 보는 관점들이 있다. 인권의 사전적 의미는 '사람이 사람답게 살기 위해 필요한 것으로서 당연히 인정된 기본적 권리' 또는 '인간이 자연인으로 누려야 할 당연한 권리' 를 의미한다. 그러나 세계인권선언에서는 인권의 개념을 보다 적극적으로 해석하여 '인간의 권리' 를 넘어 '인간이 되기 위한 권리, 인간이 가져야 할 당연한 권리' 로 보고 있다. 인권은 몇 가지 중요한 특징을 볼 수 있다. 첫째, 인간이 갖는 기본적 권리이다. 인간의 권리라기보다는 인간답게 살 권리로 보고 있다. 둘째, 인간이 갖는 보편적 원리이다. 성, 연령, 종교, 사회적 신분 등에 관계없이 모든 인간이 인간이기 때문에 가질 수 있는 권리이다. 셋째, 약자를 위한 권리이다. 사회적 양자는 당연히 누려야 하는 권리를 침해받거나 박탈당하는 경우가 많으므로, 이들을 지켜지고 확보되어야 하는 권리이다. 넷째, 본인의 인권이 존중되듯이 타인의 인권도 존중되어야 하는 책임을 동반한 권리이다. 다섯째, 인권은 법으로 보장되는 권리 이상의 것이다. 즉, 인권은 법에 따라 보장되고 있는 권리에만 한정되지 않으며, 현행법이 보장하고 있지 않더라도 인간의 존엄성을 보장하는 데에 반드시 필요한 권리는 인권으로 보장해야 한다.

세계인권 선언 제 1조에서는 "모든 사람은 날 때부터 자유롭고 동등한 존엄성과 권리를 가지고 있다. 사람은 천부적으로 이성과 양심을 가지고 있으며, 서로 형제애의 정신으로 행동하여야 한다."고 규정하여, 인권이 천부적으로 부여받은 인간의 존엄성을 의미하는 것임을 알 수 있다. 국제인권조약은 세계인권선언의 내용을 보다 구체적이며 강제력이 높은 조약 형태로 제정한 것이다. 경제적 · 사회적 · 문화적 권리에 관한 국제조약에서는 세계인권선언을 근거로 결핍으로부터의 자유를 향유하는 인간이 되기 위해서는 경제적, 사회적 및 문화적 권리를 향유할 수 있는 여건이 조성되어야만 가능하다는 점을 인정한다. 시민적 · 정치적 권리에 관한 국제조약은 모든 사람이 자신의 경제적, 사회적 및 문화적 권리뿐 만 아니라 시민적 및 정치적 권리를 향유할 수 있는 여건이 조성되는 경우에만 인정한다.

인간의 존엄성과 평등권, 경제적 · 사회적 · 문화적 권리 및 시민적 · 정치적 권리를 큰 범주로 구분하고 있다. 우리나라 헌법 제 10조는 "모든 국민은 인간으로서의 존엄과 가치를 가지며, 행복을 추구할 권리를 가진다. 국가는 개인이 가지는 불가침의 기본적 인권을 확인하고 이를 보장할 의무를 진다."고 규정하여 인간의 존엄성과 행복추구권 등을 규정하고 있다.

인권의 발달 제2장

자료: 국가인권위원회 인권교육센터

권력으로부터 국민의 권리를 보장한 최초의 제도는 영국의 1215년의 '대헌장(Magna Carta Liberatatum)' 이다. 대헌장은 법에 의해 왕권을 규제하고 국민의 권리를 보장한 최초의 문서라는 점에서 매우 큰 의의를 지닌다. 대헌장 이후 왕권을 견제하기 위한 입헌주의적 전통이 수립되었으나, 보편적이고 침해할 수 없는 권리와 자유를 보장한 것은 아니었다. 17, 18세기에 이르러서야 자연법사상, 천부권 사상의 관념들이 싹트기 시작하였고, 인간의 권리가 명백하게 주장되기 시작하였다. 이와 같이 시민사회가 성숙하면서 시민권으로써 자유권에서 시작하여 정치권, 그리고 사회권으로 확대와 함께 이러한 권리가 모든 시민에게 보편적 권리로 확대되면서 발전하였다. 이러한 인권의 단계적 발전단계를 정의한 것이 마셜이다. 마셜(Marshall, 1950)은 시민권으로써 공민권(civil right)은 18세기에, 정치권(political right)은 19세기에, 그리고 사회권(social right)은 20세기에 발달하였다고 주장하였다.

먼저, 공민권은 개인의 자유와 법 앞에서의 평등을 보장받을 권리를 의미한다. 계약체결의 자유 및 사유재산권 등의 자유가 자유주의적 생산양식의 발전을 가능하게 했던 권리라면 언론, 출판, 집회, 결사의 자유는 시민사회로 발전할 수 있는 토대였다. 공민권은 자연권의 개념으로 외부로부터 부여되거나 획득되는 것이 아닌 인간이면 누구나 가지고 태어나는 권리이므로 당연히 보호되고 보장되어야 한다는 인식에 기반을 두고 있다. 이 권리에 의해 빈곤으로부터의 보호, 법 앞에서의 평등, 시민의 자유가 제도화되었다.

그러나 18세기 발달한 공민권의 근간이 되는 근대시민법은 권력으로부터의 불간섭을 요구하는 자유권 중심의 인권보장을 위주로 구성된 것으로서, 자본주의 발달에 따른 사회경제적 불평등에 대한 개혁을 통해 실질적인 평등을 보장한 것은 아니었다. 참정권에 있어서도 보통 선거를 보장하지 않고, 일정한 재산을 갖춘 남성에게만 참정권을 보장하는 제한적인 선거제도를 도입하고 있었다. 즉, 외형적으로는 모든 인간의 이름으로 선언된 권리가 실제적으로는 부르주아계급이면서 남성에게만 시민으로서, 인간으로서 권리를 인정한 것에 불과하였다. 18-19세기 프랑스와 미국의 인권선언을 계기로 그 이후에는 많은 민주주의 국가에서 일반국민들에게 평등하게 참정권을 인정하기 시작하였다.

19세기에 발달한 정치권은 참정권으로써 투표할 권리와 관직에 출마할 권리 등을 의미한다. 이 권리는 최초에 귀족계급에게만 주어졌던 것이 중산계급으로 확대되고 그 다음에 노동자 계급으로 확대되었으며 마지막으로 여성에게까지 확대된 것이다. 이는 궁극적으로 민주주의의 발달에 토대가 된 것으로 평가된다.

19세기를 지나서 1919년의 독일 바이마르헌법을 시초로 하여 현대 자본주의국가는 각국 헌법에 국민에게 최소한의 인간다운 생활을 보장하는 것을 목적으로 하는 사회국가(福祉國家)의 이념을 도입하게 되었다.

20세기 복지국가는 시민권의 성격에 중요한 변화를 가져왔는데, 그 이전에는 빈곤 등으로 인한 의존성이 정치적 권리를 배제시키는 충분한 근거가 되었지만 복지국가로의 발전 이후 의존성은 국가로부터 보호되고 보장받아야 할 권리로 변화되었다(유해미, 2006; 최성재, 2012 재인용). 대표적인 것이 사회권으로 사회권은 소득, 주거, 건강보호 서비스, 공공교육과 같은 복지국가에서 제도화된 다양한 사회 서비스 권리를 의미하였다. 1919년 바이마르 헌법에서 최초로 사회적 기본권을 규정한 이래 오늘날 대부분의 민주주의 국가에서는 규정방식의 여하에도 불구하고 자유권적 기본권과 더불어 사회적 기본권을 보편적 권리로, 즉 인권으로 인정하고 있다(윤석진, 2006; 최성재, 2012 재인용). 현대 자본주의 국가들의 헌법은 19세기까지 일관적으로 견제했던 자유방임적 자세에서 벗어나 사회경제적 약자의 인간다운 생활을 보장하기 위해 경제활동의 자유를 적극적으로 제한할 수 있는 규정을 도입하기 시작한 것이다. 사회적 기본권은 다른 기본권과는 달리 국가의 행정적, 재정적 지원 없이는 실현이 불가능하다. 병원에 갈 자유는 있지만 재정적인 이유로 치료를 받지 못하는 경우가 발생한다. 즉, 자유와 함께 자신 본인의 기본적인 욕구를 충족하기 위한 서비스에 대해 요구할 수 있는 권리가 바로 사회권이다.

인권은 일부만 누리는 것에서 모두가 누리는 보편적 권리로써의 확대와 이것을 향유하기 위한 국가의 적극적인 역할이 강조되는 방향으로 발달하였다.

폭력의 흔적

노인 인권 제3장

버려진 모습(빈곤)

노인의 인권은
우리 미래의 인권입니다.

요즘 당신은 젊고 활기찼던 시절을
돌이켜보시더군요. '이제 몸도 마음도
옛날의 내것이 아니구나'하고
아쉬움과 후회도 하시겠지요.

어머니, 당신이 노인이 되었다고
모든 것을 다 잃은 것은 아닙니다.
노인이 되었음도 당신이 누리는 축복입니다.

당신이 열심히 일하던 지난 시간들은
모두 이 노년을 위한 시간들이었습니다.

지금부터는 아주 고귀하고 멋진 삶을
살아가셔야 합니다. 아름다운 세상에서의
기억들을 30년 전 아이에게도
나눠주셔야 합니다.

[인권위원회 · 인권동화(2008)]

노인과 인권은 어떤 관계가 있을까? 대부분의 노인들은 인권에 관련한 유용한 지식이 별로 없는 편이이며, 있다 하더라도 정작 자신과 관련지어 생각하는 경우는 많지 않다. 우린 때때로 다른 사람들이 노인들을 대하는 방식이 잘못된 것을 발견하게 된다. 따라서 우리는 노인들에게 그들의 인권에 대해 가깝게 접근할 수 있도록 해야 함은 물론이고, 잘못된 취급을 하는 것에 대해서도 단호히 도전하도록 하는 것이 매우 중요하다.

노인에게 인권은 ①누구나 소유하고 있으며, 특히 노인에게 매우 중요한 보호 수단으로서 작용한다. ②정부, 병원, 사회서비스 기관 등 공공기관에서 공정함과 차별 없는 평등한 대우수단으로서 작용한다. 즉, 정부, 병원, 사회서비스, 기관 등 공공기관에서 공정함과 차별없는 평등한 대우 존엄성과 존중을 갖고 사람들을 대하도록 하는 권위를 부여하도록 만든다.

그런 의미에서 고령자와 인권이라는 이 책은 노인인권에 관한 실질적인 정보는 물론 노인들과 그들과 함께 일하고 있는 종사자들에게 유용한 정보를 줄 것이다. 더불어 인권은 노인의 삶에 연관되어 있음을 다시 한번 일깨우고자 함에 있다. 또한 노인의 권리에 관한 규약의 필요성에 대한 인식과 이해를 강화하기 위함이며 노인의 권리에 관한 논쟁과 규약의 역할에 관해 이해당사자들이 관여하게끔 하는 논점과 도구를 제공하는데 그 목적이 있다.

많은 사람들이 생각하기를 인권은 선진국에서나 의미가 있거나 혹은 법률적으로 골치아픈 문제로 생각하기도 한다. 그러나 인권은 일상생활에서 고민을 할 거리가 생기거나 일상생활에서 경험할 수 있는 많은 것들과 관련이 있다. 그렇다면 인권이 어떻게 우리를 도울 수 있는지, 정부의 법률로 어떻게 보호되는지 국가별로 살펴보도록 하겠다.

1. 노인인권 기본원칙과 국가별 노인인권 관련법

이 장을 통하여 먼저 노인이 인간으로서 존엄성을 잃지 않도록 각국에서 보장하는 노인의 권리에 대한 기본원칙을 살펴보고 노인들이 영위할 수 있는 권리내용을 파악해 보고자 한다.

이러한 작업은 현재 우리사회의 노인의 위상을 점검해보고 우리의 노인복지운동의 당위성을 이끌어내는 기준을 제시해 줄 수 있을 것이다.

노인의 인권을 보장하기 위한 노력은 UN의 세계인권선언에서 시발점을 찾을 수 있으며 이후 노인권리보장을 위한 세계행동기획안은 세계각국의 노인인권보장에 대한 지침으로 제시해주고 있다. 여기에서는 UN 과 노인인권에 대해 이미 법적 보장을 하고 있는 나라들의 노인인권보장에 대해서 알아보고자 한다.

1) United Nations (UN)

(1) 세계인권선언

자료: amnesty.or.kr/about/인권이란

UN은 1948년 12월 10일 제 3최 총회에서 세계인권선언을 채택하였다. 제 1조에 '모든 인간은 나면서부터 자유롭고 그와 동등한 존엄성과 권리를 가지고 있다' 라고 천명하고 의식주 의료 및 필요한 사회적 시설 등에 의해서 노인 가족의 건강 및 복지를 유지하기에 충분한 생활수준을 유지할 권리를 가진다고 하였다.

또한 노령, 심신장애 등으로 생활불능의 경우는 국가의 보장을 받을 권리를 가지며 모든 인간을 사회의 일원으로서 사회보장을 받을권리를 가지고 자기의 존엄과 인격의 발전에 불가결한 경제적 사회적 문화적 권리를 가지는 것 (제 25조 , 제 22조) 등을 선언하고 있다.

한편 1991년 12월 16일 유엔총회에서 노인을 위한 유엔 원칙을 채택하였으며, 자립, 참여, 보호, 자아실현, 존엄을 5가지 주요원칙을 다음과 같이 제시하고 있다.

① 자립의 원칙(Independence)

- 노인은 소득, 가족과 지역사회의 지원 및 자조를 통하여 적절한 식량, 물, 주거, 의복 및 건강보호에 접근할 수 있어야 한다.
- 노인을 일을 할 수 있는 기회를 제공받거나, 다른 소득을 얻을 수 있는 기회에 접근할 수 있어야 한다.

- 노인은 직장에서 언제 어떻게 그만둘 것인지에 대한 결정에 참여할 수 있어야 한다.
- 노인은 적절한 교육과 훈련 프로그램에 접근할 수 있어야 한다.
- 노인은 개인의 선호와 변화하는 능력에 맞추어 안전하고 적응할 수 있는 환경에서 살 수 있어야 한다.
- 노인은 가능한 오랫동안 가정에서 살 수 있어야 한다.

② 참여의 원칙(Participation)

- 노인은 사회에 통합되어야 하며, 그들의 복지에 직접 영향을 미치는 정책의 형성과 이해에 적극적으로 참여하고 그들의 지식과 기술을 젊은 세대와 함께 공유하여야 한다.
- 노인은 지역사회봉사를 위한 기회를 찾고 개발하여야 하며, 그들의 흥미와 능력에 알맞은 자원봉사자로서 봉사할 수 있어야 한다.
- 노인들을 위한 사회운동과 단체를 형성할 수 있어야 한다.

③ 보호의 원칙(Care)

- 노인은 각 사회의 문화적 가치체계에 따라 가족과 지역사회의 보살핌과 보호를 받아야 한다
- 노인은 신체적, 정신적, 정서적 안녕의 최적수준을 유지하거나 되찾도록 도와주고 질병을 예방하거나 그 시작을 지연시키는 건강보호에 접근할 수 있어야 한다.
- 노인은 그들의 자율과 보호를 고양시키는 사회적인 법률적인 서비스에 접근할 수 있어야 한다.
- 노인은 인간적이고 안전한 환경에서 보호, 재활, 사회의 정신적 격려를 제공하는 적정수준의 시설보호를 이용할 수 있어야 한다.
- 노인은 그들이 보호시설이나 치료시설에서 거주할 때도 그들의 존엄, 신념, 욕구와 사생활을 존중받으며, 자신들의 건강보호와 삶의 질을 결정하는 권리도 존중받는 것을 포함하는 인간의 권리와 기본적인 자유를 향유할 수 있어야 한다.

④ 자아실현의 원칙(Self-fulfillment)

- 노인은 자신들의 잠재력을 완전히 개발하기 위한 기회를 추구하여야 한다.
- 노인은 사회의 교육적, 문화적, 정신적 그리고 여가에 관한 자원에 접근할 수 있어야 한다.

⑤ 존엄성의 원칙(Dignity)

- 노인은 존엄과 안전속에서 살 수 있어야 하며, 착취와 육체적, 정신적 학대로부터 자유로워야 한다.
- 노인은 나이, 성별, 인종이나 민족적인 배경, 장애나 여타지위에 상관없이 공정하게 대우받아야 하며, 그들의 경제적인 기여와 관계없이 평가되어져야 한다.

이렇게 유엔원칙은 노인의 존엄성 보호가 매우 중요함을 강조하면서 노인은 스스로의 존엄성을 지킬 수 있고, 안전하게 살 수 있으며, 착취의 대상이 되어서도 안되고, 신체적이나 정신적인 학대를 받아서도 안 된다고 언급하였다. 유엔은 노인을 위한 유엔원칙 뿐 아니라 회원국 대표들이 참가하는 세계고령화 총회를 개최하여 국제고령화 대응 행동 계획을 채택하여 회원국에서 고령화에 대응하는 정책을 수립하고 시행하도록 권고하고 있다.

(2) 제 1차 세계고령화총회(비엔나 국제 고령화 대응 행동계획)

1982년 7월에 비엔나에서 개최된 국제노인문제 세계회의에서 노인에게 보장되어야 할 권리내용에 대한 세계행동계획이 채택되었다. 여기에 노인의 생존에 관한 물적측면과 동시에 심리적 사회적 측면을 고려에 넣었다. 특히 지식, 문화, 정신적 가치의 전승자로서 노인을 공경하는 교육을 확충하고 노인의 커뮤니케이션의 가능성을 확보하였다. 노인을 공경하는 교육을 확충하고 노인의 커뮤니케이션의 가능성을 확보하여 풍요로운 생활을 보장해 나가는 것이 필요하다는 것을 행동계획은 표명하고 있다. 노인의 생활에서 보장되어야 할 내용이 아래와 같이 구제적으로 제시되었다.

① 노인에 대한 포괄적 복지와 보건상의 초기의료를 중시한다.
② 주거는 물리적 측면에 심리적, 사회적 측면을 고려에 넣어야 한다.
③ 교통수단의 확보에 의해서 노인의 커뮤니케이션의 가능성을 확보한다.
④ 노인의 최저소득을 보장하고 구매력을 유지한다.
⑤ 노인의 사회경제생활에서 참가를 촉진하고 노동시장에서의 차별을 행하지 않는다.

⑥ 노인은 교사로서 정신적 가치의 전승자 라는 점을 홍보하는 교육을 확충하지 않으면 안된다.

⑦ 각국정부는 노화와 노인에 대해서 일반 민중을 교육하는 프로그램을 개발하여야 한다.

(3) 제 2차 세계고령화총회 (마드리드 고령화국제행동계획)

마드리드 고령화 국제행동계획(이하 '마드리드 행동계획')은 세계적인 인구고령화 현상에 대응하여 2002년 유엔이 스페인 마드리드에서 열린 제2차 세계고령화회의에서 채택된 것이다. 이 '마드리드 행동계획'의 목적은 모든 사람들이 존엄성을 갖고 안전하게 노후를 보내며 완전한 권리를 가진 시민으로서 사회에 계속적으로 참여하도록 하는데 있다. 이 '마드리드 행동계획'에서는 노인과 발전, 노년까지의 건강과 안녕 증진, 능력을 부여하고 지원하는 환경확보 등 세가지 주요방향을 설정하고 18개 하위분야를 제시하면서 분야별 행동계획을 제시하고 있다(보건복지가족부, 2002). 그 주요내용은 다음과 같다.

I. 서문

1. 모든 사람의 인권과 모든 노인들의 기본적인 자유의 완전한 실현
2. 노년기의 빈곤해소 및 노인을 위한 유엔원칙을 세우는 목표를 재확인하는 것을 포함하여 안전한 노후의 달성
3. 노인들이 소득활동과 봉사활동을 포함하여 사회의 경제.정치. 사회적 생활에 완전하고 효과적으로 참여할 수 있게 능력을 부여하기
4. 노인들이 단일한 동질 집단이 아니라는 것을 인식하면서,노후에 지역사회에서의 평생교육과 참여와 같은 것은 물론, 전 생애를 통한 개인개발, 자아실현 및 복지를 위한 기회제공
5. 개인의 경제적, 사회적, 문화적 권리 및 시민적, 정치적 권리의 완전한 향유와 노인에 대한 모든 형태의 폭력과 차별의 철폐
6. 특히, 성차별의 철폐를 통하여 노인의 성평등 달성
7. 사회개발을 위하여 가정, 세대간 상호의존, 연대와 호혜주의의 중요성 인식
8. 예방적 보건 의료와 재활 보건의료를 포함한 노인을 위한 보건의료, 지원, 사회적 보호의 제공
9. 국제행동계획을 실제적으로 전환함에 있어 모든 수준의 정부, 시민사회, 민간

분야 및 노인들 사이의 협력관계 촉진

10. 특히 개도국에서 과학적 연구와 전문적 지식을 강화하고, 기술의 가능성을 고령화가 개인, 사회, 건강분야에 미치는 영향에 초점을 맞추도록 하는 것

11. 노화과정에 있는 노인에 고유한 상황과 노인들의 특수한 상황에 대한 인식 및 노인들에게 직접 영향을 미치는 결정에 노인들이 자신들의 소리를 효과적으로 낼 수 있는 방법을 찾을 필요성에 대한 인식

II. 행동을 위한 권고

A. 주요방향 I: 노인과 발전

■ 과제 1: 사회와 발전에 적극적인 참여

- 목표 1: 노인의 사회적, 문화적, 경제적, 정치적인 기여의 인식행동들
- 목표 2: 모든 수준의 의사결정 과정에서의 노인 참여행동들

■ 과제 2: 근로와 고령화되고 있는 노동력

- 목표 1: 일하기를 원하는 모든 노인에게 고용기회부여 행동들

■ 과제 3: 농촌개발, 이주 및 도시화

- 목표 1: 농촌지역의 생활여건 및 하부구조 개선 행동들
- 목표 2: 농촌지역 노인들의 소외 완화행동들
- 목표 3: 노인이주자의 새로운 지역사회 통합행동들

■ 과제 4: 지식, 교육 및 훈련에의 접근

- 목표 1: 직업지도 및 배치서비스를 포함하여 계속적인 교육, 훈련 및 재훈련에 대한 전 생애를 통한 기회균등 행동들
- 목표 2: 연령증가에 따라 늘어나는 경험의 이익을 인식하여 모든 연령계층 사람들의 잠재능력과 전문지식의 완전한 이용행동들

■ 과제 5: 세대간 연대성

- 목표 1: 세대간 평등과 상호이익을 통한 연대성 강화 행동들

■ 과제 6: 빈곤해소

- 목표 1: 노인들의 빈곤감소 행동들

■ 과제 7: 소득보장, 사회보장 및 빈곤예방

- 목표 1: 모든 근로자에게 가능한 연금, 장애보험과 건강급여를 포함한 기본적인 사회보호(보장)를 제공하는 프로그램 증진 행동들
- 목표 2: 사회적으로, 경제적으로 취약한 계층에 특별한 주의를 기울이며 모든 노인들에게 충분한 최저소득을 제공할 행동들

■ 과제 8: 긴급상황

B. 주요방향 Ⅱ: 노년까지의 건강과 안녕증진

■ 과제 1: 전 생애에 걸친 건강증진과 안녕

- 목표 1: 질병의 위험과 그 결과로 노년에 잠재적 의존을 증가시키는 누적적인 영향요소 감축 행동들
- 목표 2: 노인질병 예방정책 개발 행동들
- 목표 3: 식품 및 적절한 영양에 대한 모든 노인들의 접근 행동들

■ 과제 2: 보건의료 서비스에 대한 보편적이고 평등한 접근

- 목표 1: 노인들에게 보편적이고 평등한 보건의료 접근을 보장하기 위하여 성별, 연령 또는 언어적 장애를 포함한 여타 이유로 인한 사회적, 경제적 불평등 철폐행동들
- 목표 2: 노인 욕구에 대응하는 일차보건의료서비스 개발, 강화 및 과정에서의 노인 참여 증진행동들
- 목표 3: 노인욕구를 만족시키는 지속적인 보건의료 개발행동들
- 목표 4: 노인의 개발참여 및 일차 보건서비스와 장기요양치료 서비스 강화 행동들

■ 과제 3: 노인과 에이즈

- 목표 1: 감염노인과 감염되거나 생존한 가족을 돌보는 노인 모두를 위한 에이즈 영향평가 향상 행동들
- 목표 2: 에이즈 감염노인과 그들의 보호자에게 적절한 정보, 보호기술 관련 훈련, 치료, 의학적 보호 및 사회적 지원제공 행동들
- 목표 3: 에이즈를 포함한 만성질병을 가지고 있는 아동의 보호자와 부모 대리인으로서 역할을 개발하도록 노인들의 기여를 증진하고 인식하는 행동들

■ 과제 4:보호제공자와 보건 전문가의 훈련

- 목표 1: 노인 욕구와 관련된 보건 전문가와 준 전문가들을 위한 향상된 정보와 훈련제공행동들

■ 과제 5: 노인들의 정신건강욕구

- 목표 1: 노인 정신건강문제에 대한 예방에서부터 초기개입, 치료서비스와 관리제공에 이르는 종합적인 정신건강 보호서비스 개발 행동들

■ 과제 6: 노인과 장애

- 목표 1: 장애 노인의 전 생애에 걸친 최대한 기능적 능력 유지 및 완전한 참여증진 행동들

C. 주요방향 Ⅲ: 능력을 부여하고 지원하는 환경 확보

■ 과제 1: 주택과 주거환경

- 목표 1: 노인들을 위하여 개인적인 선호를 반영하며 가능한 주택선택을 제공하는 지역사회의 증진 행동들
- 목표 2: 특히 장애노인과 같은 노인들의 욕구를 고려하여 독립적인 주거를 향상시킬 수 있도록 주택과 환경설계를 증진하는 행동들
- 목표 3: 노인들을 위한 접근가능하고 공급 가능한 교통수단의 제공증진 행동들

■ 과제 2: 보호 및 보호제공자 지원

- 목표 1: 노인들을 위한 지속적이고 다양한 보호와 서비스 제공 및 보호제공자에 대한 지원제공 행동들
- 목표 2: 노인, 특히 여성노인의 보호자 역할지원 행동들

■ 과제 3: 유기, 학대 및 폭력

- 목표 1: 노인에 대한 모든 형태의 유기, 학대 및 폭력근절 행동들
- 목표 2: 노인 학대 대응을 위한 지원서비스 신설

■ 과제 4: 노화의 이미지

- 목표 1:노인의 권위, 지혜, 생산성, 여타 중요한 공헌에 대한 공중의 인식향상 행동들

(4) 유엔 등 국제인권사회의 국제노인인권규약(Human Rights Convention on Ageing)제정을 위한 최근 동향

2007년을 전후로 하여 국제인권사회에서는 사회적 약자집단 중 유일하게 노인국제인권규약이 제정되지 않았음에 주목하여왔고, 이러한 노인국제인권규약 제정을 위한 여러 가지 노력을 진행하여왔다.

2007년에는 남미와 카리브해의 경제이사회(The Economic Commission for Latin America and Caribbean)는 유엔에게 노인과 노화에 관한 인권규범제정을 위해 특별보고관 임명을 촉구하였다. 또한 국제 NGO 네트웍인 Social Watch에서도 노인인권을 위한 규약제정을 요구하는 선언문을 발표하였다. 이후 UNFPA는 2007년 이스탄불에서 열린 총회의 결의문에서 노인의 인권문제를 제시하기도 하였다.

이러한 2007년의 움직임은 2008년도로 넘어가면서 한 단계 발전되었다. 즉 유엔 총회는 노인의 권리에 관한 연구보고서를 준비하도록 경제사회이사회에 지시하는 결의서를 2008년 하반기에 채택하였다. 한편 노화에 관한 NGO 위원회(The NGO Committee on Ageing, 뉴욕소재)는 "노인국제인권규약(Toward Human Rights Convention on Ageing) 제정"을 위하여 국제인권노인의 날인 2008년 10월 6일, 일일간의 프로그램으로 캠페인을 진행하였다. 또한 브라질은 2008년 9월 중반에 남미와 카리브 연안의 정부와 NGO 들 간의 전략적 모임을 소집하였으며, 여성차별철폐위원회(The Committee to Eliminate Discrimination against women: CEDAW) 역시 2008년에 여성차별의 주요범주로서 "여성노인"의 현재 인권상황에 대한 모니터링을 전개하였다.

이러한 국제사회의 움직임은 2009년에도 이어졌다. 우선 유엔 제 3차회기에서 2009년 9월 노인인권에 관하여 각 회원국은 사무총장에게 "일국적 그리고 지역적 차원에서 노인의 인권상황과 최근의 노인의 사회경제적 동향에 관한 포괄적인 보고서를 제출하도록 하는 결의문을 채택하였다. 이후 칠레 정부는 2009년 9월 이후의 후속조치를 위한 3차 회의를 주관하였으며, 유엔경제사회국의 사회정책과 개발부서에서(The Division for Social Policy and Development of the UN Department for Economic and Social Affairs:DESA)에서는 2009년 독일의 본에서 "노인의 인권"을 위한 전문가 모임을 개최하였다. 이후 아르헨티나 정부 역시 2009년 4월 에 있었던 브라질 모임의 후속으로서 제 2차 후속모임을 주관하였고, 이 자리에서 역내 노인의 인권규약을 위한 작업을 계속 진행해 나가기로 하였다.

2010년도에 들어와서 이러한 노인인권규약 제정을 위한 국제인권사회의 움직임은 더욱 활발히 전개되었다. 우선 유엔 65차총회 회기 동안 노화에 관한 개방형 실무그룹(Open-Ended Working Group on Ageing)이 결성되어 정부로 하여금 노인의 인권상황에 주목하고 이들의 인권을 보호할 것을 촉구하였다.

유엔과 행동을 같이 하면서 9개의 국제 노인조직이 결합하여 노인의 인권강화를 위한 보고서를 작성하도록 하였으며, 여기에서 이들은 노인의 인권규약제정이 실제로 노인인권상황을 개선할 수 있다는 것을 천명하였다. 실제로 노인인권에 관한 유엔특별보고서의 보고서에 힘입어 각국 정부는 노인의 인권이 고령화 사회에서 실현되어질 수 있는 명백한 법적 체계를 갖출 수 있음을 언급하기도 하였다.

한편 유엔 사회개발위원회는 48차 회기동안 노인의 인권에 관한 보고서를 채택하였고. 이를 통해 각국 회원국인 정부는 노인의 인권이 최대한 향유될 수 있는 가장 최선의 국제적인 체계와 기준을 고려하여야 하며, 나아가 노인의 인권상황을 개선하기 위해 새로운 정책의 수립이나 정책수단을 발굴하도록 하였다.

2011년 노화에 관한 개방형 실무그룹(Open-Ended Working Group on Ageing)는 2011년 4월 뉴욕의 유엔본부에서 첫 번째 회의를 소집하기도 하였다.

2011년 유엔총회는 " 제 2차 세계노인대회후속"(Follow-Up to the Second World Assembly on Ageing)에 대한 보고서 결의문을 제출받았다. 이 결의문의 31 · 조항에서 유엔총회는 사무총장에게 세계 모든 지역의 노인의 인권상황을 포괄하는 결의문 이행에 관한 보고서 제출을 준비하도록 요청하였다 2011년 2월 3일에 유엔인권최고 대표부는(The UN High Commissioner for Human Rights)각국 정부에게 노인 인권과 관련된 유엔기구와 체계, 정부간 혹은 비정부간 조직과 각국의 국가인권기구에게 관련 보고서를 송부하였다.

2) 일본의 고령사회대책 기본법

일본은 모든 사람이 행복한 고령사회를 향유하기 위해 고용, 연금, 의료, 복지, 교육, 사회참여, 생활환경 등과 관련된 사회시스템이 고령사회에 적합하게 형성하기 위해 1995년 고령사회대책 기본법을 제정하였다. 고령사회대책은 ① 국민이 평생에 걸쳐서 취업 기타 다양한 사회활동에 참여하는 기회가 확보되는 공정하고 활력이 있는 사회, ②국민이 평생에 걸쳐서 사회를 구성하는 중요한 일원으로서 존중되며 지역사회가 자립과 연대의 정신에 입각해서 형성되는 사회, ③ 국민이 평생에 걸쳐서 건강하고 알찬 생활을 영위할 수 있는 풍요로운 사회를 기본이념으로 하고 있다. 여기서 첫 번째 기본이념으로 '공정하고 활력있는 사회' 는 고령자나 여성이 취업 등의 사회적 활동에 참가하는 기회를 확보하는 동시에 현역세대도 직업능력의 개발을 통해 그 활동의 장을 넓힘으로써 활성화된 경제사회의 구축을 실현하려는 것이다. 두 번째 기본이념으로 '사회를 구성하는 중요한 일원으로서의 존중' 이란 고령자가 사회의 일원으로 평등하게 생활할 수 있도록 그들을 특별한 대상이 아닌 일반화(normalization)의 생각을 갖는 것이 중요하다는 것을 시사한다. 또한 '자립과 연대의 정신' 이란 도시화로 인한 인간관계가 약화되는 사회에서 고령자 복지에 있어 지역사회에서의 자립을 기초로 하여 서로 돕는 것이 필요하다는 것을 의미한다. 마지막으로 '풍요로운 사회'는 개인 고령화의 증가로 고령기를 안심하고 지낼 수 있게 하는 것의 중요성이 높아지고 있음을 의미한다.

[고령사회대책대강의 기본자세]

① 기존의 획일적 고령자 이미지의 재검토

고령자 전체를 보면 건강하고, 활동적이고, 그리고 경제적으로도 넉넉해지고 있지만 고령자 각 개인을 보면 그 속성에 따라 실태가 다양해지고 있다. 따라서 건강측면에서도 경제측면에서도 불우하다는 기본의 고령자 이미지는 버리고 정책을 강구

② 예방, 중시

고령기의 건강, 경제, 사회관계 등, 기존의 문제에 머무르지 않고 젊은 시절부터 문제를 예방하고, 노후에 대비한다는 국민의 자조노력을 지원

③ 지역사회의 기능의 활성화

고령자가 주체적으로 지역사회에 참여하도록 장려하고, 동시에 지역사회에 있어서의 상호상조 기타 기능을 활성화시키도록 환경정비를 도모

④ 남녀공동 참여의 시작

고령기의 남녀차이, 특히 남성보다 평균수명이 긴 여성고령자의 생활, 경제상황, 건강 문제 등의 실태에 기초해서 남녀공동 참여의 시각으로 정책을 강구

⑤ 의료 · 복지, 정보통신 등과 관련된 과학기술의 활용

의료 · 복지, 정보통신 등과 관련된 첨단과학기술의 성과를 고령자가 받아 누릴 수 있도록 연구개발과 그 활용의 양면에서 환경정비를 도모

이러한 기본자세를 토대로 다양한 생활양식을 실현하는 고령기의 자립지원, 연령별로 고령자를 구분하여 다루는 제도, 관행 등을 재검토, 세대간의 연대 강화, 지역사회로의 참여 촉진을 통해서 노인의 취업 · 소득, 건강 · 복지, 학습 · 사회참여, 생활환경 등의 노인의 권리를 인정하고 보장하고 있다.

3) 미국의 노인인권

미국 노인복지법 제 1장 목적을 살펴보면 민주국가인 미합중국의 노인은 개인이 타

고난 존엄성에 대한 미합중국의 전통적 관련에 따라 다음 각호의 목표가 지향하는 노인복지를 충분하고 자유롭게 향유할 권리가 있고 복지에 대한 균등한 기회가 확보될 수 있도록 지원하는 것이 미합중국 정부와 그 산하기관 및 인디언 부족의 공동의 의미인 동시에 책임이라는 사실을 연방의회는 인정하고 이에 다음과 같이 선언하고 있다.

① 미합중국의 생활수준에 따른 퇴직후에 있어서의 적정한 소득
② 개인의 경제적 상태와 관계없이 과학적인 성과에 의하여 향유할 수 있는 가능한 최대한의 신체적 및 정신적인 건강
③ 개별적인 수요에 따라 자주적으로 선택 설계하고 위치를 선택할 수 있으며 개인의 능력에 따른 비용으로 이용할 수 있는 적합한 주택의 취득 및 관리
④ 수용기관의 요양이 필요한 자에 대한 충분한 요양서비스 및 노인이 속한 지역공동체와 가정에서 노인을 부조하는데 적합한 것으로서 그 지역공동체에 기초하고 종합적인면에서 장기적인 요양수단을 제공하는 서비스 다만, 이에는 장기적인 요양서비스를 요하는 노인에게 자원봉사활동을 제공하는 가족이외의 장에 대한 지원을 포함한다.
⑤ 연령을 이유로 한 차별적인 인사관행이 없는 취업의 기회
⑥ 다년간 경제사회에 기여한 업적을 고려한 건강하고 명예로우며 품위를 가진 퇴직
⑦ 시민적 또는 문화적이거나 교육, 훈련 또는 휴양에 관한 광범위한 영역의 범위에서 뜻있는 활동에의 참여 및 기여
⑧ 저렴한 비용에 의한 교통기관의 이용을 포함하여 생계수단의 지원과 고정된 방법에 의한 사회적인 원조중에서 선택권을 제공하고 기능장애노인의 계속적인 요양에 중점을 두면서 필요한 경우에는 쉽게 이용할 수 있는 효과적인 공동체 의료 서비스
⑨ 연구결과에 의하여 건강과 행복을 유지 증진할 수 있는 확인된 지식으로부터 직접적인 혜택
⑩ 자기의 생활을 계획하고 운영함에 있어서 자유 독립과 개인적인 창의력의 발휘 및 지역공동체에 기반을 둔 서비스는 물론 그 이익과 노인의 학대 및 착취에 대한 보호를 위하여 제공되는 프로그램을 계획하고 운영함에 있어서의 충분한 참여

사회서비스에 나타난 노인보호는 필요한 서비스 제공 주택, 가정보호, 가정간호 등이 있다. 제 10조는 사회복지위원회는 개인들이 독립적으로 살고 있는 다른 사람들과의 관계를 유지할 수 있도록 돕기 위해서 재택지원방식으로 낮 동안 조직된 원조, 다른 서비스와 활동을 제공해야한다. 제 19조 사회복지위원회는 '노인들이 독립적으로 살 수 있고 타인과 더불어 적극적으로 의미있는 삶을 살 수 있도록 노력해야 한다' 고 규정하여 ' 일반노인들의 삶은 독립적으며 타인과 관계속에서 있다' 는 점과 이를 어떻게

보장할 것인가를 구체적으로 규정하고 있다. 노인은 독립적 존재이며 동시에 타인과 의미있는 관계를 맺어야 한다는 시각에서 노인의 삶의 질을 유지하기 위해 필요한 서비스가 조직적으로 이루어 져야 한다. 미국은 각 주정부로 하여금 장기요양보호에 대한 옴부스맨 프로그램을 별도의 사무소를 두어 운영하도록 하며 이에 소용되는 비용은 연방정부의 노인청을 통해 조달하고 있다. 주정부 옴부스맨 프로그램 사무소는 장기요양보호분야의 전문경험을 지닌 사람을 임명・운영되며 다음의 역할을 수행한다.

① 요양시설 거주자의 불평을 접수, 조사, 해결
② 거주자의 건강, 안전, 복지, 기본권리를 보호하기 위한 서비스를 제공
③ 시설운영자 및 기타 기관으로부터 필요한 서비스를 받을 수 있는 방법에 대한 정보를 제공하고 거주자들의 정규의 서비스를 받을 수 있도록 보장
④ 접수된 불평을 즉각 처리하는 것을 분명히 한다. 정부기관에 대해서는 거주자의 권익을 대표하고 기본권익을 보호하기 위해 법적 행정적 및 기타의 해결책을 찾고자 노력
⑤ 노인권익옹호 및 법률자문서비스 개발

노인권익을 포괄적으로 옹호하기 위한 수단으로서 법률자문과 옹호에 대한 지원을 양적 및 질적으로 확대하고 나아가 선도적인 역할을 할 수 있는 프로그램을 지원하는 내용으로 되어 있다 .이러한 프로그램은 주정부 차원에서의 노인권익에 관한 정책검토, 분석,옹호를 사업내용으로 하여 법률자문 제공시 주정부 차원의 기준을 제시하고 관련기관의 토대를 도모하는 역할도 한다.

⑥ 상담 및 기타지원서비스 프로그램의 개발

주정부 차원의 기구를 설치하여 노인들의 보험급여 수급절차와 관련된 지원 및 상담서비스를 제공하는 프로그램을 운영하도록 한다. 연방정부에서 이에 소용되는 비용을 지원하는 것을 내용으로 한다. 이 프로그램은 보험급여뿐만 아니라 공공혜택의 수급절차와 관련된 상담도 제공한다.

4) 호주의 노인인권

호주에는 노인의 인권보장와 관련하여 특별히 제정된 법은 없다. 다만 노인의 인권에 대한 사항으로서 노인의 복지와 관련하고 있는 수많은 법들이 관례적으로 그리고 부분적으로 언급되어져 있다. 예컨대 사회보장법이나 요양원 지원법 그리고 국민보건법 등과 같은 법에서 합당한 서비스를 받아야 하는 권리를 명시하는데 불과하다. 이들에서는 특별히 호주 정부가 노인의 보호자원에서 실시하고 있는 프로그램을 살펴보도록 하겠다.

(1) 폭력 및 범죄방지운동

법에서 폭력이 사회의 모든 성원들에게 중요한 이슈로 등장하고 있다. 특히 노인은 약자라는 측면에서 범죄와 폭력을 더욱 두려워하고 있다. 이에 국가는 노인의 보호와 관련하여 다음과 같이 보장하고 있다.

① 전국 범죄 방지대책한의 개발과 증진
② 범죄 및 폭력에 대한 사전예방과 대처 방안에 따른 능력배양
③ 지역사회 안전과 전문적인 법죄에 대한 인식의 증진을 위한 지역사회교육
④ 범죄방지를 위한 DB 구축과 후원전략의 개발을 통한 적극적 조정 등의 사항을 특별히 노인들과 관련하여 전국적으로 강조
⑤ 전국범죄 방지대책안의 개발과 증진을 위해서는 정부가 이에 따른 재정을 적극적으로 지원하도록 규정. 특히, 노인들에 이루어지고 있는 절도범행을 예방할 수 있도록 장치를 개발하는 등 범죄전략을 개발하는데 역점

이러한 정부의 노력은 모든 시민들이 불안으로부터 자유로워져야 하는 것처럼 사회의 중요한 요원인 노인을 보호해야 한다는 차원에서. 국민들에게 인식시킨다는데 초점을 두고 있다. 이는 지역사회 교육에도 중점을 두고 있다.

(2) 퇴역군인을 위한 라디오 방송

재향군인회 1996년 2월 28일 매주 10주간 전국에 걸쳐 퇴역군인을 위한 라디오 방송을 실시하고 있다 이시간에는 주요 퇴직군인들의 좌담과 소외감을 줄이고 아울러 이들의 건강을 증진시키는데 중요한 목적을 두고 있다(Social Security. 1996).

(3) 기타 노인의 권익을 위한 정부의 노력

노인이 권익을 위해 호주에서는 연방정부 지방정부에서 많은 노력을 아끼지 않고 있다. 그 예로 호주법 개혁위원회는 대인서비스 및 건강국이 집행하고 있는 법안에 대하여 조사하였는데 이 보고서에 의하며 사용자 권리전략과 관련하여 노인의 권리를 성취할수 있는 제 프로그램을 실시할 수 있도록 방안을 제정해야 한다고 주장하였다(Law Reform Commission, 1995).

한편 퀸슬랜드 주에서는 노후의 생활을 제 3기라고 칭하면서 제반생활에서의 노인의 참여기회를 강조하고 있다. 퀸슬랜드주의 가족과 청소년 및 지역 노인계의 최근 보고서에서 밝히고 있다. 즉 노인을 위한 향후계획은 교육. 레크리에이션 등에 노인이 참여할 수 있는 기회를 증진하는 차원에서 이루어 져야 한다. 노인의 사회적 고립을 초래하는 장애를 줄여야 하며 나아가 노인에 대한 차별로부터의 보호를 강조하고 있다. 이

외에도 노인자원봉사자의 지원을 통해 노인계의 지원을 받아 자원봉사센터에서 실시하고 있는 은빛 자원봉사자 프로그램의 활성화 역점을 두고 있다.

5) 한국

우리나라 헌법에는 모든 국민의 최저생활의 유지를 위하여 필요한 조건의 확보를 국가에 요구할 수 있는 권리가 보장되어있다. 국민의 한사람으로써 노인 역시 국가에 대해 생존권, 복지권을 주장 할 수 있다. 헌법에 나타난 생존권 및 복지권을 살펴보면 다음과 같다.

제 10조 모든 국민은 인간으로서의 존엄과 가치를 가지며 행복을 추구할 권리를 가진다. 국가는 개인이 갖는 불가침의 기본적 인권을 확인하고 이를 보장할 의무를 갖는다.

제 34조 사회권 (복지권) 규정

제 1항 모든 국민은 인간다운 생활을 할 권리를 가진다.

제 2항 국가는 사회보장 사회복지의 증진에 노력할 의무를 진다.

제 3항 국가는 여자의 복지와 권익의 향상을 위하여 노력하여야 한다.

제 4항 국가는 노인과 청소년의 복지향상을 위한 정책을 실시할 의무를 진다.

제 5항 신체장애인 및 질병, 노령, 기타의 사유로 생활응력이 없는 국민은 법률이 정하는 바에 의하며 국가의 보호를 받는다.

개인의 존엄은 평등하고 모든 국민에게 보장되어있는 바이지만 노년은 다년간 사회의 일원으로 살아온 사람으로서 사회나 타인으로부터 존경받고 따뜻한 처우를 받고 중요하게 여겨지며 편안하게 생활할 권리를 가진다. 노인복지법 제 2조는 고령자는 다년간에 걸쳐 사회의 진전에 기여하여 온 사람으로 경애되고 또 건전하고 편안한 생활이 보장되는 것으로 한다고 정하고 동 4조 1항은 노인보건 및 복지증진에 대한 국가 및 지방공공단체의 책무를 명시하고 동 2항은 국가 및 지방공공단체는 노인이 경애되고 건전하고 편안한 생활과 인간다운 생활을 보장받도록 명시하고 있다.

또한 우리나라의 노인복지법 제 2조에서는 노인은 존경받으며 건전하고 안정된 생활을 할 권리와 능력에 따른 경제활동 및 사회활동 참여 권리를 지님과 동시에 심신의 건강유지와 사회발전에 기여할 의무를 규정하고 있으며 기본 이념은 다음과 같다.

① 노인은 후손의 양육과 국가 및 사회의 발전에 기여하여 온 자로서 존경받으며 건전하고 안정된 생활을 보장받는다.

② 노인은 그 능력에 따라 적당한 일에 종사하고 사회적 활동에 참여할 기회를 보장받는다.
③ 노인은 노령에 따르는 심신의 변화를 자각하여 항상 심신의 건강을 유지하고 그 지식과 경험을 활용하여 사회의 발전에 기여하도록 노력하여야 한다.

이러한 이념을 바탕으로 노인의 소득, 의료, 사회서비스, 주거 등을 보장하고 있으며 관련 법률은 다음과 같다.

표2-1. 노인복지 관련 법률

영역	법률	시행 시기	주요 내용
소득보장	국민연금법	1988.1	*국민의 노령, 폐질 또는 사망에 대하여 연금급여를 실시하여 국민의 생활 안정과 복지증진에 기여함 *사업장 근로자와 자영업자, 연금 보험료 납부가 가능한 자를 대상으로 함 *10년 이상 가입하면 연금 수급 가능
	공무원연금법 사립학교교직원연금법 군인연금법	1960.1 1975.1 1963.1	*공무원과 사립학교 교직원, 군인은 별도의 연금법을 제정하여 적용함 *20년 이상 가입한 경우 연금을 지급함
	기초노령연금법	2008.1	*생활이 어려운 노인에게 기초노령연금을 지급하여 노인의 생활안정을 지원하고 복지를 증진함 *65세 이상 노인 중 하위 소득 70%까지 월 일정액의 기초노령연금을 지급함
	국민기초생활보장법	(1961.1 최초시행) 2000.10 전면 개정 시행	*생활이 어려운 자에게 필요한 급여를 행하여 이들의 최저생활을 보장하고 자활을 조성함 *노인으로서 부양의무자가 없거나 부양의무자가 있다 하더라도 부양능력이 없는 경우에 국가가 최저생계비에서 부족한 부분을 현금으로 지급함
	긴급복지지원법	2006.3	*생계곤란 등 위기상황에 처하여 도움이 필요한 자를 신속하게 지원하여 위기상황에서 벗어나 건강하고 인간다운 생활을 하도록 함 *1~2개월 정도 지원 가능함
	근로자퇴직급여 보장법	2005.12	*근로자의 퇴직연금제도 설정과 운영에 필요한 사항을 정하여 근로자의 안정적 노후생활을 조장함 *퇴직금제도와 최직연금제도 중 하나 이상의 제도를 정하여 근로자가 가입하도록 함

영역	법률	시행 시기	주요 내용
	고용상 연령차별 금지 및 고령자고용촉진에 관한 법률	1992.7 (고령자고용촉진법으로 시행) 2008.3 명칭 변경 및 개정 2009.3 시행	*고령자(55세 이상)가 그 능력에 적합한 직업에 취업하는 것을 촉진, 지원함 *근로자 모집, 채용, 임금, 복리후생, 교육·훈련, 배치, 전보, 승진·퇴직·해고 등 고용의 단계에서 연령차별 금지 *고령자 직업능력개발훈련, 사업주의 고령자 교육, 훈련 및 작업환경 개선지원, 고령자 고용정보센터, 고령자인재은행, 중견전문인력고용지원센터 지정, 고령자 우선고용 직종 선정 등 규정
	고용보험법	1995.1	*고용보험의 시행을 통하여 실업의 예방, 고용촉진 및 근로자의 직업능력 개발과 향상을 괴하고, 국가의 직업지도와 직업소개 기능을 강화하며, 근로자가 실업한 경우에 생활에 필요한 급여를 실시하여 근로자의 생활안정과 구직활동을 촉진하므로써 경제·사회 발전에 기여함
의료보장	국민건강보험	(1976.7 최초 시행) 2000.7 전면 개정시행	*국민의 질병 부상에 대한 예방, 진단, 치료, 재활과 출산, 사망, 건강증진에 대한 보험 급여를 실시하여 국민보건을 향상하고 사회보장을 증진함 *소득이 있는 국민은 직장 또는 지역 가입자로 가입하여 보험료를 납입하고 필요한 의료 서비스를 보험금과 본인 부담금으로 지급하도록 함
	노인장기요양 보험법	2008.7	*고령이나 노인성 질병 등으로 일상생활을 혼자서 수행하기 어려운 노인 등에게 신체활동이나 가사활동 지원 등의 장기요양급여에 관한 사항을 규정하여 노후의 건강증진과 생활안정을 도모하고 가족의 부담을 덜어주도록 함 *국민건강보험 가입자는 국민건강보험료의 일정 비용을 노인 장기요양보험료로 추가 납입하도록 하여 시설 및 재가 장기요양보호 서비스를 받도록 함
	의료급여법	(1987.1 최초 시행) 2000.10 전면개정시행	*생활이 어려운 자에게 무료 진료 또는 일부 비용을 부담하게 하여 의료비용 부담을 완화시킴 *의료급여 수급권자, 의료급여증, 의료급여기관, 의료급여비용부담 등 규정

영역	법률	시행 시기	주요 내용
사회서비스보장	노인복지법	1981.6	*노인의 질환을 사전에 예방 또는 조기 발견하고 질환상태에 따른 적절한 치료 요양으로 심신의 건강을 유지하고 안정된 노후생활을 위하여 필요한 조치를 강구하도록 함 *노인실태조사, 노인복시시설, 요양보호사, 노인의 날, 노인의 사회참여 지원, 노인일자리 전담기관 설치 · 운영, 지역봉사 지도원 위촉, 경로우대, 건강진단, 치매관리사업, 노인학대 등에 관한 사항 규정
	장애인 · 노인 · 임산부 등의 편의증진보장에 관한 법률	1998.4	*장애인, 노인, 임산부 등이 안전하고 편리하게 시설 및 설비를 이용하고 정보에 접근하도록 보장함 *노인, 장애인 등이 공공건물과 공중이용시설을 이용하는 경우 가능한 최단 거리이동이 가능한 편의시설 설치 의무화
	효행 장려 및 지원에 관한 법률	2008.8	*효를 국가 차원에서 장려함으로써 효행을 통해 고령화사회가 처한 문제를 해결할 뿐만 아니라 국가 발전의 원동력을 얻고 나아가서는 세계문화 발전에 기여하게 함 *효 장려기본계획을 5년마다 수립하고 유치원, 초 · 중 · 고등학교, 평생교육원 등에 효행교육, 효문화진흥원 설치 등 규정
주거보장	노인복지법	1981.6	*실비 및 유료 노인복지주택 건설, 공급 및 운영에 관한 규정 신설
	주택공급에 관한 규칙	1978.5	*영구임대주택(임대주택법에 의한 연구임대 목적 주택)의 경우 65세 이상 직계존속을 동거 부양하는 국민기초생활 수급자는 입주신청 자격을 가짐(2002.9 개정) *세대주의 나이가 50세 이상인 경우와 65세 이상 직계존속을 1년 이상 동거부양하는 경우 공급에 유리한 점수를 받을 수 있음(2000.5 개정)
	한국주택금융공사법	2004.3	*주택담보노후연금제도 도입
노인복지 총괄	저출산 · 고령사회기본법	2005.5	*저출산 및 인구 고령화에 따른 변화에 대응하는 저출산 · 고령사회정책의 기본 방향과 그 수립 및 추진체계에 관한 사항 규정 *보건복지부장관 직속 저출산 · 고령사회위원회 운영 *5년마다 저출산 · 고령사회 기본계획 수립
산업	고령친화산업 진흥법	2007.7	*고령친화산업을 지원 육성하고 그 발전 기반을 조성하는 것에 관한 규정 *저출산 · 고령사회기본계획에 고령친화산업발전계획 포함, 소비자 권익보호, 고령친화산업 표준화, 고령친화사업지원센터 설립, 고령친화 우수제품 지정 및 표시 등 규정

자료 : 최성재, 장인협 (2010), 고령화사회의 노인복지학: 346-348

행복한 노년의 모습

노인인권의 국제적 이슈[1] 제4장

성학대

1) 이하는 유엔총회에 보고된 문서인 A/66/173(2011.07.22 배포)자료에 의거하여 인용한 것이다.

1. 국내법과 정책

일반적으로 많은 국가의 헌법에서는 노인인권을 다양한 용어로 표현하고 있으며 그 정도는 다르지만 노인에 대한 비차별과 평등을 명백히 규정하고 있다. 어떤 나라에서는 차별의 금지근거로서 "연령"이라는 용어를 명백히 규정하고 있는 가하면, 어떤 나라에서는 "어떠한 경우에서든"(any other grounds)라는 용어로 전반적인 비차별적 규정을 두고 있다. 물론 일부 나라들에서는 노인에 대한 명백한 용어를 명시하고 있기도 하고 또한 노인에 대한 폭력금지, 노령연금, 노인 요양과 문화적 권리와 사회적 참여 등에서의 노인에 대한 보호규정을 포함하고 있기도 하다. 노인의 인권보호에 대한 특별법이 있는 나라도 있으며 국내법의 운용이 비차별을 규정한 역내 지침에 근거하여 이루어지기도 한다.

일부 나라에서는 특정 정책에 대한 이행과 서비스 규정이 탈중앙화 되어 지방정부에 위임되어 있기도 하다. 이러한 지방분권화 서비스가 이루어지는 근거는 지역차원에서 노인의 욕구와 그 제한을 잘 알고 있다는 점과 더불어 서비스 노인대상자와 긴밀한 접촉을 이룰 수 있기 때문이다. 그러한 경우 지방정부는 일련의 서비스를 규정하고 있고, 노인에 대한 폭력이나 학대를 조기에 방지하기 위해 그러한 상황에 대해 모니터링하고 대응하는 책무를 명시하고 있기도 하다. 이와 더불어 연령에 근거하여 이루어지는 차별에 대응하기 위한 지역차원의 조례나 지침이 있기도 하다.

그럼에도 불구하고 그러한 조례나 규정에 따른 충분한 재원이 없거나 권한이 갖추어져 있지 않은 지방분권화는 항상 좋은 결과를 가져오지는 않는다. 예를 들면 일정한 국제법이나 프로그램의 시행이 지방에게 이양되었지만 권한이 따라오는 결정이 늦어지는 경우는 노인 보호나 인권시행에 중대한 지연이 이루어지는 상황이 나타나기도 한다. 따라서 지방차원에서 노인인권에 대한 충분한 보호가 이루어지기 위한 전제조건이 충족되어야 하는데, 이러한 것에는 상당한 정도의 재원증가, 사회복지사의 충분한 훈련, 민관간의 충분한 협력체계, 그리고 지방정부의 준비가 되어 있어야 한다.

물론 어떤 나라에서는 노인과 장애를 가진 노인의 일반적 상황을 같이 기술 한 새로운 법령이나 정책들도 있다. 그리고 노인과 장애를 가진 사람들에 대해 노인과 같은 동일한 서비스 접근을 강조하는 특별한 지역사무소를 신설하는 나라도 있다. 이들 사무소들은 노인에 대한 차별과 낙인을 수정하기 위해 노인인권에 대한 인식 제고를 위한 대중캠페인도 벌이고 있다. 모든 노인이 장애를 겪는 것은 아니지만 그리고 노화가 반드시 장애를 동반하는 것은 아니지만 대부분의 노인들은 장애를 동시에 가지고 있다.

따라서 노화가 신체적, 정신적, 지적 혹은 감각적인 손상을 동반할 수 있다는 것은 명백하다 할 수 있다. 이런 맥락에서 노인의 이동권 문제, 의사결정, 법적 역량이나 재가 보호 등과 같은 이슈에 대처하는 조처들은 노인은 물론 장애를 가진 모든 이들에게도 영향을 주는 다양한 인권문제에 대처해 갈 수 있게 해준다. 적은 수이기는 하지만 어떤 나라에서는 1990년대 이후 인구의 노령화에 대한 광범위한 다부문적인 접근과 수소를 만들어 왔으며, 이를 위해 상당한 자원을 투자하기도 하고 시범사업을 통해 얻어진 결론들을 광범위한 인구고령화의 사업에 통합시키기도 하였다. 그러한 경우 일련의 법령이나 규정, 정책들에서는 노인의 사회보장은 물론 건강, 문화, 교육, 스포츠, 지역사회와의 통합 등을 적시하고 있다.

결론적으로 연령별로 체계화된 정보에 대한 수집과 분석을 기초로 한 법률이나 정책들은 매우 중요하다, 정확하고도 시기별로 업데이트되는 통계가 없는 경우 차별에 대한 모니터링을 포함한 모든 인권문제에 대한 신속한 대응이 어려워진다는 것을 명심할 필요가 있다.

2. 차별문제

자료: cafe.naver.com/bugokms/2022

고용이나, 은퇴, 직업훈련, 전문적 지역사회기관에의 참여 등 모든 부문에서 노인에 대한 차별을 금지하기 위해 많은 나라에서 일련의 조치들을 취해오고 있다. 어떤 나라의 경우 연령에 대한 구분이 어떤 목적을 합법화하기 위해 의도적으로 정당화되지 않는 경우에 이 같은 연령차별에 대처하기 위한 법률을 제정하기도 하였다. 흥미로운 것은 어떤 반차별법에서는 간접적인 차별을 규정하고 있기도 하고, 명시적으로는 중립적이지만 특정 연령대에 불이익을 주는 관행이나 규정의 범주를 정하고 있기도 하다. 노인에 대한 낙인이나 부정적인 이미지를 타파하기 위해 노화과정에 대한 전반적인 긍정적인 이미지를 담은 다큐가 제작되기도 하고, 노인 학대나 치매와 관련된 낙인과 차별에 대한 대중적 인식을 제고하기 위한 출판물이나 리플렛을 제작하기도 한다, 물론 소수의 나라이기는 하지만 법원에서 연령차별에 대한 결정을 확정하는 판례도 있다.

3. 노인에 대한 폭력과 학대

많은 노인들은 그들의 생명이나 건강, 자유, 안전에 대한 위협을 받기도 한다. 이러한 위협은 가정에서는 물론 지역사회 그리고 요양시설에서 이루어지기도 한다. 특히 여성에 대한 폭력은 광범위하게 이루어지고 있다는 것은 알려진 사실이며, 이러한 폭력이 신체적인 면은 물론, 성적인 면은 물론 심리적인 면에 걸쳐 다방면에 이루어지기도 하는 데 어떤 나라에서는 이들 폭력을 용인하기도 한다. 사실 폭력은 차별은 물론 사회적 권한의 상실과 밀접히 연관되어있다는 것은 널리 알려진 사실이다.

일반적으로 각각의 국가들에서는 이러한 현상이 매우 복잡하고 다방면적인 성격을 가지고 있음을 인식하고 있다. 이러한 요인들에 영향을 끼치는 것은 바로 의존성의 증가, 고립, 취약성, 임의적인 고립. 어떤 일이나 활동에 대한 사회적인 제한, 충분한 재정의 부족 등이다. 물론 연령이나 인지적인 손상과 정신적인 장애와 방치사이에 내재적인 연관성도 있다. 종종 가정폭력이나 성에 근거한 폭력의 피해자들을 돕는 공적 서비스 기관들은 사회적인, 그리고 정시적인 지지를 포함하여 이러한 피해자들에게 여러 가지 서비스를 제공하도록 하는 책무가 있다. 그러나 그러한 노인들의 학대를 다룰 수 있는 적절한 임상기술이나 역량이 부족하거나 혹은 대안적 조처를 제공하는 것이 제한적일 수 있다.

자료: 경북서북부노인보호전문기관

어떤 국가에서는 노인학대를 근절하기 위해 특정기구를 창설하기도 하였다. 예를 들면 국가적 차원은 물론 지역사회에서도 노인학대 피해자들에게 다양한 서비스들, 즉 긴급전화, 긴급의료서비스. 임시피난처, 법적 도움 등을 제공하기도 한다. 이러한 체계하에서는 기관간의 협력조회시스템은 물론 학대에 대처하는 정보나 상담에 대한 접근, 요양시설의 현지조사, 가정기반의 전문적인 도움과 익명의 학대를 신고할 수 있는 체계들이 포함되어 있다. 현재에는 요양시설이나 재가 단위에서의 유급요양보호사나 도우미들에 대한 행동강령도 명시하고 있으며, 아울러 이들에게 노인학대를 보고할 의무도 부여하고 있다.

4. 재정적인 착취

자료: blog.ohmynews.com/bizwe/219867

2002년에 선포된 마드리드 국제고령화계획에서 적시한 바대로, 노인에 대한 학대와 방기, 폭력은 신체적, 정신적, 정서적 그리고 재성석인 변에서 다양하며, 이러한 유형의 폭력은 사회적, 경제적, 인종적, 그리고 지리적인 면에서 다양하게 일어난다. 노인들은 그들이 자산은 물론 소득이나 재화에 대한 위협을 겪기도 하는데, 이러한 위협의 유형에는 사기, 임의적인 박탈, 절도, 착취는 물론 이들 노인의 재정문제에 대한 권리를 제한하기 위한 목적으로 이들 노인의 법적 권리를 사기로 상실하게 하는 등 다양하다. 이들 노인의 법적 권리를 행사할 수 있는 권리를 보호하기 위해 법률적 보호는 물론, 노인의 삶과 재정에 관한 결정시 노인의 동의를 반드시 구해야 하는 새로운 법률제정도 있다. 물론 노인들의 경우 그들의 후견인을 미리 위임하여 그들의 자산이나 행복에 관련하여 책임을 지도록 하고 있기도 하다.

5. 건강

건강문제는 노인의 인권에 매우 중요하다, 몇 나라들에서는 의약품에 대한 보조비 지급, 의료사용비에 대한 면제, 건강보험제도, 만성질병에 대한 특별한 주의, 특히 치매나 알츠하미머에 관련된 정신건강이슈를 다루는 조사나 정책, 인력 등의 훈련 등에 대한 조처를 취하고 있기도 한다. 어떤 나라의 국가건강정책은 종종 노인에게 영향을 끼치는 만성적 질병의 상태에 적응해나가도록 하고 있기도 하다, 물론 소수의 나라이기는 하지만, 이들 나라에서는 65세 이상의 노인에게는 만성적 질병은 진단과 처치를 포함하는 무료건강검진을 정규적으로 받도록 하는 조처를 취하기도 하였다. 또한 극소수이긴 하지만 어떤 정부에서는 국가건강기금을 설립하고 의약품 조제에 대한 감액조치를 할 수 있는 건강카드를 배급하기도 하고, 노인환자에 대한 서비스와 처치를 할 경우 노인의 동의를 구하는 시스템을 구축하기도 하였다. 물론 비영리단체에서는 노인이 그들의 건강정책이나 프로그램과 자원할당에서 간과되어오거나 우

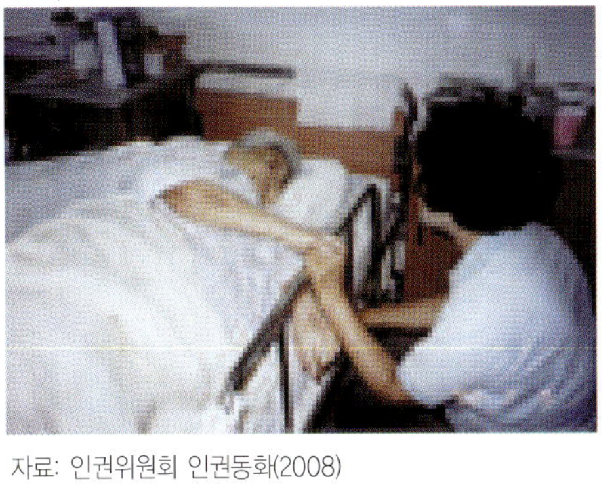

자료: 인권위원회 인권동화(2008)

선순위가 항상 뒤쳐져옴을 지적하고 있다. 현재 저소득이나 중위소득국가의 건강보호 담론에서는 주로 모성과 아동건강에 중점을 두고 있고, 노인의 건강을 비롯하여 생애 전반에 걸친 건강이슈가 방기되어오기도 한다. 또한 건강보호와 의약품에 대한 접근의 비용문제가 여전히 많은 노인에게 중요한 관심사이기도 하다. 노인들은 질병의 초기단계에서 건강보호센터에 접근하는 경향이 있다, 이는 종종 건강보호체계가 열악한 농촌 지역에서 특히 그렇게 나타난다.

6. 장기요양과 재가보호

장기요양보호체계는 중대한 관심영역이다. 몇몇 나라에서는 장기요양서비스의 잠재적 인구에게 다양한 선택을 할 수 있도록 하기 위해 재가보호나 말기보호를 개선하는 방식으로 장기요양보호부문을 탈 시설화하도록 하는 조처들을 취하고 있다. 그러나 장기요양보호는 여전히 부적절하며 인력부족과 낮은 질적 서비스로 문제가 있다. 물론 몇몇 나라에서는 장기요양보험시스템을 신설하여 노화로 인한 손상이나 장기 질병을 가진 사람은 물론 공적 건강보험체계에 들어와 있는 모든 사람들에게 도움을 주고 있기도 하다.

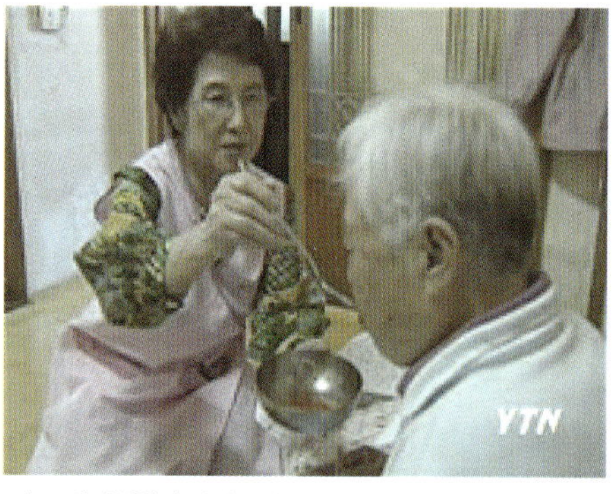

자료: 인권위원회 인권동화(2008)

재가보호는 일상적 생활동작기능이 여전히 양호한 수준의 사람에게 매우 긴요하다. 이들 재가서비스에는 건강권은 물론 이동의 자유의 권리와도 깊은 관련을 맺고 있다. 이들 서비스는 독립적 삶을 강화시켜주고 삶의 질을 개선시켜준다. 물론 장애를 가진 이들이나 노인에게 유용한 어떤 프로그램은 다양한 서비스들을 제공하기도 하지만 경우나 상황에 따라서 그에 따른 적절한 서비스가 제공되기도 한다.

7. 사회보장과 사회적 보호

은퇴연령은 나라마다 각기 다 다르다, 그런데 주목할 것은 성별에 기반한 은퇴연령에 차이가 있다는 것이며(보통 여성이 은퇴연령이 빠르다). 은퇴연령이 특히 유럽지역을 포함하여 개혁대상의 과정에 있다는 것이다. 이와 유사하게 사회보장의 개혁은 물론 노인빈곤에 대처하는 개혁들도 나라들마다 다 다르다. 빈곤의 감소에 매우 중요한 영향을 끼치는 사회보장의 수급이 모든 노인들에게 보편적으로 주어지고 있는 나라도 있는 한편 이와는 다른 보다 온건한 방식이지만, 세금감면, 특정 의약품에 대한 보조금 지급, 요양소 비용의 보상금 지급, 구조요청체계와 의족이나 의치의 요청체계, 기본적 사회적보호의 한 부분으로서의 주택융자 등의 규정들도 확립된 나라도 있다. 노인에 대한 현금소득이전도 도입되었으며, 그 금액도 두 배로 상승된 나라도 있다. 노령연금역시 주요 의제이다. 노인에 대한 현금소득이전은 물론 노령연금이 주는 영향은 노인은 물론 그들의 가족구성원에게도 긍정적인 영향을 끼친다.

자료: 레이디경향(2010.10.8)

몇몇 나라에서 특히 유럽지역에서는 금융위기로 인해 최근 연금개혁을 시도하였다. 이들 개혁의 내용에는 연금체계의 지속가능성과 적절성의 문제가 포함되어있으며, 이와 더불어 은퇴연령을 보다 높임으로써 세대 간 연대와 더불어 은퇴 후 받게 되는 연금의 적절성은 물론 재분배를 꾀하고자 하는 개혁내용이 포함되어 있다.

8. 노동과 일

몇몇 나라에서는 특히 고용에서의 연령차별에 대한 직접적, 간접적 차별을 금지하는 법률을 이미 시행하고 있다. 반차별법의 경우 연령보다는 능력에 기반하여 노동가능연령 상한선이 없는 40 세이상의 노동자들을 대상으로 하고 있기도 하다. 다른 나라의 경우 일정정도 55세 이상의 노동자가 참여할 것과 특정유형의 일자리의 경우 노인에게 우선권이 주어지는 적극적 조치를 담은 법령을 제정하기도 하였다. 지역적 차원에서 유럽의회의 지침에서는 차별근거규정으로서 연령을 포함하여 직업과 고용에서의 평등한 처우를 보장하고 있고, 또한 유럽의회의 회원국은 국내의 법률이 이에 부응하여 개정하도록 하고 있다. 유럽의회의 지침이 적용되는 영역은 고용, 자영업, 직업, 직업훈련과 직업안내소까지이다. 그러나 이들 지침이 각국 내에서 어떻게 시행되고 있는 지를 모니터링하는 것이 매우 중요한 일이다.

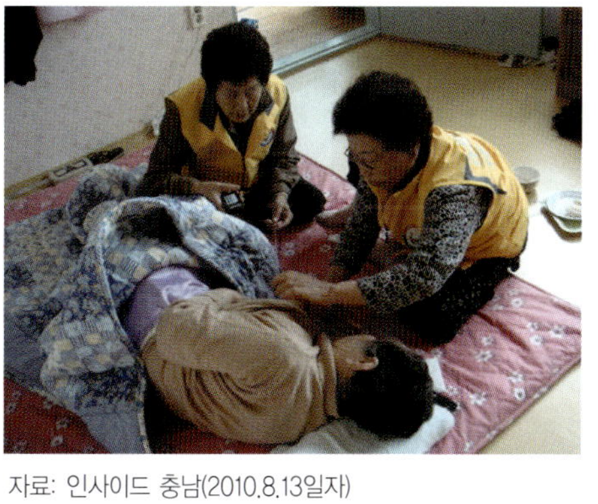

자료: 인사이드 충남(2010.8.13일자)

9. 성인교육과 평생교육

자료: 인권위원회 인권동화(2008)

많은 나라에서 문화센터나 IT 정보센터, 직업훈련센터 등의 프로그램을 이미 시행하고 있다. 이 경우에는 평생교육으로의 접근도 가능하도록 되어있다. 한편 활동적인 노화를 위한 시범사업에서 제시하고 있는 것은 전문적인 인프라가 구축된 교육에 참여하고자 하는 노인의 의지이며, 아울러 세대 간 협력도 중요하다는 것이다. 어떤 정부에서는 평생교육 욕구에 대한 대응으로 "제3세대 대학"(Universities of the Third Age)를 설립하고 그 안에 법학과, 건강요양과, 정치경제학부, 심리학과 농업 등의 학부도 개설하고 있기도 하다.

10. 정책결정과정과 정치문화적 삶에의 참여

자료: 인권위원회 인권동화(2008)

인권적 관점에서, 공적 결정과정에서 노인의 직접적인 참여는 노인의 통합에 매우 중요하다. 참여라는 것에는 사회적 배제와 고립의 근절을 보호하는 것이 포함되어 있다. 몇몇 회원국에서는 다양한 부문이 걸쳐있는 프로그램에 "노인의 참여속에 이루어지는 정책(Policies wih Older Persons)"을 강조하고 있다. 이를 위해 노인을 위한 공식적 대표기구로서 활동할 수 있는 자문기구를 설치하기도 하여 연금개혁, 사회보험,

건강요양과 장기요양과 같은 정책의 논쟁과정에 노인이 정식으로 참여하기도 한다.

또한 어떤 나라에서는 은퇴자연합의 적극적인 참여하에 국가행동계획을 수립하기도 하였다.

노인의 정치적 참여는 인권 그 자체로서도 중요하지만 그들이 연령에 민감한 법률이나 정책수립시 적극적인 역할을 해야 한다는 점에서도 매우 중요하다. 많은 나라에서 지방의회나 공적 의사기구에의 대표자들의 연령이 60세 이상이며, 노인들은 전통적으로 선거에 적극적으로 참여하기도 하고 정당의 활동적인 당원이기도 하며, 노인들 자신의 연합체를 구성하여 중요한 역할을 하기도 한다.

11. 사법정의와 법적 구조에 대한 접근

인권보호는 사법정의에 대한 효과적인 기능을 요구하며, 나아가 모든 사람이 법 앞에 평등하다는 보장하고 피해발생시 적절한 구제를 요구하기도 한다. 몇몇 나라에서 노인에 대한 사법정의의 접근을 보장하는 특별한 조처를 취하기도 하고 있는데, 여기에는 법률적 구조니 노인을 돕기위한 지정된 기구도 있기도 하다. 또한 소송비용의 면제나 감면은 물론 노인이 관련된 분쟁을 조정하기 위한 인권상담서비스는 물론 복지시설 내에 노인인권보호서비스, 재판소송을 돕기 위한 비용에 대한 융자도 제공하기도 한다.

많은 나라에서 국가인권기구의 역할을 상당히 중요하게 여긴다. 계속적으로 국가인권기구는 노인의 인권문제가 많이 접수됨에 따라 이들 노인인구의 인권보호에 중대한 역할을 하기도 한다.

12. 권리옹호운동

세계에는 연령차별철폐등의 주장을 하며 고령자의 권리를 지키려는 운동이 있다. 이제까지 사회를 움직여온 것은 정치가 관료에 의한 정부와 경제의 중심이 되는 기업뿐이라고 생각되어져 왔다. 그런데 법률이나 행정만으로는 해결안되는 일이 많이 있다. 기업이 사람을 쓰고 활동의 장을 넓혀도 그것만으로 사회가 풍요로워지는 것은 아니다. 국가간의 대결이나 환경악화 빈곤 차별 경쟁이 부른 마음의 황폐, 불평등 등 문제가 가득하다. 이로 인해 정부나 기업이 할 수 없는 부분을 담당하려고 하는 제 3세력이 힘이 증가하였다. 영리를 추구하거나 정치에 참여하지 않고, 사회의 이익이 되는 것을 활동의 목적으로 한 시민에 의한 집단 NPO나 국경의 틀에 얽매이지 않고 활동하는 것이 NGO이다. 이들은 환경, 교육, 복지 학술, 문화, 인권, 평화 추진 국제협력, 지역진흥 등 시민의 생활과 관계되는 실로 폭넓은 일을 포괄하고 있다.

NGO, NPO 활동이 왕성한 미국에서는 그레이 판더를 비롯하여 고령자 문제를 다루는 단체가 많은데 세계를 리드하는 활동을 하고 있는 NPO로 AARP(전미국퇴직자협회)가 있다. 1959년 교장을 퇴직한 예셀, 파시, 안드러스씨가 "도움을 받는 것 보다 도와주는 편에 서자"를 외치며 고령자의 삶을 바꾸는 활동을 시작하였다. 이 단체는 50세 이상이고, 연간 8불의 회비를 내면 누구나 회원이 되고 싼 의료나 보험에 가입할 수 있고 노후의 생활설계를 돕는 등 수많은 서비스를 제공했다. 그리고 회원의 자원봉사 활동과 함께 고령자의 이익을 지키기 위해 연방정부 의회 등에 갖가지 제도의 계혁을 요구하는 로비활동을 활발하게 벌였다. 창립당시 100만명이었던 회원이 지금 34백만명으로 전미 고령자의 반수이상 가입할 정도이며 부통령이나 하원의장 등이 총회에 달려갈 정도이다. 그 활동에 정치가들도 외면할 수 없는 세력이 되고 있다. AARP는 고령자 차별에도 일찍부터 관여해 왔다. 한편 벨기에에서는 고령자 조직의 연합체가 고령자라는 이유로 직장을 빼앗기거나 고령으로 몸의 능력이 쇠퇴해 보통사람들이 향유하는 즐거움을 즐길수 없는 것을 방치하기 하는 것은 차별이라고 주장하며, 고령자 단체와 연대하여 고령자를 위한 컴퓨터 교실을 각지에 만들었다. 이는 "청년들이 인터넷으로 세계의 정보를 얻는데 고령자이기 때문에 컴퓨터를 사용하지 못해도 할 수 없다고 간과하는 것을 고령자로부터 정보를 얻을 권리를 빼앗는 연령차별이다."라는 생각에 의한 것이다. 이와 같이 고령자의 자립을 돕고 차별을 없애는 각국의 NPO, NGO세력을 리드하게 되었다. 2002년 총회에 달려갈 정도이며, 그 활동에 정치가들도 눈을 돌릴 수 없는 세력이 되고 있다.

인권과 노인복지실천 제5장

자료: chammal.org/2985

1. 인권 보장과 사회복지실천의 관계

인권은 인간이 살아가면서 누려야 할 당연한 권리로서, 인권에 대한 관심이 높아지고 현실에서 구현해내기 위한 노력을 기울이는 이유는 사회 구성원 모두가 존엄한 존재로 대우받고 인간다운 삶을 누릴 수 있도록 하기 위한 것이다. 사회복지실천은 인간 존엄성 존중이라는 가치를 기반으로 하여 빈곤, 차별, 고독과 소외, 질병, 노동, 교육, 자유, 학대와 폭력 등의 다양한 사회문제에 개입하여 사회 구성원의 삶의 질 향상과 인간다운 삶을 영위할 수 있도록 돕는 데 목적을 두고 있다. 이 같이 사회복지전문직은 인권전문직이어야 하며, 사회복지전문가는 인권을 증진하고 보호하며, 기본적인 사회욕구를 충족시키는 일에 확실하고도 충분하게 관여해야 한다.

한편 인권이 3세대에 걸쳐 발전하면서 사회복지실천 영역에서의 강조점도 많은 변화를 가져왔다. 특히 1세대의 인권이 주로 법률가들이 관심을 갖고 쟁취하기 위한 노력의 장이었다면, 2세대 더 나아가 3세대 인권은 사회복지전문가의 역할이 매우 주요한 인권 영역이다. 3세대 인권의 발달과정에서는 사회복지실천에서 지역사회개발의 측면이 강조되고 있다.

2. 노인복지실천에서의 인권관점

1) 노인 인권보호를 위한 제도적 기반 마련

노인 인권을 증진시키기 위한 복지급여나 서비스는 법과 정책에 기반을 두고 이루어진다. 따라서 노인복지실천에서 인권관점에 입각한 급여나 서비스가 제공되기 위해서는 노인인권보호를 위한 법률의 제정과 정비, 문제해결 위주의 정책방향에서 인권관점에 기초한 노인복지정책으로서의 전환이 선행되어야 한다. 노인 인권보호를 위한 제도적 기반의 확충과 함께 반드시 이루어져야 하는 것은 노인장기요양보험제도의 한계로 인해 파생되는 문제점의 보완이 필수적이다. 먼저 노인장기요양보험제도의 급여액과 수가가 노인복지시설에서 노인의 자유권과 사회권을 보장하기에 적정한 수준으로 조정되어야만 한다. 둘째, 노인장기요양보험제도의 핵심 서비스 제공인력인 요양보호사의 양성교육 과정이 단기양성과정이 아닌 장기적으로 집중적인 교육과정으로 전환되어야 하며, 노인 인권교육도 강화하여야 한다. 셋째, 노인장기요양보험제도 하에서는 시설 종사자들의 급여나 노동환경의 개선을 위한 조치들이 강구되어야 한다. 넷째, 지역 또는 시설 간의 시설환경이나 서비스의 편차로 인한 차별적 서비스를 방지할 수 있도록 제도적 한계가 보완되어져야 한다.

2) 노인복지 종사자에 대한 인권교육 강화

충분한 교육을 받지 못한 상황에서 더군다나 노인 인권에 대한 기본적 이해조차 갖추지 못한 상태에서 노인복지 현장의 업무를 보는 것이 보통이다. 노인 복지 종사자들은 노인들에게 시시적인 태도를 보이며, 권리보호를 소홀히 하는 결과를 낳기도 한다. 이러한 문제를 개선하고 노인복지실천에 인권관점이 도입 · 활용되기 위해서는 사회복지 교육과 노인복지 종사자를 위한 현임 훈련에서의 인권교육이 강화되어야 한다.

3) 노인에 대한 인권교육과 시민 홍보 강화

노인들은 자신이 누릴 수 있는 권리에 대한 교육을 받거나 들을 기회가 없었기 때문에 자신의 권리가 무엇인지도 모르고 있는 경우가 많다. 따라서 노인들이 직접 교육을 받을 수 있는 프로그램을 실시함으로 노인의 권리에 대한 정보를 제공하여야 한다.

4) 권리에 근거한 서비스 프로그램의 개발

노인의 문제나 결함을 해결하고 노인을 변화시키는데 목적을 둔 프로그램의 개발보다는 노인이 누려야 할 당연한 권리를 보호하는 데 목적을 둔 프로그램을 개발하는 것이 바람직 할 것이다. 그러기 위해서는 노인복지실천에서의 프로그램 개발의 출발점이 '서비스 공급자 중심의 욕구사정' 이 아닌 '서비스 이용자의 권리 인식' 에서 출발해야 하며, 프로그램의 목적은 문제해결이나 욕구충족에서 한걸음 더 나아가 노인의 권리를 보호하는 것으로 설정되어야 한다.

5) 노인 권익옹호사업의 강화와 인권 네트워크 구축

노인복지 종사자는 노인들과 직접 접촉하면서 인지하게 되는 노인들의 권리 요구가 정부의 정책개발에 반영될 수 있도록 노인과 정부사이의 중개자 역할을 성실히 수행해야 한다. 개별 노인복지기관이나 시설 단위로 노인 인권보호를 위한 종합적 사업을 전개하는 데 한계가 있으므로, 지역 내 노인보호전문기관, 시민단체, 노인복지 단체나 협회, 법조계 등과의 노인 인권보호 네트워크를 구축할 필요가 절실하다.

6) 노인복지 서비스 매뉴얼 개발

노인 인권보호에 목적을 두고 프로그램을 개발하여 노인 인권보호의 수준에 차이가 발생하는 문제를 예방하고, 일정 수준 이상의 서비스 질을 담보하기 위해서는 사업이나 서비스 과정에서의 실무원칙을 제시해 줄 수 있는 매뉴얼의 개발이 필요하다.

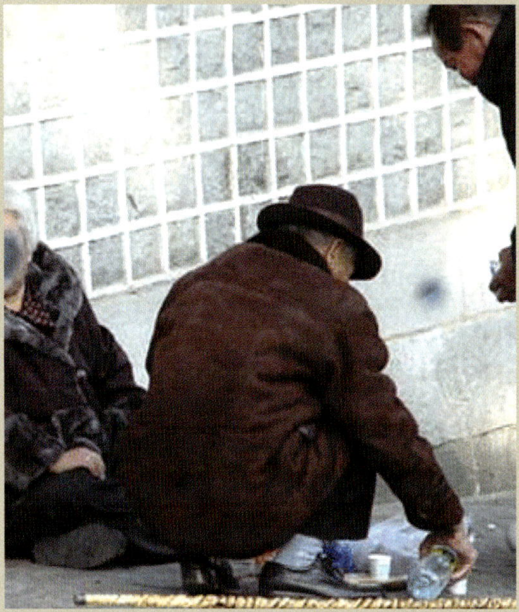
자료: hr-oreum.net/article.php?id=1166

자료: hr-oreum.net/article.php?id=1624

제 3 부
노인인권의 주요 현황과 과제

노인의 인권과 관련하여 주요 영역은 노후소득보장과 이를 위한 고용보장, 의료보장, 교육보장 등이 있다. 아래 표를 살펴보면 매우 시급하게 느끼는 문제로 노후소득보장이 35.6%를 차지 하였으며, 건강보호 및 장기요양 서비스의 경우 28.0%로 그 뒤를 이었다. 또한 고용기회의 확대가 29.2%, 평생교육 및 재취업 교육이 19.1%, 여가문화 활동지원이 17.0%, 교통과 주거환경 조성이 17.6% 순으로 나타났다. 이것을 통해 노인의 소득 보장과 이를 위한 고용기회의 확대가 매우 중요한 문제인 것을 알 수 있으며, 의료보장과 사회서비스 보장도 매우 시급하고 중요한 문제인 것을 알 수 있다. 여기서는 우리나라의 소득보장, 의료보장, 사회서비스 보장의 실태가 무엇이며, 앞으로 나아가야할 방향에 대해서 살펴보도록 하겠다.

그림3-1. 정부가 추진해야 할 과제별 시급성 정도에 관한 의견

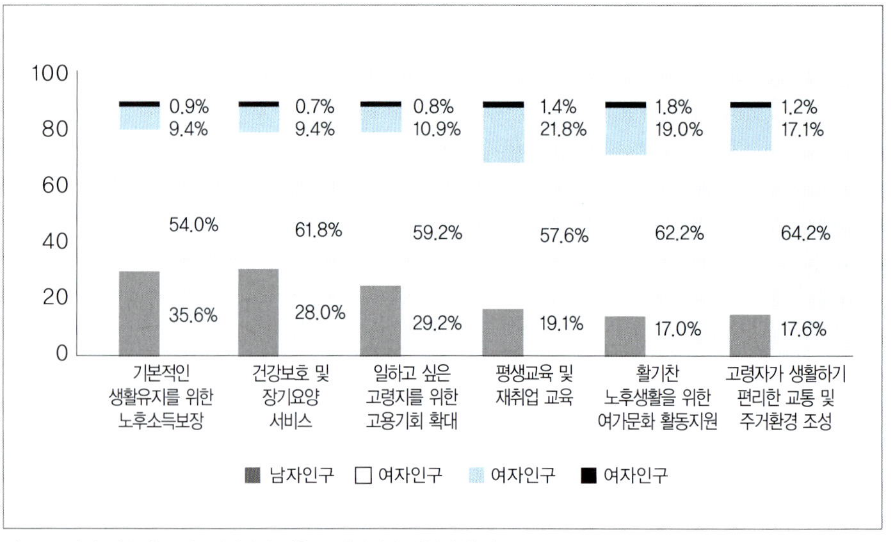

자료: 오영희, 김유경(2011), 백세시대 대응 국민인식과 정책적 함의

제1장 노인인권과 소득보장 (노인의 일할권리)

위기의 노인

노령층 증가로 인한 경제충격 예상

"고령화는 복지문제 이전에 경제문제입니다. 비근로 연령인구 증가에 따른 경제성장 둔화와 장기경제 침체에 대비한 정책마련이 시급합니다."

19일 오후 서울 정동 프란치스코 교육회관에서 열린 '고령화시대의 정책과제와 대응방향' 심포지엄(문화일보·바른사회를 위한 시민회의 공동주최)에서는 급속한 사회고령화에 따른 다양한 노인문제 해결방안이 논의됐다.

이날 토론자들은 한국사회가 압축적 고령화 추세로 급격한 충격이 우려되는 상황이라며 노인계층과 연령층에 따른 '맞춤형 정책'을 시급히 마련할 것을 정부측에 촉구했다.
이에 대해 정부측 토론자로 나선 박정배 보건복지부 연금정책과 서기관은 "국민연금 사각지대 해소를 위해 사각지대 해소위원회를 지난 2월에 구성해 대책을 마련 중이며 고령화 사회 기본법도 올 정기국회에 상정할 예정"이라고 덧붙였다.

[인권위원회 인권동화(2008)]

소득의 상실 혹은 감소는 노인에게 가장 대표적이고 보편적인 사회적 위험이다. 이런 맥락에서 노인들은 나이가 들수록 적절한 수입원을 더욱 필요로 하며, 건강이 허락할수록 괜찮은 일자리에 갈 수 있는 기회를 갖기를 원한다. 노인의 이러한 욕구는 노인에 대한 사회보장권과 더불어 노인의 일할 권리와 연동될 수밖에 없다. 즉 노후의 품위있는 삶에 있어 가장 중요한 인권은 노후의 적절한 수입원을 확보할 수 있는 사회보장에 대한 권리나 혹은 일할 권리인 것이다.

이런 맥락에서 연령은 사회보장권리에서 매우 중요한 영역이며, 고령은 일반적으로 국제법에서 사회보장의 접근에 있어 중요한 영역의 하나로 인식되어왔다. 경제사회문화적권리에 관한 국제규약(이하 '사회권 규약')에서는 고령이 사회보장의 주요영역으로 인식되어야 함을 강조하고 있고, 사회권 규약의 제9조에서는 노령연금에 대한 권리를 다루고 있다.

물론 사회권규약에서 명시하고 있는 사회보장에 관한 권리는 사회보험형태는 물론 이거니와 무기여 형태로서 조세지원방식의 제도를 포괄하고 있다는 것이다.

이 장에서는 노인의 사회보장권리에 입각하여 세계적으로 노인의 경제생활실태와 관련된 실상을 소개하고, 이와 더불어 국내의 현황을 비교분석하여 노인의 소득보장과 관련된 이슈를 다루고자 한다.

1. 세계적인 추세: 노인의 경제적 지위, 노동시장 참여율, 임금과 소득보장[2]

1) 빈곤율과 노인의 소득보장 실태

OECD의 2009년도 자료에 따르면, 65세 이상의 노인인구 중 평균적으로 13.3%가 가난하며, 이러한 수치는 2000년도 중반의 통계치와 비교 시 일반인구 중 10.6%가 가난한 것에 비해 높은 수치임을 알 수 있다(OECD,2009)

이렇게 빈곤한 사람으로 분류된 노인들은 국가별 중위임금의 절반이하에 속한 사람들로서 주로 공적이전등의 수입만을 가진 노인들이다. OECD 국가 중 노인의 빈곤율이 20%이상인 나라들은 오스트리아, 그리스, 아일랜드, 일본, 멕시코, 미국, 그리고 한국이다. 물론 몇몇 나라들의 경우, 특히 오스트리아, 그리스, 아일랜드 등은 고령인구 중 빈곤율이 평균적인 인구보다 10% 더 높게 나오며, 한국의 경우는 고령인구의 빈곤율이 일반인구보다 30%이상 높게 나오는 나라이다. 30개의 OECD 국가 중 11개 나라에서 노인인구의 빈곤율은 국가평균보다 낮은 수치를 보이고 있다.

그림3-2. 고령 소득 빈곤율

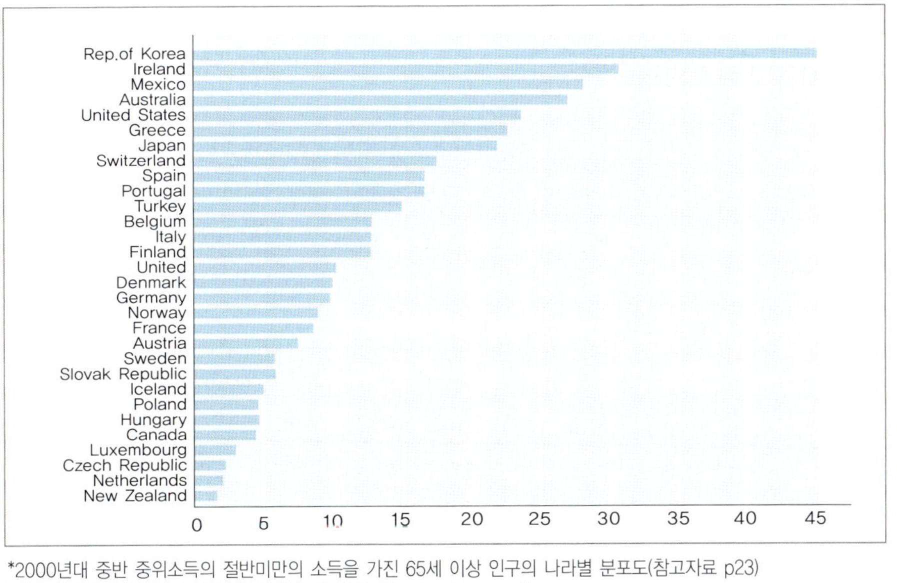

*2000년대 중반 중위소득의 절반미만의 소득을 가진 65세 이상 인구의 나라별 분포도(참고자료 p23)
자료: OECD 소득분포도, OECD, 2008:도표 5.3, Growing Unequal?

1) 이하의 내용은 유엔인권고등대표부의 사회문화부서에서 발표한 'Current Status of the Social Situation, Well-being, Participation in Development and Rights of Older Persons Worldwide'의 II 파트의 일부 내용에서 발췌한 것이다(UN Human Rights Office of The High Commissioner, 2010, Current Status of the Social Situation, Well-being, Participation in Development and Rights of Older Persons Worldwide).

고령인구에 대한 안전망으로 제공되는 급여수준이나 포괄범위정도는 OECD 국가에서 고령인구의 빈곤율에 매우 큰 영향을 미치고 있다. 상대적으로 높은 수위의 사회안전망의 급여를 가진 경우는 노인의 빈곤율이 낮게 나오며, 이들 나라는 캐나다, 룩셈부르그, 네덜란드와 뉴질랜드이다. 그러나. 일본이나 미국의 경우 사회안전망으로 주어지는 급여는 OECD 빈곤가구의 절반에도 못 미치게 제공되고 있고, 그리스의 경우는 1/3에도 못 미치는 급여가 제공되고 있다[3]. 노인인구의 상대적 빈곤에 영향을 주는 다른 요소는 바로 경제개발의 속도와 시기이다. 한국처럼 급속히 경제발전이 이루어지는 나라의 경우, 세대 간 소득격차가 매우 큰 편이며, 이 경우 노인은 종종 축적된 부나 연금수급권이 아예 없거나 아주 빈약하게 있을 뿐이다.

대부분의 OECD 국가 중, 여성노인은 남성노인에 비해 가난할 가능성이 더 높다. 평균적으로 여성노인의 15%, 남성노인의 11%가 가난하며, 이들 수치는 노동연령대에 있는 여성의 빈곤율이 평균 10%, 남성은 9%에 비교할 때보다도 높은 수치이다. 여성노인은 남성노인에 비해 연금수급권을 가지고 있다하더라도 그 수급액이 매우 낮은데, 이는 공식노동시장의 여성참가율이 낮은데서 비롯되거나 혹은 고용시장에 있을 때라도 남성에 비해 낮은 임금을 받기 때문이다. 노인인구세대를 들여다보면, 남성노인과 여성노인 간의 빈곤율 격차는 일반적으로 큰 편이며, 연소노인(younger-old)[4]보다 75세 이상의 노인들에서 그 격차가 크게 나온다. 이유는 이들 연령대가 주로 홀로 사는 여성노인이 많기 때문이다. 많은 홀몸여성들은 주로 유족연금에 의존하며 그러한 급여는 빈곤율을 예방하기에는 너무나 낮은 급여이다.

OECD 국가의 노인인구의 빈곤율은 주로 고용과 생활수준과 밀접히 연관되어 있다. 65세 이상의 노인인구 가구원중에 한명이라도 일하는 사람이 있을 경우 평균적으로 빈곤율은 7%이며,이러한 수치는 노인가구원 중에 일하는 사람이 없는 가구의 빈곤율이 17%에 달하는 것과 비교할 시 매우 낮게 나온다. 독거노인의 빈곤율은 25%이며, 노인부부가 있을 경우는 9%정도이다.

OECD 국가 중 노인인구의 상대적 빈곤율은 지난 30년동안 계속하락추세에 있다. 1980년대의 경우, 75세이상의 노인의 평균빈곤율이 거의 일반인구의 2배에 달했다. 66세에서 75세사이의 노인인구의 빈곤율은 초고령노인보다는 낮은 편이나, 일반인구의 평균빈곤율보다는 상대적으로 높게 나왔다. 2000년대 중반에 이르러, 고령노인의 빈곤율은 국가 평균이상을 상회하는 50%의 빈곤율을 보이고 있으며, 연소노인의 빈곤율은 국가평균보다는 약간 낮게 나오고 있다.

3) OECD, 2009, Pensions at a Glance-Retirement-Income Systems in OECD countries
4) Chronological age에 의한 노인은 노인의 개인적 및 사회적 특성이 무시되는 것을 감안하여 65~69세를 연소노인으로 70~74세는 중고령노인, 75~84세는 고령노인, 85세 이상은 초고령노인으로 구분하고 있다.

그림3-3. 연령대별 상대적 빈곤위험도: 23 OECD 국가, 1980년대 중반과 2000년대중반(p25)

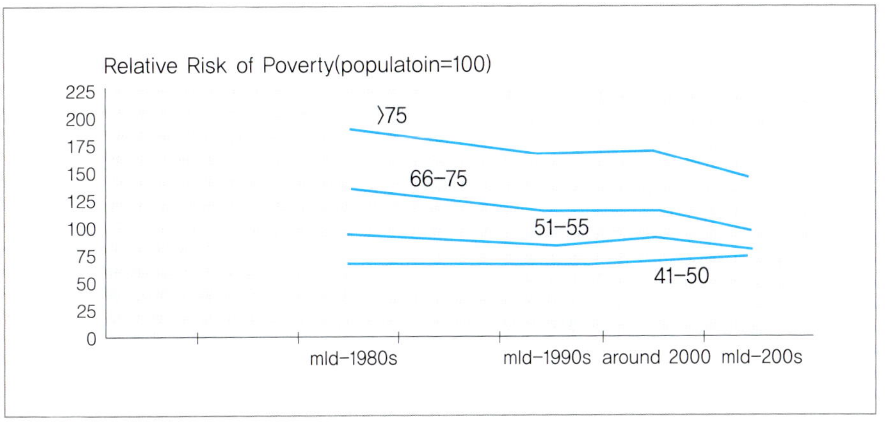

자료: OECD(2008) 소득분포도

빈곤율 측정방식에 있어서 개념적 차이와 방법론적 차이로 인해 통계치가 종종 나라들간, 혹은 지역간 비교가 가능하지 않기도 한다. 이와 더불어 개발도상국의 노인인구의 소득빈곤에 대한 정보가 전형적으로 매우 제한적이기도 하다. 사하라 중부지역의 아프리카 나라들에서 15개국의 저소득국가 중 9개 나라, 즉 버키나 파소(Burkina Paso), 캐머룬, 에티오피아. 가나, 갬비아, 캐냐, 말라위, 나이제리아, 잠비아는 노인이 있는 가구의 빈곤율은 일반인구의 평균적 빈곤율보다 매우 높게 나온다. 그러나 18개 남미와 카리브해의 나라들중 6개 나라에서 빈곤율은 일반인구보다 노인인구중에서 매우 높게 나온다. 자마이카의 경우 평균적으로 일반인구에 비해 노인인구의 빈곤율은 9% 높게 나오고, 브라질이나 아이티, 페루의 경우 평균 빈곤율보다는 9-14% 낮게 나온다[5].

중동이나 북아프리카의 경우, 노인인구의 빈곤율은 이집트, 요르단, 모로코, 예멘의 일반인구의 빈곤율보다는 낮게 보고되고 있다. 이는 인도, 베트남의 경우도 마찬가지이다. 그러나 중국이나 태국의 경우 노인인구의 빈곤율은 국가평균보다 높게 보고되고 있으며, 중국의 경우 여성노인은 남성노인보다 더 가난하며 빈곤율 역시 노인인구들 중에서도 나이가 많을수록 급격히 상승되고 있다고 한다. 노인의 빈곤율은 도시보다는 농촌지역이 실질적으로 더 높게 나타나고 있음을 알 수 있다.

5) Gasparini, Leonardo, Javier Alejo, Francisco Haimovich, Sergio Olivieri, and Leopoldo Tormarolli, 2007, Poverty among the Elderly in Latin America and Carribbean, Background Paper for the WESS, 2007

그림3-4. 고령빈곤율, 아프리카, 2000년대 경(p26)

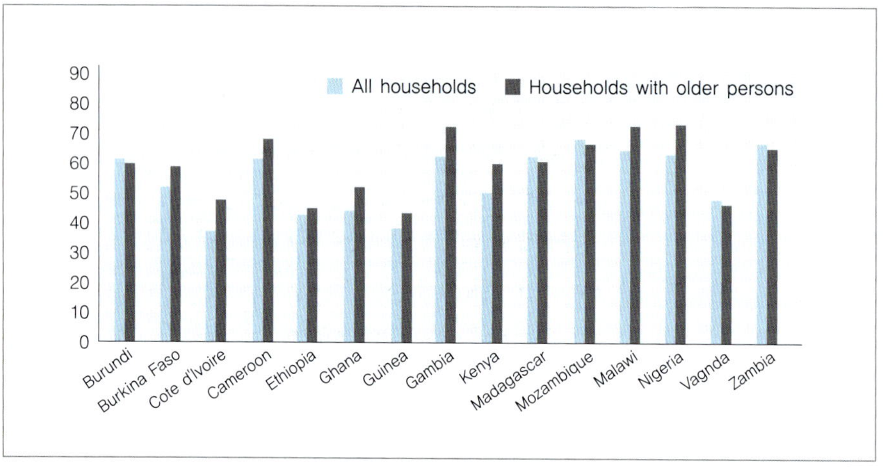

자료 : Kakwani and Subbarao, 2005:10, Ageing and Poverty in Africa and the role of social pension, International Poverty Centre Working Paper No.8,Brasilia,UNDP Poverty Center

그림3-5. 남미와 카리브해의 노인빈곤율(2001-2005)(p27)

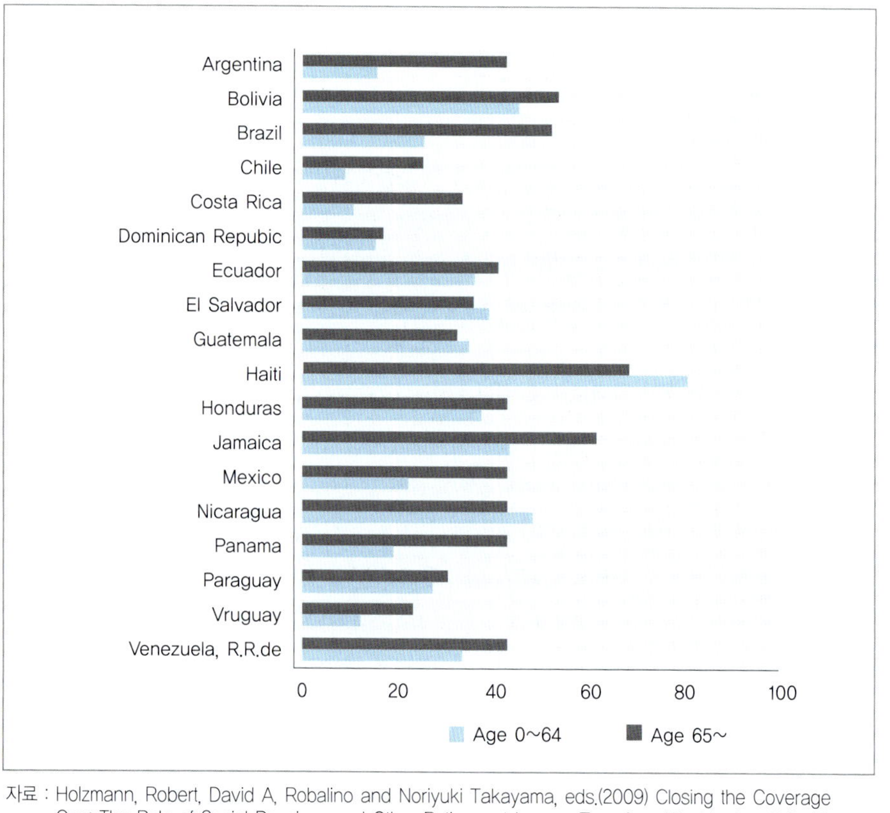

자료 : Holzmann, Robert, David A, Robalino and Noriyuki Takayama, eds.(2009) Closing the Coverage Gap: The Role of Social Pensions and Other Retirement Income Transfers. Washington, D.C.: The World Bank, p.44

2) 소득 구성도(Sources of Income)

OECD국가의 대부분의 경우, 공적이전은 65세 이상의 노인인구 중에서 가처분소득의 반 이상을 차지한다. 이 가처분소득에 포함되는 것은 소득관련 연금과 더불어, 기초노령연금이나 최저소득부장연금등이다.

OECD국가들은, 공적이전 소득이 평균적으로 노인소득의 60% 이상을 차지한다. 이들 나라에서 임금근로소득과 연계한 소득이 노인인구의 소득 중 20%을 차지하고, 그 외에 개인연금과 투자 등이 20%를 차지하는 것으로 보인다. 그러나 물론 소득구성도는 나라별로 다르다. 공적이전소득이 벨지움, 프랑스, 헝가리, 슬로바키아에 사는 노인

표3-1. 소득구성별 노인의 가처분소득구성도, OECD 국가, 2000년대 중반(p29)

Pubilic transfers		Work	Private pensions savings
Finland	15	11	74
Korea	15	59	26
United States	36	34	30
Canada	41	18	42
Australia	44	20	36
Netherlands	48	10	42
Japan	48	44	7
United Kingdom	49	12	39
Ireland	53	21	26
Denmark	56	12	32
Norway	59	12	29
Iceland	59	31	10
New Zealand	64	15	21
Portugal	66	29	5
Greece	66	26	8
Sweden	69	10	21
Spain	70	24	5
Italy	72	24	4
Gemmany	73	12	15
Czech Republic	75	25	0
Poland	79	20	1
Luxernbourg	79	12	9
Austria	79	19	2
Belgium	81	12	7
Slovak Republic	82	17	1
France	85	6	8
Hungary486679	86	12	3

자료 : OECD, Pension at a Blance 2009

들의 순수 소득의 80%이상을 차지한다. 그러나 핀란드나 한국은 공적이전소득이 노인소득에서 차지하는 비중은 15%정도에 그치고 있다. 한국의 경우는 공적연금이 1988년도에 시작되었기에 노인인구들 중 상당수가 공적연금의 수급권이 없거나 있어도 급여가 매우 적기 때문이다. 이에 반해 핀란드는 강제적 직업연금이 대부분의 퇴직자들에게 주어지고 있고 이 직업연금은 사적연금으로 운영되기 때문이다. 핀란드는 사적연금이나 개인 투자가 노인소득의 3/4정도를 충당하고 있다, 그러나 대부분의 OECD 국가에서 사적연금의 비중은 10%미만이다. 프랑스, 네덜란드, 스웨덴의 경우 노인의 소득의 10%미만이 근로소득에서 충당된다. 미국은 근로소득이 노인소득의 1/3을 구성하며, 일본은 40%가 한국은 60% 이상을 근로소득에서 충당한다.

노인의 소득구성도에서 공적연금의 비중을 고려해 보건데, OECD 국가의 빈곤율이 공적연금이 없는 나라보다 훨씬 높게 나오는 것을 놀랄만한 일이 아니다. 이것은 중위소득의 나라의 경우도 마찬가지여서, 이들 나라에서도 연금이 노인의 소득에서 높은 비중을 차지하고 있음을 알 수 있다.

남미와 카리브해연안의 경우, 연금의 포괄정도와 관대성정도가 노인인구의 빈곤율을 결정하는 핵심요소이면서 동시에 노인의 빈곤율이 일반인구의 빈곤율보다 높은지 여부를 결정하는 핵심요소이다.

3) 연금체계와 포괄정도

전 세계적으로 볼때 노인인구의 20%미만 정도만이 공적연금에 포함된다. 더욱이 노동연령대의 인구의 40%정도가 어느 정도의 노령연금제도를 가지고 있는 나라에서 살고 있다하더라도, 실제로 노동연령대 인구의 25%만이 연금을 붓고 있거나 연금권을 획득하고 있을 뿐이다. 연금권의 포괄정도는 인구당 소득이 올라가는 나라일수록 높아지는 경향이다. 물론 이들 나라에서조차 학력이 낮거나 소득이 낮은 인구에서는 연금 포괄 정도는 낮아진다. 개발도상국의 농업과 비공식 부문에서 일하는 노동자들은 연금제도에 등록조차 안되어 있고, 대규모 농업과 비공식부문이 있는 나라들은 그 포괄정도가 더욱 낮은 경향이 있다.

OECD국가를 제외하고, 연금으로 포괄되는 노동력은 대부분의 나라에서 매우 낮으며, 동아시아의 경우 평균적으로 연금에 포괄되는 노동력은 44%정도이다(중국은 20%정도). 남아시아의 경우는 13%이며, 사하라남부아프리카는 16%정도이다[6]

남미의 기여연금제도의 개혁이 1980년대 이후에 이루어졌는데, 이런 개혁이 연금의

6) International Labor Office, 2010, World Social Security Report 2010, Providing Coverage in the Times of Crisis and Beyond, preliminary version, Geneva

포괄인구를 증가시키지는 못하였다. 실제로, 포괄정도는 비공식부문의 고용이 증대될수록 낮아지는 경향을 보이기도 한다. 어떤 아시아 국가들은 비공식부문까지 연금대상을 넓히기 위한 상당한 노력을 기울이기도 하였다. 스리랑카가 그러한 나라인데, 이 나라에서는 농부와 어부까지 제도의 적용대상을 넓혔으며, 인도의 새로운 연금제도하에서는 비공식부문의 노동자를 적용대상으로 확대하기도 하였다[7]. 중국은 최근에 농부를 위해 정부지원으로 하는 기여형 연금제도를 시행하고 있기도 하다.

대부분의 OECD 국가에서 노동력의 90%는 기여연금제도에 의해 적용되고 있으며, 모든 OECD 국가는 적어도 고령기에 최저한의 임금을 제공하기 위한 공공사회안전망을 갖고 있다. 그러나 연금제도의 구조는 매우 다양하며, 이들 나라의 대부분은 노동자를 포괄하는 기여연금제도를 시행하고 있다. 기여연금은 전형적으로 자산조사를 기초로 하는 공공부조를 보충하는 제도로 시행되고 있다.

현재 연금제도하에서, 순소득대체율-근로소득이나 조세, 혹은 다른 급여에 상응하는 연금급여는 일을 하는 생애기간동안 벌어들이는 평균소득의 70% 정도이다. 연금제도는 계속 진화되고 있고, 각국 정부는 노인인구의 생계수준을 보호하기 위한 목표와 고령화시대에서 연금재정의 지속가능성 사이에 균형을 잡으려고 노력중이다. 어떤 나라의 경우, 최근에 기여율을 높이고 있거나 혹은 수급연령을 상향조정중이거나 혹은 급여율을 조정하거나 조기 퇴직을 낮추기 위한 제도를 구상중이다.

4) 재정적 서비스나 신용보증에의 접근도

아프리카의 경우, 여성노인은 종종 은행융자나 주택융자를 받을 수 없으며, 관습법하에서 부동산 임대를 할 수도 없다. 방글라데쉬의 경우, 노인은 종종 자영업을 육성하고 임금생성을 유도하는 미소금융제도에 접근할 수가 없으며, 나이 제한에 걸리기도 한다.

선진국의 노인들은 종종 재정적 서비스접근에서 차별을 경험하기도 한다. 북아일랜드나 영국의 노인들은 자동차보험이나 여행보험 가입을 거절당하기도 한다. EU 국가들에서 최근의 경우, 헝가리, 라트비아, 리투아니아,, 폴란드에서는 젊은 성인들조차 종종 재정적 서비스를 거절당하기도 하는 데, 노인은 더욱 사정이 나쁘다.

공식제도를 통해 신용융자를 얻을 수 없는 노인들은 감당할 수 없는 높은 이자로 채무자로 몰리기도 한다. 물론 융자를 얻을 수 있는 등급이 되는 노인들조차도 높은 이자율로 회복불가능한 채무자로 몰리기도 하는데, 미국의 경우가 그렇다.

7) Holzman, Robert, David A. Robalino and Noriyuki Takayman, eds., 2009, Closing the Coverage Gaps: The Role of Social Pensions and Other Retirement Income Transfers, Washington, D.C., The World Bank

5) 가족간 소득 이전(세대간 이전)

노인의 경우, 세대 간 지원의 이슈는 종종 아이에서 부양노인에게도 지원이 흘러가기도 한다. 물론 노인부양자에게로만 세대 간 이전이 이루어지지는 않는다. 많은 노인의 경우 연금이나 일거리로부터 적정한 수입원을 갖고 있기도 하고, 부동산이나 저축이 있기도 하다. 실제로 최근의 조사 결과, 연소노인의 경우 자식세대에게로 소득이전이 이루어지는 경우가 있다. 즉 고령노인의 경우 자식이 결혼하거나 혹은 새로운 가족이 생기는 경우 상당한 정도의 재정적 지원을 해주기도 한다. 그러나 한국과 태국의 경우, 순수 가족 간 소득이전은 65세 이상의 노인에게로 흘러가며, 그러한 가족 간 소득이전은 노인세대의 중요한 소득구성이 된다.

2. 한국노인의 경제생활 실태

1) 소득실태

2008년도 보건복지부가 전국 노인생활실태 및 복지욕구조사에 따르면, 60세 이상 노인의 1인당 월평균 소득은 69.0 만원(65세이상 기준 58.4만원)이고, 남성노인의 소득 수준은 108.1만원, 여성노인은 40.0만원으로 나타나고 있어 여성노인의 빈곤화가 두드러지게 나타나고 있다. 이를 소득구간별로 살펴보면 20만원미만이 33.4%로 가장 높게 나타났으며, 20-40만원 미만이 17.6%, 40-60만원 미만이 13.4%, 150만원 이상이 11.8% 로 나타났다.

그림3-6. 노인 개인 월평균소득 분포도

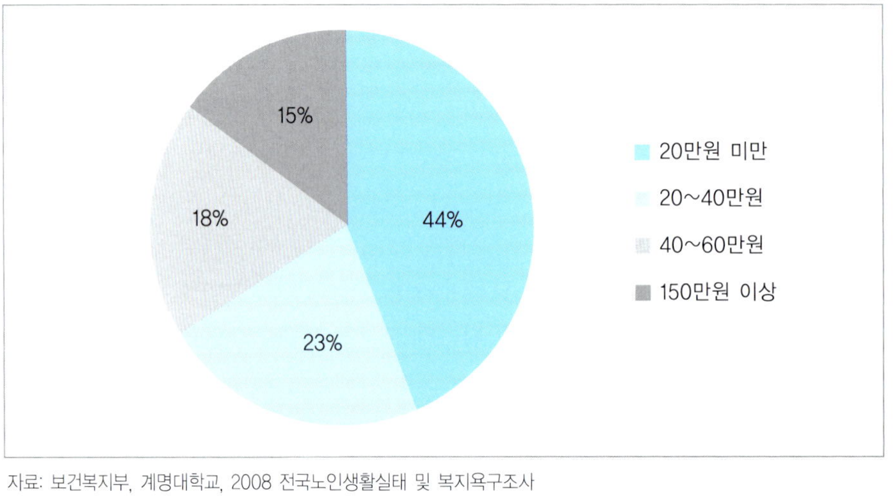

자료: 보건복지부, 계명대학교, 2008 전국노인생활실태 및 복지욕구조사

한편 노인의 일반적 특성에 따른 노인의 월평균소득분포를 보면, 성별의 경우 남성노인의 39.7%가 100만원 이상의 소득이 있다고 응답한 반면, 여성노인은 8.8%에 머무르고 있다. 이와는 반대로 40만원 미만의 소득을 가진 남성노인은 30.2%인데 반해 여성노인은 66.3%에 달해 성별에 따른 소득차이가 확연히 드러나고 있다(보건복지부,2008).

그림3-7. 일반적 특성에 따른 노인의 월 평균소득 (단위:만원)

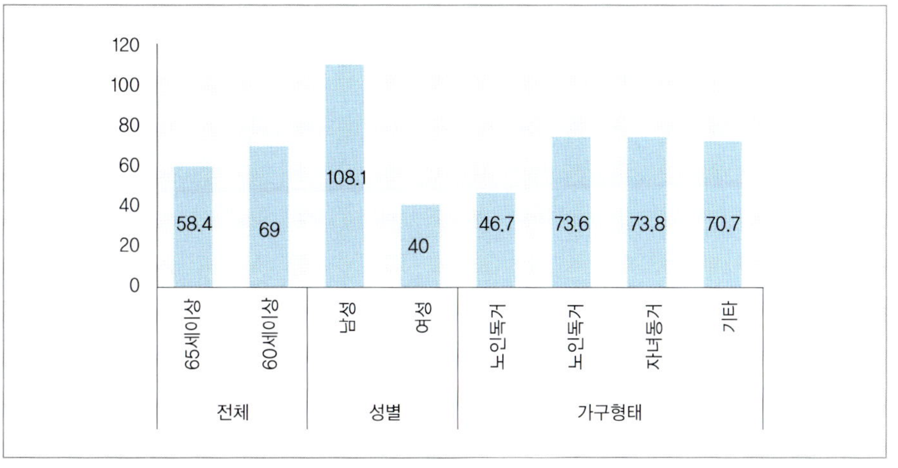

자료: 보건복지부, 계명대학교, 2008 전국노인생활실태 및 복지욕구조사

2) 소득구성

노인의 소득구성은 남성노인과 여성노인에게서 그 구성도가 달리 나타난다. 일반적으로 남성노인은 여성노인에 비해 사적이전소득 및 기타공적 이전소득 보유율을 제외하면 모든 소득원에서 높은 보유율을 보이고 있다 우선 전체노인을 대상으로 노인의 소득구성을 살펴보면 사적이전소득이 44.7%로 가장 높게 나타나고 있으며, 공적연금소득과 기타 공적이전소득을 합한 공적이전소득이 25.5%, 근로 및 사업소득이 22.6%로 그 뒤를 잇고 있다(보건복지부, 2008).

이러한 노인의 소득구성도를 다시 노인의 소득구성과 노인 개인을 제외한 다른 가구원의 소득원으로 재분류하여 일반적 특성별로 다시 보면, 노인가구 중에서 노인개인의 소득이 차지하는 비중은 51.7%이며, 나머지 48.3%는 다른 가구원의 기여[8]로 나타났다. 노인가구 소득중 노인 개개인의 사적이전소득[9]의 비중이 17.5%로 가장 높게 나타

8) 분석단위가 개인이기에 다른 가구원에는 응답주체가 아닌 노인도 포함될 수 있다.
9) 동거하고 있는 자녀로부터의 경제적 수혜는 제외되었다

그림3-8. 노인의 소득구성

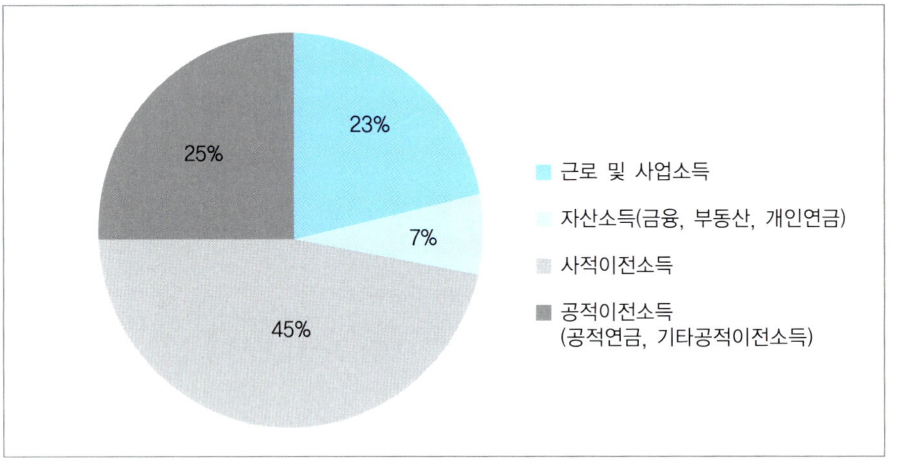

자료: 보건복지부, 계명대학교, 2008 전국노인생활실태 및 복지욕구조사

났으며, 사업소득이 10.5%, 근로소득이 7.2%, 공적연금소득이 6.9%의 순으로 나타났다(보건복지부, 2008:259).

한편 보건복지부에서 2011년에 실시한 노인실태조사에 따르면 근로 및 사업소득이 18.6%, 자산소득이 9.5%, 사적이전소득이 39.8%, 공적이전소득이 32.5%로 나타났다. 2008년 자료와 비교하였을 때 두드러지게 변화한 부분은 사적이전 소득과 공적이전소득이다. 사적이전소득은 45%에서 39.8%로 감소한 반면 공적이전소득은 25%에서 32.5%로 크게 증가하였다. 이와 같이 사적소득이전이 감소하고 공적이전소득의 비중이 증가한 것은 2008년부터 실시된 기초노령연금으로 인한 것으로 여겨진다(보건복지부, 2012).

표3-2. 노인가구의 소득구성 재분류

특성		노인개인의 기여								다른 가구원 기여	
		근로 소득	사업 소득	금융 소득	부동산 소득	개인 연금	사적이 전소득	공적연 금소득	기타공 적이전 소득		
전체	65세이상	4.9	9.7	1.9	3.1	0.1	20.6	6.0	5.7	47.9	계: 100%
	60세이상	7.2	10.5	1.9	3.2	0.2	17.5	6.9	4.4	48.3	
성별	남성	10.8	17.4	2.7	4.4	0.2	12.7	11.7	4.7	35.4	
	여성	4.4	5.3	1.2	2.3	0.1	21.0	3.4	4.3	58.0	
취업 유무	예	16.7	28.7	1.1	1.5	0.1	10.1	5.8	2.1	33.8	
	아니오	2.2	0.9	2.3	4.0	0.2	21.3	7.5	5.7	56.0	

자료: 보건복지부, 계명대학교, 2008 전국노인생활실태 및 복지욕구조사

3) 노인의 가계지출과 경제생활만족도

노인의 소득은 바로 가계비 지출 구성도와 직접적인 연관성이 있다, 2008년도 전국의 노인을 대상으로 한 실태조사에서 나타나듯이 60세 이상의 노인이 사전이전 소득과 다른 가구원 등의 보조를 통해 생계비를 마련하는 경우는 65.5%에 달하며, 국가에 의한 조달은 11.3%에 불과하다.

이렇듯 전체 소득이나 가계지출의 대부분을 동거자나 혹은 비동거 자녀로부터 마련하기에 노인의 주관적 경제 상태에 대한 만족도는 매우 낮은 편이다. 조사대상 노인의 6.2%만이 경제적으로 넉넉하다고 인식하고 있었고, 50.0%는 어렵지도 넉넉하지도 않은 것으로, 그리고 43.7%는 경제형편이 매우 어려운 것으로 인식하고 있었다(보건복지부, 2008:266).

4) 공공부조 수급율로 본 노인의 빈곤율

한국사회의 노인 빈곤은 공공부조 수급율을 살펴보면 자세히 드러난다. 공공부조의 대상자는 바로 국민기초생활보장법 대상자로서, 이들은 최저생계비하의 절대빈곤에 속하는 이들이다. 노인의 빈곤정도는 공공부조 수급율에서 잘 드러난다. 공공부조 수급자 중 시설노인수급자를 제외한 일반 노인의 수급율은 일반국민평균보다는 노인의 수급율이 월등하게 높게 나타나고 있다. 2009년 현재 전체 국민의 3.0%가 기초생활보장 수급자인 반면, 전체노인 인구 중의 기초생활보장 수급자인 노인의 경우는 3배정도를 약간 밑도는 8.8%로서 노인의 소득수준이 상대적으로 열악함을 알 수 있다. 이러한

표3-3. 국민기초생활보장 수급자 수 및 비율과 그 변화

구분	2002		2009	
	전체국민	노인인구	전체국민	노인인구
총인구	47,622,000	3,772,000	48,747,000	5,193,000
기초법대상인구*	1,275,625	411,308**	1,482,709[10]	457,571**
구성비(%)	2.6	10.9	3.0	8.8
기초법 대상 인구 중 노인수급비율(%)	32.3		30.8	

* 2009년도 현재 기초법 대상 수급자의 수는 일반수급자로서, 시설수급자와 기초생활보장번호부여자가 제외된 수치이다.
**국민기초생활보장법 수급대상 인구의 노인인구는 60세 이상의 노인을 의미한다. 다만 총인구 중의 노인인구는 65세 이상 노인을 의미한다.
자료 : 보건복지부, 2010 보건복지통계연보:308,309

10) 이 인원은 일반수급자 수로서 시설수급자와 기초생활보장번호부여자가 제외된 수이다. 제외된 수치를 전부 합할 경우 2009년도 총 수급자 인원은 1,568,533명이다

열악한 노인의 소득수준은 다시 기초생활보장 수급자 구성도에서도 나타난다. 시설수급자 등을 제외한 일반 기초생활보장 수급자 인구 중 60세 이상의 노인인구는 2009년도 현재 30.8%에 이르고 있는데, 2002년도에도 30% 대 수준이었음을 비교할 때 노인의 소득수준은 그리 향상되지 않은 것이다.

3. 한국 노인의 공적소득보장 실태와 수급율

1) 국민연금제도

국민연금은 1988년 10인 이상 사업장 가입자를 당연적용자로 해서 도입되었으며, 점차 그 적용대상이 확대되어 1999년 4월부터는 특수직역연금 가입대상자를 제외한 소득이 있는 모든 국민에게 확대되었다.

2008년부터 국민연금이 도입된 지 20년이 된 시점이기에, 2009년도 12월말 현재 노령연금의 65세 이상의 노인 중 공적연금대상이 된 노인은 총 2,065,029명으로 전체 노인 5,193,000명 중 39.8%에 불과하다.

표3-4. 공적 연금수급권자 현황(2009년 12월말 현재)

(단위: 명)

연도	총인구		국민연금	공무원연금	사립학교 교직원 연금
		65세이상 노인인구			
2002	47,622,000	3,772,000	1,059,365	169,915	16,059
2009	48,747,000	5,193,000	2,782,091	293,096	34,137

자료: 2010 보건복지통계연보:332

표3-5. 국민연금 수급자 중 노령연금수급자 현황, 2009기준

(단위: 명)

	총인구	65세이상 노인인구		
2009	48,747,000(100%)	5,193,000(10.7%)	2,065,029(4.2%)	1,129,942(2.3%)

자료: 2010 보건복지통계연보:346

65세 이상 노령연금 수급자는 전 국민 대비 2.3%이며 65세 이상 인구 대비하였을 때 21.8%만이 연금수급을 받고 있다. 연금수급을 통해 소득보장은 매우 적은 노인만이 보장 받을 뿐 아니라 그 소득보장도 제대로 이루어지지 않고 있다. 2010년에 국민연금공단에서 발표한 자료에 따르면 국민연금수급자의 소득대체율은 12.8~25.5% 수준이

었다. 가입기간에 따라 10년 미만 가입자는 월평균 15만6630원을 받아 12.8%의 소득대체율을 보이고 10년 가입자는 월평균 25만2905원을 받아 15.3%의 소득대체율을, 20년 가입자는 월평균 75만 830원을 받아 소득대체율이 25.5%로 나타났다(국민연금공단 2009). 국민연금 가입자의 대부분(66.4%)이 10년 미만 가입자인 점을 차지하고서라도 물가수준을 고려한다면 연금이 안정적인 노후소득보장으로는 많이 부족하다고 할 수 있다.

참고자료 **한국의 소득에 따른 상대적 연금 수준 및 소득대체율**

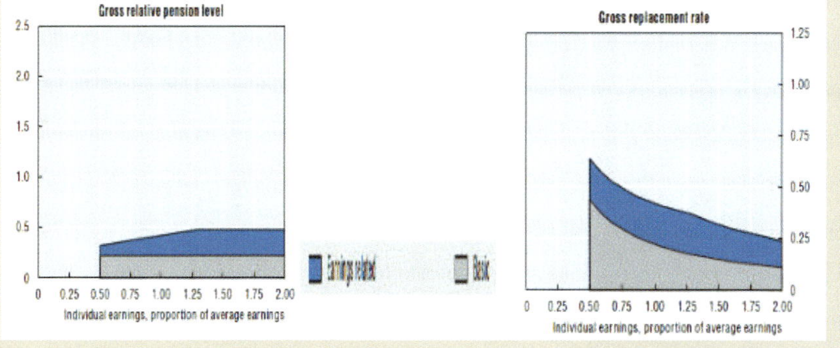

자료: OECD(2011). Pension at a glance

2007년 국민연금 개혁시 2028년까지 소득대체율을 0.5%p씩 줄여 2028년에 40%의 소득대체율을 가지도록 하였다. 하지만 평균 소득대체율이 40%라는 의미이며, 소득이 낮은 연금 수급자의 경우에는 연금으로 인한 소득대체율이 60% 정도의 소득대체율을 가지도록 설계가 되어 있다. 이는 연금을 계산할 때 본인의 기여액에 대해서만 계산하여 지급하는 것이 아닌 전체 연금가입자의 보험료의 평균에서 본인의 기여액의 평균을 더한 금액을 인정해 주기 때문이다. 이 때 전체 연금가입자의 보험료의 평균이 Basic으로 기본 연금을 의미하며, 본인의 기여액의 평균을 Earning Related 로써 소득비례하여 급여를 지급받게 된다.

2) 공공부조(기초생활보장제도)

빈곤한 노인을 위한 공공부조 정책이 바로 국민기초생활보장법제도이다. 사회보험제도에 의한 생활보상을 받시 못하는 저소득 노인 등에게 주이지는 2치적 시회안전망인 것이다.

이러한 국민기초생활보장제도는 기존의 생활보호법을 대체한 것으로 1999년 9월 '국민기초생활보장법' 공포에 따라 2000년 10월부터 시행된 제도이다

이 제도는 기존의 생활보장법을 대체한 것으로 이러한 배경은 기존의 국민기초생활보장법은 빈곤의 책임을 개인과 가족에게 지우는 잔여적 성격을 지녔다. 이런 맥락에

서 기존의 생활보호법은 대상의 포괄성, 급여의 충분성, 대상자간 형평성, 제도의 효율성과 생산성이란 면에서 한계를 지녔다(이인재외, 2003).

표3-6. 기초생활보장제도의 수정 내용

구분		생활보호제도 (~1999년)	국민기초생활보장제도 (1999년 제정 당시)	국민기초생활보장제도 (2010년 현재)
인구학적 기준		65세 이상의 노약자 18세 미만의 아동 임산부, 기타 근로무능력자	폐지	폐지
자산기준		소득기준/재산기준	최저생계비 기준 *재산의 소득환산율, 기초 공제액이 결정되지 않아 소득/재산기준 활용	최저생계비 기준 * '02년부터 재산의 소득환산율, 기초공제액이 결정되어 최저생계비 기준 적용
부양의무자 기준	범위 기준	직계혈족과 그 배우자 생계를 같이 하는 2촌 이내의 혈족	직계혈족과 그 배우자 생계를 같이 하는 2촌 이내의 혈족	1촌 직계혈족과 그 배우자
	판정 기준	보호대상자와 부양가구의 가구원 1인 소득과 가구당 재산액이 생활보호 기준에 미치지 못할 경우	부양의무자의 소득이 부양의무자 가구 최저생계비의 120% 미만	부양의무자의 소득이 부양의무자 가구 최저 생계비의 130% 미만
선정방식		부양의무자 기준, 소득기준, 재산기준을 동시에 충족하는 경우	부양의무자 기준, 소득기준, 재산기준을 동시에 충족하는 경우	부양의무자 기준을 만족하고 소득인정액이 최저생계비 이하인 경우

물론 이같은 기존의 생활보호법이 가지는 한계 외에도, 국민기초생활보장법의 제정 배경은 바로 1997년 대규모 외환위기로 시작된 대량실업 때문이었다.이 시기의 대량실업사태는 개인의 의사와 상관없이 누구나 실업자와 빈민이 될 수 있다는 것을 보여주었고, 그 결과 기존의 제도로는 문제해결이 불가능하다는 것을 보여주었기 때문이었다.

국민기초생활보장제도의 의의는 무엇보다 전 국민의 생존권에 대한 구체적인 국가의무를 명시하였다는데 에 있다. 즉, 국민기초생활보장제도는 근로능력 유무를 떠나 모든 국민의 기본적 생존권을 보장하는데 기존의 제도와 다른 것이다. 또한 '건강하고 문화적인 최저' 수준을 보장하기 위해 최저생계비를 과학적 계측방법으로 측정하고 이를 급여수준에 반영함으로써 인간으로서의 최소한의 존엄성을 유지하고자 하는 수준에 대한 법적 장치가 도입되었다. 이와 더불어 모든 국민의 기초생활을 유지할 사회적 기본권을 인정한 제도이다.

이러한 국민기초생활보장법의 법정신하에 그 수급자의 현황을 살펴보면 2009년도 현재 65세 이상 노인 5,193,000명 중 일반 국민기초생활보장 수급자인 60세 이상 노인인구는 총 45만7천명으로 수급율은 전체 노인 인구의 8.8%에 해당된다. 기초생활보장 수급자 중 성별수급율을 보면 남자가 133,767명으로 29.2%이고, 여자가 323,804명으로 70.8%로서 절대 다수가 여성노인임을 알 수 있다(2010보건복지통계연보:309).

표3-7. 기초생활보장 수급자 중 노인수급자 현황, 2009년 기준

(단위: 명)

총수급자*			60-69세		70-79세		80세 이상	
계	남	여	남	여	남	여	남	여
1,482,719	638,061	844,658	64,441	105,997	53,036	139,981	16,290	77,846

*총 수급자는 일반수급자로서 시설 수급자와 기초생활보장 부여자를 제외한 수치임
자료 : 2010보건복지통계연보:310

3) 기초노령연금과 농지연금제도

현행국민연금제도의 가입적용 대상이 60세 이상의 노인은 제외되어 있는데다, '국민기초생활보장법' 상의 수급자의 노인과는 별도로 저소득 노인층의 기초생활보장을 위한 연금제도의 필요성이 지속적으로 제기되어왔다.

이러한 사회적 분위기속에서 1997년 8월에 '노인복지법' 을 개정하여 1998년 7월부터 경로연금을 시행하였으며, 이 제도가 2008년에 폐지되고, 무갹출 노령연금제도인 기초노령연금제도로 명칭이 변경되어 시행되고 있다.

2008년 1월~6월까지는 70세 이상 노인 중 소득인정액 하위 60%에 해당하는 노인에게 지급하였으며, 2008년 7월~12월까지는 기준연령은 낮춘 65세 이상 노인 중 소득인정액 하위 60%에 해당하는 노인으로 확대하였다. 또한 2009년부터 현재까지 65세 이상 노인 중 소득인정액 하위 70%에 해당하는 노인을 대상으로 급여를 지급하고 있다.

기초노령연금액은 '국민연금법' 상의 평균소득원의 100분의 5에 해당하는 액수로 하며, 다만 소득인정액과 연금액을 합한 금액이 대통령령으로 정하는 금액이상인 경우에는 대통령령으로 정하는 바에 따라 연금액의 일부를 감액하여 지급할 수 있도록 규정하고 있다.

기초노령연금액의 수급대상자는 65세 이상인 자로서, 소득인정액이 대통령령으로 정하는 금액이하인 자에게 지급된다.

참고자료

소득인정액 = 월 소득평가액 + 재산의 월 소득환산액*

• 재산의 월 소득환산액 = {(일반재산 – 주거공제액) + (금융재산 – 금융공제액)–부채} × 소득환산율(5%) ÷ 12개월

• 소득 : 근로소득, 사업소득(농 · 림 · 어업소득, 기타사업소득), 재산소득(임대소득, 이자소득, 연금소득), 공적이전소득

• 재산 : 일반재산(토지, 건축물, 주택, 선박 · 항공기, 입목재산, 회원권, 조합원입주권, 분양권, 어업권, 임차보증금), 금융재산, 자동차 등

※ '07.10.15일 이후 증여된 재산은 본인재산으로 간주하여 증여일로부터 3년간 증여재산으로 산정

자료 : 보건복지부 기초노령연금

2009년도 12월말 현재 기초노령연금의 수급자는 노인인구의 70%로서 약 361만명이 받고 있다. 그러나 기초노령연금은 낮은 급여수준(2010년도 기준, 1인 9만여원 정도)과 대상의 광범위성 등으로 인해 제도 성격의 불분명성과 재정부담, 그리고 국민연금과의 관계정립 방향에 대한 문제가 지속적으로 제기되고 있다(대한민국 정부, 2010, 제 2차 저출산 · 고령사회 기본계획).

한편 농어업인의 소득수준이 낮아 노후대비를 위한 여력이 부족하며, 별도 소득원이 없는 고령농가의 경제적 충격완화를 위해 제도마련이 시급하였다. 이에 정부는 2011년부터 농촌 고령농가의 소유농지를 담보로 매월 생활비를 연금처럼 지급하는 농지연금제도를 시행하고 있다. 이 제도는 사후에 농지를 처분하여 정산하고, 당해 농지는 전업농 등에게 매도 또는 임대함으로써 농업경영 규모화와 농업구조를 개선하고자 하는 목적도 있다.

표3-8. 기초노령연금수급자 현황, 2009기준

(단위: 명, %)

65세 이상 노인인구	수급자 수	수급률
5,267,708*	3,630,147	68.9

* 65세 이상 노인인구수가 약간 다르게 나타나는 바, 이는 조사시점상의 차이로 여겨진다.
자료: 2010보건복지통계연보:350

4) 사적 소득보장: 주택연금을 중심으로

주택연금은 본인 주택을 소유하고 있는 만 60세 이상의 고령자에게 소유주택을 담보로 사망시까지 노후생활비를 연금방식으로 지원하는 제도이다.

단 주택은 경매와 압류, 가압류, 가처분이나 가등기가 없어야 하며, 저당권이나 전세권 그리고 임대차 계약이 없는 주택이어야 한다.

주택연금의 특징과 이용조건은 다음과 같다(한국주택금융공사, 2010).

표3-9. 주택연금의 특징

특징	세부사항
평생거주/평생지급	평생동안 가입자 및 배우자에게 거주와 연금지급
공적보증	정부가 보증하는 상품이기에 연금지급이 중단될 위험이 없음
낮은 대출금리	일반주택담보대출보다 금리가 낮음(변동금리적용, 3개월 CD금리+1.1%)
저렴한 초기비용	등록세, 교육세, 농어촌특별세, 국민주택채권매입의무가 면제되어 초기비용이 저렴
세제지원	당해연도에 납부해야 할 재산세의 25%감면
	단 주택공시가격이 5억원을 초과하는 경우에는 5억원에 해당하는 재산세액의 25% 감면, 연간 2백만원까지 대출이자비용에 대한 소득공제(주택연금전체가입자)

표3-10. 주택연금제도의 이용조건

구분	세부내용
대상연령	만 60세이상 1가구 1주택소유자(부부모두 60세이상)
대상주택	시가 9억원이하주택(단독,다세대,연립, 아파트 등),저당권, 전세권, 임대차 계약이 없는 주택
보증기간	종신
주택연금 지급방식	종신지급방식:개별인출금설정없이 매월일정금액을 지급하는 방식 종신혼합방식: 일정한도 개별인출허용(대출한도 50%), 나머지 부분 월지급금으로 평생지급
대출한도	주택가격상승률: 연 3.5%, 할인율: 연 7.12%, 보증료: 초기 2%, 연 0.5%
월지급금유형	정액형:월지급금이 평생동안 고정 감소형: 월지급금이 매년 3% 감소(초기에 많이 받는 방식) 증가형: 월지급금이 매년 3%씩 증가(나중에 많이 받는 방식)
주택연금종료	부부 모두 사망, 주택소유권상실, 장기미거주 등 사유발생시 종료
주택연금상환	원하는 경우 언제든지 별도 수수료없이 임의상환가능 주택처분상황시 주택처분가격과 연금대출금액 중 적은금액만 상환
운영주체	보증기관: 한국주택금융공사(공적보증) 대출기관: 은행(국민, 기업, 신한, 우리, 하나, 농협)

한편, 주택연금 신청자 수는 2010년 7월 현재 906명으로서, 제도에 대한 인지도와 더불어 자격요건 확인의 어려움으로 제도의 활성화가 미흡하다(한국주택금융공사, 2010년 주택연금수요실태조사).

4. 노인의 일할 권리

1) 노인의 일할 권리에 대한 국제인권규범 개요

1990년 UN 총회에서는 매년 10월 1일을 국제노인의 날(The International Day for the Elderly)로 제정하고, 1991년 12월 16일에 열린 UN 총회에서 '노인을 위한 UN 원칙'을 채택하였다. 이 원칙은 5개군 18개항으로 구성되어 있으며, 자립, 참여, 보호, 자아실현, 존엄성의 원칙을 제시하고 있다. 이러한 5개 원칙 중 노인의 일할 권리와 관련되어 있는 것으로 바로 자립의 원칙(the Independence Principle)이다.

자립의 원칙에 따르면, 노인은 기초적 서비스와 보호를 받아야 하며, 일하며 소득을 얻을 수 있는 기회가 마련되어야 하고, 능력에 따라 직장에서 물러날 수 있으며, 적절한 교육과 훈련프로그램에 접근할 수 있는 기회가 마련되어야 하고, 안전한 생활환경하에서 가능한 한 오랫동안 가정에서 거주할 수 있도록 지원을 받아야 함을 말한다. 이 '자립의 원칙'을 실현하기 위한 구체적인 세부원칙은 첫째 소득, 가족과 지역사회의 지원 및 자조를 통하여 적절한 식량, 물, 주거, 의복 및 건강보호에 접근할 수 있어야 한다. 둘째, 일을 할 수 있는 기회를 제공받거나, 다른 소득을 얻을 수 있는 기회에 접근할 수 있어야 한다, 셋째, 직정에서 언제 어떻게 그만둘 것인가에 관한 결정에 참여할 수 있어야 한다 넷째, 개인의 선호와 변화하는 능력에 맞추어 안전하고 적응할 수 있는 환경에서 살 수 있어야 한다. 다섯째, 가능한 한 오랫동안 가정에서 살 수 있어야 한다(고수현,2009:100-101).

자료: bluemarbles.tistory.com/1101

'자립의 원칙'의 세부 원칙 중에 첫째에서 넷째까지가 노인의 일할 권리를 명시하고 있다.

한편, 노인의 일할 권리에 포함되는 것은 바로 괜찮은 노동조건에서 생계를 획득할 수 있는 권리와 더불어, 개인의 자유와 인간적 존엄에 대한 권리이다. 이들 권리는 노예, 강제노동이나 차별로부터의 보호에 대한 권리는 물론이거니와 직업을 선택할 권리, 그리고 노동장소를 선택할 권리를 포함하는 것과 더불어 무료로 직업소개 서비스를 접근할 권리까지 포괄되는 권리인 것이다(Diego Rodrigues-Pinzon & Claudis Martin, 2003;956)[11].

사회권규약에 대한 이행여부를 감시하는 사회권규약위원회는 이러한 권리를 해석할

11) Diego Rodrigues-Pinzon & Claudis Martin, 2003, The International Human Rights Status of Elderly Persons, American University International Law Review, Vol.18,Issue 4.

시 몇 가지 이슈에 관한 우려를 표명하였다. 우선 사회권 규약위원회는 이미 은퇴연령에 접어들어 일거리를 찾거나 혹은 유지하는데 많은 문제가 생기고 있는 노인들의 상황에 대한 우려를 표명하였다. 둘째, 사회권규약 위원회는 노인의 근로조건에 관한 우려를 표명하였다. 마지막으로 노인들이 실제로 은퇴하기에 앞서 노인들의 은퇴준비부족에 대한 우려를 표명하였다.

결국 노인들의 일할 권리가 존중되기 위해서는, 사회권 규약위원회가 강조한 것은 국가가 연령에 기반하여 노인들을 차별하는 모든 정책을 억제하여야 하고, 이러한 억제정책은 노인의 채용과정과 이후의 과정에서 적용되어야 함을 강조하였다. 그리고 사회권 규약 위원회가 제시한 것은 바로 모든 직업에서 연령차별이 있어서는 안 되며 나아가 강제적인 은퇴규정도 있어서는 안 된다는 것이다. 또한, 사회권규약의 제 8조에서 제시한 노동조합의 권리 반드시 고령노동자에게도 적용되어야 한다는 것이다. 이것이 바로 각국 정부가 취해야 할 국가적 의무인 것이다(Diego Rodrigues-Pinzon & Claudis Martin, 2003;956-9570).

노인의 일할 권리를 확보하기 위하여 사회권규약 위원회는 연령으로 인해 더 이상 현재 일하는 직장에서 기능을 할 수 없는 노인은 다른 직업으로 이동되어질 수 있어야 한다는 것을 제안하기도 하였다. 물론 사회권 규약위원회는 노인이 가진 경험과 전문지식으로 인해 같이 일하는 동료들에게 제공할 것이 아주 많기에, 노인들이 그들의 경험기간에 대해 보상을 해주어야 한다는 것이다. 이와 더불어 사회권규약위원회는 고용주들이 고령종사자들의 건강과 안전을 도모할 수 있도록 휠체어 등에 대한 접근을 가능할 수 있도록 하는 일거리를 제공하여야 하며, 계속 일할 수 있는 기회를 제공하여야 한다는 것을 강조하기도 하였다((Diego Rodrigues-Pinzon & Claudis Martin, 2003;957).

사회권규약위원회는 더 나아가, 고용주들이 노인종사자들의 은퇴에 따른 정신적 충격을 미리 방지할 수 있도록 하기 위해 은퇴준비프로그램을 운영할 필요가 있음을 제시하였다, 이들 프로그램에는 연금수급자로서의 권리와 의무, 직업적 활동 혹은 자원봉사활동을 계속할 수 있도록 하는 기회의 제공, 고령화에 따른 치명적 효과에 대한 적절한 예방과 지연노력, 그리고 노인의 교육문화여가 활동을 장려하기 위한 수단의 제공 등이 포함되어야 함을 강조하였다((Diego Rodrigues-Pinzon & Claudis Martin, 2003;957).

2) 노인의 노동시장참여에 대한 세계적 추세

(1) 노인의 노동력 참여

많은 노인들에게 고용은 극심한 빈곤으로부터 탈출을 할 수 있기에 도움이 되는 소득을 제공한다.

2008년기준 전세계적으로 볼 때, 정확히 65세이상의 남성노인의 30%, 여성노인은 12%가 경제적인 활동을 하고 있다. 이것은 노동력참여의 절정시기인 24-54세의 노동력 참여와 비교가 가능한데, 이들 연령대에서 남성은 95%, 여성은 65%가 경제활동을 하고 있다. 여성의 노동력은 모든 생애시기에 걸쳐 남성에 비해 낮다. 이는 여성에게 주어지는 시간의 많은 부분이 가사나 아동이나 노인양육에 쓰여지기 때문이다. 이외에도, 여성의 비가구활동은 매우 저평가되어왔고, 특히 여성이 가족농업이나 소규모가족 자영업을 할 때 더욱 그렇다.

표3-11. 성별, 연령별, 지역별 노동력 참여율, 2008년 현재 (p17)

Region	Aee Group					
	25-54		55-64		65+	
	Men	Women	Men	Women	Men	Women
World	95	67	74	40	30	12
More developed regious	92	78	65	46	15	8
Less developed region	96	64	77	38	37	14
Africa	95	63	84	51	53	28
Asia	96	64	76	37	34	11
Europe	91	80	58	39	9	5
Latin America and Caribbean	94	64	78	40	47	19
Northern America	91	76	70	59	21	13
Oceania	90	75	70	53	18	8

자료: Calculated from International Labour Office, Economically Active Population Estimates and Projection and Key Indicatorsof the Labour Market

노동력 참여는 개발도상국보다는 선진국일수록 그리고 고령화가 진행될 수록 더욱 급격히 낮아진다. 남성의 경우, 24-54세의 노동력 참여절정기에 참여비율은 지역별로 근소한 차이를 보일 뿐이다. 그러나 65세 이상에 도달하였을때는, 선진국에서는 오직 남성의 15%만이 경제적 활동을 하며, 이는 덜 선진화된 지역에서의 65세이상의 남성노인의 37%보다도 훨씬 낮은 수치이다.

고령자 노동연령대인 55-64세사이의 남성참여율은 선진국에서의 66%보다는, 덜 선진화된 나라에서는 77%로 높은 편이다. 여성의 경우, 노동연령대가 정점에 있는 경우 노동시장 참여율은 선진화가 더 진척된 나라에서는 78%로, 이 수치는 덜 발달된 국가의 64%에 비해 높은 편이다, 그러나 연령대가 65세이상인 경우, 참여율은 더욱 낮아지고, 더 선진화된 나라에서는 8%이고, 이에 반해 덜 선진화된 국가에서는 14%이다.

노동력 참여추세는 성별에 따라 다르게 나타나는데. 선진국가일수록 여성의 공식부문의 노동시장 참여율은 증가되어왔다. 절대적 기준에서 봤을 때,그 증가율은 65세 이하일 때 가장 큰폭으로 증가되었으나 대부분의 지역에서 여성의 노동시장 참여율은 65세이상에서도 증가하였다. 이들 연령대의 증가폭은 남미와 카리브해안에서 가장 컸는데, 2008년 기준 여성노인의 노동시장참가율은 19%였다.

여성의 노동시장 추세에 달리, 55-64세대와 65세 이상의 연령대에 대부분의 선진국에서, 특히 유럽에서는 1970년대와 1990년대 중반사이에 상당히 하락하였다. 이들 나라에서는 그러한 하락율이 1990년대 중반이후 역전되었고, 그 연령대는 55-64세에서 특히 그러하였다. 65세 이상의 남성의 노동시장 참여율은 몇몇 유럽국가에서 다시 반등하였으며. 뉴질랜드나 미국에서 65세 이상의 남성의 노동시장 참여율이 눈에 띄게 증가하였다. 그런 대부분의 경우, 남성의 노동시장참여율은 1970년대의 수위아래로 머물러있다. 개발도상국가에서. 55세-64세 사이의 남성의 노동시장참여율은 소폭 하락추세에 있으며, 65세 이상의 남성노인은 급격히 하락하였다.

(2) 노인의 노동조건

노인들은 젊은이들에 비해, 농업이나 비공식부문, 혹은 파트타임으로 일할 가능성이 많다. 농업은 대부분의 개발도상국에서 남성노인의 주요한 고용직종이다. 선진국에서는 고령근로자들이 농업고용에서 훨씬 더 많게 나타난다. 한편 학력이 높은 노동자는 학력이 낮은 노동자보다 늦게 은퇴할 가능성이 많다. 유럽지역내에서 노인들은 주로 농업보다는 교육, 보건분야, 복지분야에서 일하는 수가 확대되어가고 있다.

한편 파트타임은 노인근로자에게 은퇴를 위한 과도기로서 주어지고 있다. 그러난 파트타임직은 주로 고용유연성과 고용안정성간의 상쇄적 관계를 의미하기도 한다. 파트타임직은 낮은 고용기간, 저임금, 훈련과 승진에 제한적이다. 2002년 조사결과 유럽에서 60-64세 사이의 여성이 37%가 파트타임으로 일하고 있고, 65세이상의 파트타임직 참가율은 63%에 달한다

개발도상국에서는 고령노인에게 유용한 직종은 주로 비공식 부문의 일로서, 이 일은 주로 퇴직급여가 없고, 상대적으로 저임금, 불안정한 고용기간, 제한된 승진기회로 특징지워진다.

(3) 고용에서의 연령차별

노인들은 종종 채용, 승진, 직업관련 훈련에서 차별을 경험한다. OECD 국가에 대한 조사결과, 모든 나라에서 대부분의 고용주들이 고령노동자의 육체적 건강과 허약함에 대해 고정관념적 사고를 지니고 있다. 즉 고령노인에 대한 고용주의 부정적 인식은 고령노동자의 능력이나 생산성과 관련되어있다.

이러한 고령자에 대한 연령차별의 사회구조를 제 검토하고 개혁하려는 움직임이 일어나고 있다. 문제제기의 근거로써 일본의 한 연구회의 보고서에 의하면, ① 정년이라고 하는 연령만을 이유로 획일적 강제적인 방법으로 임금, 능력등을 조정 한다는 것은 활용할 수 있는 인적자원을 잃는 것이 되고 경제의 근본가치가 흔들릴 수 있는 문제를 안고 있다. ② 거기에 더해서 중고령자의 조기퇴직, 임금 억제, 중도채용, 파트노동, 계약사원의 대체라고 하는 사태가 진행되고 있는데 이대로 가면 현역노동자의 세금, 연금보험금 등의 부담이 가중되고 사회전체가 큰 비용을 부담하는 것이 된다. 그 피해는 부지기수라고 분석하고 있다.

이러한 흐름으로 인해 ILO에서 실시한 최근의 조사결과, 많은 나라에서 연령차별금지법이 제정되었다고 한다. EU국가들은 고용과 직업에 있어 동일한 대우를 해야 한다는 2000유럽지침에 걸맞게 국내 입법을 수정하기도 하였다.

차별금지법은 구체적인 조항에서 매우 다르나 퇴직은 여전히 공식적인 연금연령대로 강제화되어 있기도 하다. 그러나 연령차별을 금지하는 법안의 효과성은 여전히 불확실하다.

3) 한국노인의 노동시장 참여 실태

(1) 한국 노인의 경제활동 실태: 2008년 노인실태조사를 중심으로

2008년도 현재 60세 이상 노인의 경제활동현황에 따르면, 전체 60세 이상 노인 중에서 34.5%(60세 이상 기준 30.0%)만이 취업한 상태이다.

이러한 노인의 취업치는 2007년도 기준으로 보면 다른 OECD 국가와 비교할 시 매우 높은 수치이다.

표3-12. 65세 이상 인구고용율 국제비교, 2007년 현재

(단위: %)

프랑스	독일	일본	이태리	캐나다	영국	미국	멕시코	G7	OECD
1.4	3.7	19.7	3.2	8.6	6.8	15.5	27.9	11.5	11.6

자료: OECD, Employment Outlook, 2007

현재의 취업노인의 직업종사분포도를 보면, 농림어업숙련종사자(51.2%)와 단순노무자(26.2%))가 차지하는 비중이 77.4%를 차지하고 있다.

성별로 볼 때, 남성노인은 전체 평균에 비해 단순노무종사자(23.7%) 및 농림어업숙련종사자(48.9%)의 비율이 상대적으로 낮은 반면, 여성노인은 반대로 단순노무종사자 비율이 9.3%, 농어업숙련종사자의 비율이 54.0%로 나타났다(보건복지부,2008).

한편 60세 이상 취업노인의 종사상 지위를 보면, 남성노인의 경우 자영업의 비중이 69.2%이고, 여성노인은 35.7%이며, 무급가족종사자와 일용근로자는 남성노인에 비해

여성노인의 비중이 상대적으로 높은 비중을 차지한 것으로 조사되었다(보건복지부,2008).

(2) 고령자고용안정을 위한 제도운영으로 본 실태

① 임금피크제

평균수명은 지속적으로 증가하여 2010년 현재 79.6세이나(대한민국정부, 2010:125), 근로자의 평균퇴직연령은 57세 수준에서 머무르고 있어 실제로 노인의 일할 권리는 노동시장에서 매우 열악하다. 실제로 고용노동부가 권고한 법정 정년권고연령은 60세이나, 단일 정년제를 운영하는 사업장의 평균연령은 57.2세로 2000년 이후 계속 동일한 수준을 유지하고 있다. 이는 「고용상연령차별금지및고령자고용촉진에관한법률」의 제 19조[12]의 입법 취지를 무색하게 만든다. 정년연장의 한 방법으로 정부가 강력히 권고하는 임금피크제 보전수당이 2006년도에 도입되었고, 임금피크제 도입사업장은 지속적으로 증가하여 2009년도 현재 100인 이상 사업장 중 9.2%가 도입하였으나 보전수당 지원요건이 엄격하고, 고령자에게 적합한 직무개발 곤란 등으로 도입에 어려움을 겪는 사업장이 다수로 알려졌다(대한민국정부,2010:125). 한편 임금피크제에 관련된 사업의 내용은 다음과 같다.

표3-13. 임금피크제 보전수당의 제도 내용, 2010년 현재

구분	내용
정년연장형	피크시점 별도 규정없음 피크싯점 대비 10%이상 감액 피크대비 임금 차액의 1/2자원 최대 6년(54세부터 지원) 1인당 연간 6백만원 한도
근로시간단축형	별도지원요건없이 정년연장형과 동일
재고용형	별도지원요건없이 정년연장형과 동일
정년보장형	별도 지원요건없이 정년연장형과 동일
사업주 지원금	별도지원요건 없음

이를 다시 정년연장제도와 정년퇴직자를 계속 고용할 경우의 장려금의 내용은 다음과 같다.

12) 제19조(정년) 사업주가 근로자의 정년을 정하는 경우에는 그 정년이 60세 이상이 되도록 노력하여야 한다.

표3-14. 정년연장장려금 및 정년퇴직자 계속고용장려금 개요

지원유형	지원대상	지원수준
정년연장	정년을56세 이상으로 1년 이상 연장한 사업장에서 18개월이상 근무한 자를 고용한 사업주	1인당 월 30만원을 정년 연장된 기간의 1/2기간 동안 지원
정년퇴직자 계속고용	정년을 57세 이상인 사업장에서 18개월 이상 계속근무 후 정년이 도래한 자를 계속 고용하거나 정년퇴직 후 3개월 이내에 재고용한 사업주	1인당 월 30만원을 6개월 간 지원(500만원 이하 제조업은 12개월)

자료: 대한민국정부, 2010:127

한편 이러한 임금피크제 도입율과 도입의 어려움은 다음과 같다.

그림3-9. 100인 이상 사업장 임금피크제 도입율

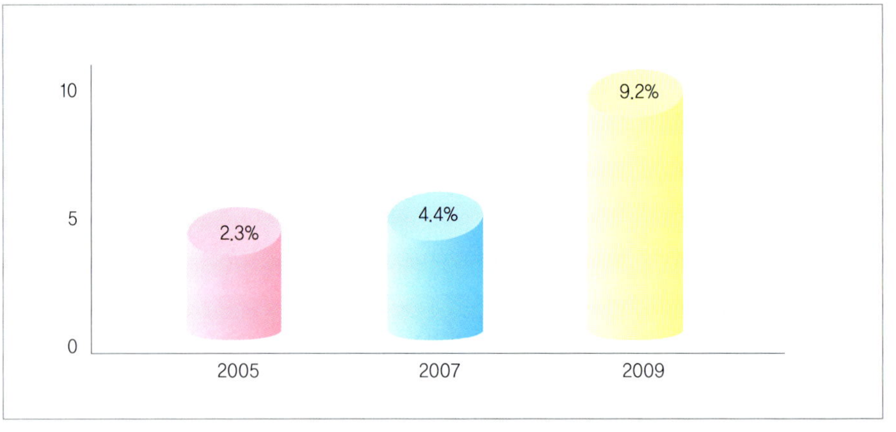

자료: 임금피크제 실태조사, 고용부, 2008; 대한민국정부, 2010, p126에서 재인용

그림3-10. 임금피크제 도입곤란사유

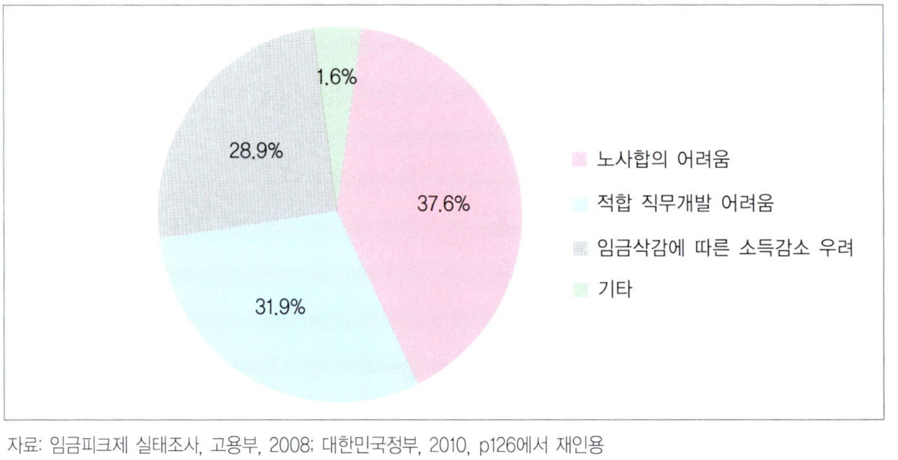

자료: 임금피크제 실태조사, 고용부, 2008; 대한민국정부, 2010, p126에서 재인용

② 맞춤형 고령자 전직 및 취업지원서비스제도 운영의 실태

50세 이상의 중고령자는 실직 이후 재취업이 실질적으로 거의 어렵고, 재취업을 한다 하더라도 소득수준이 급격히 하락할 수 밖에 없다. 물론 정부에서는 이들 중고령자의 전직이나 취업지원을 위해 직업훈련이나 '전직지원 장려금' 을 사업주에게 지원해주고 있다.

그럼에도 불구하고 중고령자의 직업훈련 참가율은 다른 세대에 비해 매우 낮은 편이다.

이러한 직업훈련이 매우 낮은 이유는 여러 가지로 설명될 수 있으나 급변하는 기술이나 조직 환경에 대한 적응을 특화할 수 있는 직업훈련기관이 부족한 것도 그 이유 중의 하나이다.

그림3-11. 직업훈련 참여율

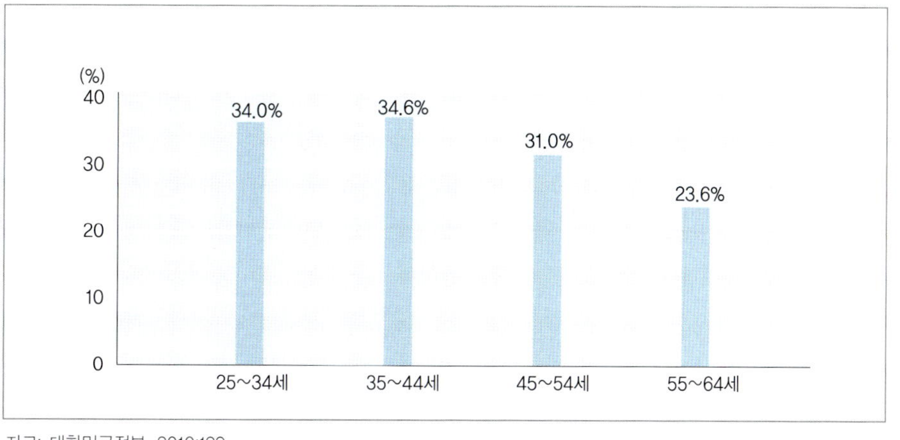

자료: 대한민국정부, 2010:129

중고령자의 직업훈련의 저조함은 물론, 이들의 전직과 재취업을 지원하기 위해 '전직장려금제도' 를 시행하고 있지만, 지원요건이 매우 엄격하며, 기업이 무엇보다 우선적으로 비용을 부담해야 하는 것으로 인해 제도의 활용율이 매우 저조한 편이다.

표3-15. 전직지원장려금 지원사업장 현황

구분	2005년	2006년	2007년	2008년	2009년
지원사업형	20개소	22개소	16개소	24개소	45개소
지원인원	1,440명	1,845명	1,875명	1,482명	1,533명
지원금액	1,514백만원	1,522백만원	2,441백만원	1,531백만원	2,792백만원

출처: 고용보험DB, 고용노동부: 대한민국, 2010:129

③ 노인 일자리 사업의 실태

노인의 일할 권리를 충족하기 위해 정부에서 여러 가지 정책을 시행하고 있으나 앞서서 본 바와 같이 그 실효성은 여전히 미흡하다. 이러한 제도와 현실과의 격차를 해소하기 위해 정부에서 노인의 일할 욕구와 그 권리를 충족하기 위해 노력하는 분야가 바로 노인 일자리사업이다.

우선 노인의 일자리에 대한 참여욕구는 매년 급격하게 증대하고 있으나 여전히 공급량이 부족한 편이다. 2008년도 보건복지부가 조사한 노인실태조사에 따르면, 2010년 현재 일자리를 희망하는 노인 1,160천명 중 186천명(공공분야 16.6천개, 민간분야 20천개)에게만 일자리가 제공되어 그 수요충족율이 16.3%에 불과하다. 이러한 수요 미충족율과 더불어 노인일자리에 있어 문제로 되는 것은 일자리 내용이 대부분 단순 노무에 그치고 있다는 것이다. 임금수준도 월 20만원에 불과하여 노인에게 괜찮은 일자리의 제공이 상당히 미약하다고 할 수 있다.

국제노동기구(ILO)의 괜찮은 일자리' (decent jobs) 기준
- 지속적이고 안정적인 근무 가능
- 사회보험제공
- 최소한 중위임금의 2/3이상 지급
- 적절한 근로시간 준수와 근로환경제공
- 자유선택과 자아실현 가능

(3) 노인의 일할 권리를 위한 정부의 고령자의 고용보장제도와 체계

고령자의 복지와 인권분야에서 일할권리는 노인의 독립, 자유, 품위있는 삶을 위한 기본적 권리이다. 노인복지분야에서 이러한 일할 권리는 상대적으로 소홀하게 다루어져왔다 일할 권리를 보장하는 방법의 하나가 바로 고용보장이다.

① 고용상 연령차별금지 및 고령자고용촉진에 관한 법률제정

이 법은 2000년도 고령자의 고용기회에 있어서 연령차별을 금지하기 위해 제정되었다. 사실 고령자에 대한 기업과 사회의 편견, 연령에 따른 위계질서와 조직문화 등이 고용기피요인으로 작용하여 그동안 고령자의 고용시장 재진입이 매우 어려웠다. 이러한 증거로, 2001년 11월부터 2009년 12월 말까지 국가인권위원회에 접수된 연령차별 진정건수는 555건으로 차별관련 진정건수에서 4위를 차지할 만큼 강력한 차별행위였다(대한민국 정부, 2010:135).

정부는 이 법의 정착을 위해 연령차별금지 관행정착을 위한 종합홍보캠페인을 전개하고, 연령차별의 예방을 위해 모집, 채용 관련 연령차별을 모니터링하여 사업장 지도와 감독강화를 해나가고 있다.

표3-16. 고령자 연령차별 및 고용 촉진 관련 제도

구 분	내 용	제 외
고령자 다수고용장려금	재직기간이 1년을 넘은 55세 이상 고령자를 업종별 지원기준율(4-42%)이상 고용하는 사업장에게 '고령자 다수고령장려금' 지급	근로자 수 및 고령근로자 산정시 일용근로자, 1개월 소정 근로시간이 60시간 미만인 자는 제외
정년연장장려금	정년을 56세 이상으로 1년 이상 연장한 사업장에서 18개월 이상 근무한 고령자를 정년연장으로 계속 고용하는 경우에 고용주에게 지급	정년 연장 전 3년이내에 정년을 단축한 사업장이나 임금피크제 보전수당을 받는 근로자는 지급대상에서 제외
정년퇴직자 계속고용장려금	정년을 57세 이상으로 정한 사업장에서 18개월 이상 근무한 고령자를 정년 후 계속 고용하거나 정년 퇴직 후 재고용한 사업주에게 1인당 월 30만원 씩 6개월간 정년퇴직자 계속고용장려금지급	고용기간이 1년 이하, 계속고용 전 3년 이내 정년을 단축하는 경우, 임금피크제 보전수당을 받는 근로자는 지급대상에서 제외
고령자 신규고용촉진 장려금	50세이상 고령자를 새로 뽑는 사업주에게 이 기금이 지원	최종 이직 전 사업주 또는 관련 사업주에게 고용되거나, 근로계약기간의 정함이 있거나 비상근촉탁 근로자, 최저임금 미달인 자는 제외
임금피크제 보전 수당	고용보장을 전제로 임금 삭감근로자에게 삭감액의 일부를 정부가 지원	지원금과 해당 분기 임금의 합이 분기당 1,440만원을 초과하지 않는 범위내에서 최대 6년간 지급

② 취업지원사업

고령자 고용촉진법에서는 고령자 취업지원사업으로 ① 직업능력개발훈련 ② 고령자 고용정보센터의 운영 ③ 고령자인재은행운영 ④ 기타 취업지원사업으로 규정하고 있다. 우선 고령자 직업능력개발훈련은 단기적응훈련과 직업능력개발훈련으로 구분하고 있다. 단기적응훈련은 고령자가 작업환경에 쉽게 적응할 수 있도록 하기 위해 단기적응훈련을 실시하고 있는데, 이 훈련직종은 20개정도이다. 직업능력개발훈련의 경우 일반직업훈련기관에서 수강능력의 부족과 취업부진 등의 이유로 준고령자 선발을 기피하고 있는 형편이다. 이와 더불어 노인들의 취업을 지원하기 위한 고령자 취업알선기관으로는 2007년도 현재 고용안정센터 85개소, 고용자 취업지원센터 12개소, 고급인력정보센터 1개소를 설치운영하고 있는 데, 이들 기관을 통해 취업한 고령자는 7만5천여명이다(노동부, 2007; 권중돈, 2007:411). 고령자인재은행은 2007년도 현재 50개소가 운영되고 있으며, 8억여원의 운영비를 지원하고 있다(노동부, 2007). 한편 노동부는 워크넷(work-net)을 통해 고령자 고용관련 정보를 종합 정리하여 제공하고 있으며, 고용자 교육훈련 및 작업환경개선 기업체에 대한 비용을 지원하고 있다.

③ 노인복지법에 의한 고용보장

노인복지법 제23조와 제23조2에서는 노인의 사회참여와 취업활성화를 위하여 노인취업알선기관과 노인일자리 전담기관을 설치, 운영하고 이에 대한 지원을 명시하고 있다. 이러한 법적 근거에 의거하여, 현재 복지부에서는 노인취업지원센터, 시니어클럽 운영, 노인일자리 사업, 노인일자리 박람회, 노인일자리 전담기관 등의 노인고용촉진 사업을 추진하고 있다(보건복지부, 2007; 권중돈,2007:411).

◆ 노인취업알선센터

대한노인회의 취업알선센터는 노인인력의 일자리 알선 및 상담, 지속적인 인력관리 및 인력수요처 발굴, 직업교육, 경로당 공동작업장 운영 등을 통하여 노인의 고용을 촉진하고 더 나아가 소득기회 확대 및 여가활동 참여를 촉진하는 데 목적을 두고 있다.

노인취업센터에서 운영하는 노인공동작업장은 노인의 능력과 경험을 활용할 수 있도록 적정한 작업내용과 작업량을 확보하여 노인이 공동으로 생산활동에 종사하도록 함으로써 노후소득과 여가활동기회를 보장할 목적으로 1986년 3월부터 운영되었다. 이 작업장의 공동작업직종은 악세사리, 포장상자 접기, 제품포장정리, 봉제완구, 봉투제작, 옷실밥따기 버섯재배, 마늘까기 등의 단순작업이 주류를 이루고 있으며, 이 작업에서 발생한 수익금은 실경비(전기나 수도료) 등을 제외한 전액을 작업에 참여한 노인에게 배당하도록 규정하고 있다.

◆ 시니어클럽(senior club)

시니어클럽은 지역사회내에서 일정한 시설과 전문인력을 갖추고 지역의 자원을 활용하여 노인의 사회적 경험과 지식을 활용할 수 있는 다양한 일자리를 창출하고 있는 노인일자리 전담기관이다. 이 기관은 지역사회 노인에 맞는 일자리의 보급과 개발 관리를 통해 노인인력의 창조적 활용을 통해 국가의 생산성 제고에 기여함을 목적으로 하고 있다. 대상은 65세 이상 노인이다. 노인 일자리 사업은 시장 참여형, 사회참여형, 공공참여형, 자원봉사 등 기타형으로 구분되지만, 시니어클럽은 시장형 일자리 사업에 집중하도록 규정하고 있다. 시니어클럽의 조직은 관장과 운영위원회, 실무자 5-6인을 두도록 되어있으며, 2007년 현재 46개소가 운영되고 있고, 2005년부터 분권교부세에 의해 지방정부가 재정지원을 하고 있다(권중돈, 2007:412-413).

◆ 노인일자리 사업

노인일자리 사업은 고용정책기본법 제16조-18조에 의해 실시되는 사회적 일자리 창출사업과 노인복지법 제23조에 의거하여 추진되는 사업이다. 이 사업은 보건복지부,

한국노인인력개발원, 광역 및 기초자치단체, 사업수행기관이 역할을 분담한다.특히 한국노인인력개발원에서는 노인일자리 사업추진을 총괄하고, 지역의 사업수행기관과의 연계와 조정, 노인일자리 사업의 개발과 보급 등을 담당한다.

사업수행체계에 따라 노인일자리 사업은 공익형, 복지형, 시장형, 인력파견형으로 구분되며, 공익형은 지방자치단체, 교육형은 노인복지관, 복지형은 재가노인복지기관, 시장형과 인력파견형은 시니어클럽과 대한노인회 취업지원센터를 중심으로 추진된다.

사업대상은 65세 이상 노인이며, 사업단의 성격이나 상황에 따라 60세 이상인 자도 참여가 가능하다.

표3-17. 노인일자리사업유형과 근무조건

구분	정의	일자리 예시	근무시간	사업기간	보수기준	부대경비	기타
공익형	지자체에서의 고유사업(환경, 행정, 시설관리)에서 창출된 노인적합형 일자리	자연환경보호, 거리환경개선, 교통질서 및 주차제도, 공공시설관리, 지역행정조사, 지하철이용. 질서계도. 사회복지시설 지원 등	1일 3-4시간/ 주 3-4일	7개월 이내	월 20만원 이내	년 10만원 이내	
교육형	특정분야의 전문지식이나, 경험을 소유한 자로서 교육기관 및 문화재 시설에서 피교육자를 대상으로 강의 또는 해설	1·3세대 강사파견/노노교육강사파견/취미활동강사파견/체육활동강사파견/문화재해설/숲생태해설 등	월20시간 이내	7개월 이내	월 20만원 이내	년 15만원 이내	
복지형	돌봄, 상담 등 전문기술을 습득한 노인이 사회적 취약계층을 대상으로 필요한 서비스를 제공	거동불편요보호자돌봄서비스/사회복지시설이용자 돌봄지원/소외계층지원/노인가구주거개선/아동청소년보호와 문화복지사업 등	1일 3-4시간, 주 3-4일	7개월 이상	월 20 만원-30만원	년 15만원	
시장형	노인이 공동으로 일정수준이상의 수익이 창출되는 다양한 업종의 사업단 운영을 통해 확보되는 일자리	식품제조,판매. 특산물제조와 판매, 공산품제조와 판매, 공동작업장운영, 지하철택배, 세차 및 세탁, 지역영농사업	연중	연중	운영규정	-	
인력파견형	수요처의 요구에 의해 일정교육수료나 관련된 업무능력자로 해당수요처에 파견, 근무댓가로 임금제공	시험감독관,주유관, 경비원, 주례사, 가사도우미, 미화원, 식당보조원 등	수요처 기준	계약 기간	수요처 기준	년 10만원 이내	

이 사업은 신청자자 많을 경우 연령, 재산상황, 세대주, 건강상태, 노인일자리 사업 참여 여부, 건강보험료, 부양가족수, 전년도 사업 자원봉사참여여부 등을 기준으로 하여 선발한다.

◆ 노인일자리 박람회

노인일자리 박람회는 구직희망자와 구직업체가 직접 연결을 통하여 노인의 취업을 활성화하고, 노인인력활용에 대한 사회적 관심을 유도할 목적으로 실시된다. 이 사업의 참여업체는 사무, 경영, 금융, 보험. 교육, 사회복지, 보건, 의료, 문화, 방송, 출판, 운송, 영업, 판매, 경비, 환경미화원, 음식, 기계, 생산, 건축관련업체 등으로 매우 다양하다. 이 박람회는 보건복지부, 지방자치단체, 한국노인인력개발원이 공동주최한다(권중돈,2007:415).

◆ 노인인력전담기관

노인복지법제23조2에 기반하여 설치된 노인인력전담기관은 한국노인인력개발원이다. 이 기관에서는 노인일자리의 개발과 보급, 노인일자리사업종사자 교육훈련, 노인일자리에 관한 조사와 연구, 노인일자리 종합정보시스템 및 노인인력데이터베이스 구축운영, 지역노인일자리 전담기관에 대한 지원과 평가등의 업무를 수행한다(권중도,2007:415).

5. 정책적 시사점: 노인의 소득보장권을 위한 제언

한국은 노인의 OECD 국가 중 상대적 빈곤율이 가장 높게 나타남에도 불구하고 공적영역에서의 소득보장은 충분하지 않고, 그들의 소득을 보존하기 위한 일할 권리조차 보장받지 못하고 있다. 그렇다면 소득보장을 위한 한국의 노인소득보장정책의 문제점과 개선책을 간략히 살펴보도록 하겠다.

(1) 공공부조

노인을 위한 공공부조로써 국민기초생활보장과 기초노령연금이 있다.

먼저 국민기초생활보장은 엄격한 기준으로 인하여 사각지대가 많이 발생한다. 2005년 기준으로 보면 전체 수급자가 142만명인데 비해 수급 기준인 부양의무자와 최저생계비로 인해 200만 가구가 수급에서 탈락하였다. 특히 노인의 경우 자녀들의 소득과 재산으로 인하여 수급에서 탈락하였지만 자녀로부터 부양을 받지 못할 경우 더 심한 경제적 어려움에 처하게 된다. 또한 최저생계비 역시 현실의 상황보다 재정적 상황을 고려함으로써 비판을 받고 있다. 부양의무자 기준의 완화와 상대적 빈곤선 도입을 통한 적절한 최저생계비 측정이 필요하다.

기초노령연금은 낮은 급여수준과 대상의 광범위성 등으로 인한 제도 성격의 불분명성과 국민연금과의 관계정립에 대한 문제가 제기되고 있다. 지금현재 9만원의 낮은 급여를 더 늘리자는 의견은 일차적인 대안이라고 할 수 있으며 기초노령연금과 공적연금과의 방향에 대해서 살펴보는 것이 중요하다 할 수 있다. 이는 노령연금이라는 측면에서 비슷한 성격을 지니지만 공적노령연금과 기초노령연금은 낮은 소득보장효과를 지니며 두 제도의 중복 수혜가 어려움으로써 충분한 소득보장을 저해하고 있기 때문이다. 이에 따라 공적노령연금의 틀속에 기초노령연금을 통합하여 기초연금 부분과 소득비례 부분으로 이중 구조화하자는 주장이 있다. 이 제안은 선진국과 OECD 국가의 인구 고령화 대응책에서 최저생활비 보장 요소와 소득비례 부분을 분리하는 것이 바람직하다는 주장을 수용하는 의미도 있다. 이것은 노인에 대해서 공적 부조와 공적연금을 연계하여 노후소득보장 프로그램을 단순화하고 효율적으로 하는 이점이 있다(최성재, 장인협 2010).

(2) 공적연금

공적연금의 문제로는 낮은 소득보장을 들 수 있다. 2009년 기준으로 65세 이상 인구중 21.8%만이 국민노령연금을 수급하고 있으며, 소득보장비율은 10년 가입자의 경우 15%정도이며 20년 가입자의 경우 25%정도에 불과하다. 이에 따라 재정적 문제를 완화하기 위해 먼저 연금보험료 또는 기여금을 단계적으로 높일 필요가 있다. 2007년도 국민연금개정시 소득대체율만 낮추면서 절대적 연금 액수는 낮아졌으며 이로 인해 노후 최소한의 소득보장까지 위협을 받게 되었다. 현재 한국의 경우 국민연금 기여율이 9%로 OECD 선진국에 비해 낮은 편이다. 따라서 기여율을 점차적으로 인상하는 것이 필요하다. 또한 연금보험료 부과의 소득 상한선을 상향 조정함으로써 소득보장비율을 높일 필요가 있다.

(3) 고령자 고용문제

현재 우리나라의 고령자들의 취업률은 매우 낮은 상황이며, 준고령자 역시 퇴직 후 재취업이 어려운 상황이다. 이에 따라 ①고령자 고용서비스를 전문화하고 일원화하기 위한 고령자고용지원 총괄기구를 설립할 필요가 있다. 우리나라의 고용노동부는 고령자고용업무를 총괄하고 있지만 지역고용센터를 통해 고령자를 채용하는 기업에 고령자고용촉진지원금을 지급하거나 고령자인재은행 위탁, 중견전문인력고용센터 위탁 업무만을 수행하고 있다. 따라서 고령자고용서비스에 관한 종합적인 정책추진 기구 설립을 통해 조기은퇴를 준비하지 못한 고령자와 준고령자의 적절한 일자리를 부여함으로써 사회의 활력을 제고해야 한다(나영선, 2010)

그리고 우리나라 정년퇴직제도의 주요 문제인 ②낮은 정년 연령과 이로 인한 퇴직 후의 경제적 곤란을 개선할 필요가 있다. 현재 우리나라 보편적인 정년퇴직연령은 공무원은 60세, 일반 기업은 평균 57세 정도이다. 일반기업의 평균 정년퇴직은 OECD 국가 기준으로 보았을 때 가장 낮은 수준으로 이를 적어도 57세까지 연장할 필요가 있다. 인구고령화가 가속화 될수록 정년은 선진 산업사회 수준인 65세 또는 그 이상으로 연장하는 것이 바람직 하지만 일차적으로 60세까지는 연장되어야 한다. 이는 생활주기상 60세까지는 많은 가계 지출이 필요하며, 경제활동인구의 노인에 대한 부양부담을 줄일 수 있기 때문이다.

마지막으로 ③정년연장과 더불어 퇴직자의 재취업을 위한 퇴직정비 프로그램의 도입 역시 필요하다. 현재 50세 이상의 중고령자의 실직 이후 재취업이 실질적으로 어려울 뿐 아니라 재취업을 한다하더라도 소득수준이 급격히 하락 할 수 밖에 없다. 따라서 퇴직전 재취업을 위한 충분한 교육의 실시가 필요하며, 이에 따른 시간과 재정적 지원이 필요하다.

제2장

노인인권과 의료보장
(노인의 건강할 권리)

자료: yoyang.bestdoc.co.kr/category/노인장기요양보험

노인을 위한 유엔 원칙 중 보호의 원칙에서는 노인의 의료보장에 대한 권리를 적시하고 있다. 노인은 신체적, 정신적, 정서적 건강을 유지하거나 되찾을 권리가 있으며, 적절한 보살핌과 보호를 받을 권리가 있다.

또한 마드리드 고령화 국제행동계획의 서문에서는 노인의 의료보장을 위해 예방적 보건 의료와 재활 보건의료를 포함한 노인을 위한 보건의료, 지원, 사회적 보호의 제공할 것을 적시하고 있다. 또한 노년까지 건강과 안녕증진을 위한 과제로 다음 6가지를 제시하고 있다.

(1) 전 생애에 걸친 건강 증진과 안녕
(2) 보건의료서비스에 대한 평등한 접근
(3) 노인과 HIV/AIDS
(4) 보호제공자와 보건전문가 훈련
(5) 노인과 정신건강
(6) 노인과 장애

이를 위한 행동권고로써 노인질병 예방할 수 있도록 잠재적 의존을 증가시키는 질병요소들을 제거할 것을 제시하고 있다. 또한 노인들의 보편적이고 평등한 보건의료 접근을 보장하기 위해 사회적, 경제적 불평등 행동을 철폐하며, 노인을 위한 보건서비스와 특히 장기요양 서비스를 강화할 것을 명시하고 있다.

이렇게 의료보장에 대한 노인의 권리를 중요시 하는 이유는 건강이 단순히 생물학적 존재로서 우리의 생명을 유지시켜주는 핵심적 요인이 되는 것은 두말할 나위도 없고 개인적으로는 물론 사회적으로 인간다운 삶을 유지하는 데에도 지대한 영향을 미치기 때문이다. 즉, 건강은 신체적인 독립을 유지하고 개인의 일상생활을 영위하고 개인의 목표룰 달성하는데 있어서 필수적인 요건이 된다. 건강은 또한 결혼생활, 가정생활, 사회생활에 전개되는 역할수행에 있어서도 중요한 요인이 된다. 그리고 사회 심리적인 면에서 자아상을 긍정적으로 유지하고 인간관계에서 고립되지않고 사회에서 삶의 주류속에 자신을 통합되도록 하는데 기여한다(Shanas& Maddox, 1976).

이러한 중요성을 지니고 있는 건강은 중년기를 지나서 연령이 증가함에 따라 신체적 및 정신적 기능의 퇴화와 이에 따른 질병에 대한 저항력 저하 등으로 점차 약화되기 시작한다. 그러므로 노년기는 인생에 있어서의 다른 어떤 시기보다 건강을 유지하기 힘들고 건강유지에 많은 주의를 요하고 비용도 많이 들게 된다(최성재 외 2002).

따라서 노인들에게는 적절하고 충분한 의료가 보장될 필요가 있다. 질환이나 장해에 대한 적절한 의료나 조치를 의료비의 걱정없이 받을 수 있는 것은 노인이 건강한 생활을 보내기 위한 불가결한 권리이다. 또한 자택이나 시설에 있어서 충분한 수발을 받을 권리가 있다. 이것을 받을 권리, 즉 수발청구권이다. 노인이 신체적 정신적 쇠약으로 인해서 자립적인 생활이 되지 않아 수발이나 도움이 필요하게 될 때에는 원칙적으로 공적부담으로 자택이나 시설에 있어서 충분한 수발을 받을 권리가 있다. 그럼에도 불구하고 현실적으로는 열악한 편이다.

표3-18. 노년기의 신체변화

계통	변화가 초래되는 상황		변화시기
심장, 심장혈관 동맥혈관, 모세혈관	-심장근육 약화 -심장판막 약화 -동맥의 유연성 감소	-펌프질의 효율성 감소로 혈액배출이 힘듦 -판막의 유연성 감소 -혈압증가	-20대 후반부터 지방층 쌓이기 시작 -40/50대에 심각해짐
중앙신경조직 청각, 시각, 미각, 촉각, 후각	-신경세포 재생 안 됨 -시각의 약화 -후각과 미각 감소	-다섯 가지 감각능력 저하 -시각 보조기구 필요 -입맛의 변화	-40대 중반 -30대부터 저하 시작 60대에 현저해짐 -60대에 현저해짐
내분비	-갑상선호르몬 생성 감소	-물질대사 감소	-35세 이상
위장	-소화기계의 근육활동 느려짐 -소화액 분비 감소 -간 크기가 20% 감소	-소화시간이 길어짐 -간의 약물대사능력이 감소, 약 복용을 신중하게 해야 함	-50세 이상
신경	-신경세포 손상 또는 파괴 시 복원 안 됨 -총 뇌세포 수 감소	-신경의 영구적 손상이 진행, 질환 때문이 아니면 뇌기능에 영향을 미치지 않음 -단기기억능력이 감소함으로 학습능력 저하	-노화에 의한 손실은 40대부터 -환경적 요인에 의해서는 언제든 가능
생식기	-호르몬 생성 변화	-성욕에는 변화 없음	-여자는 40대 초반부터 호르몬 변화 -남자는 20대부터 정자생산 감소
순환기	-폐의 탄력과 무게 감소	-폐활량 감소	-운동을 안 하면 20대부터 감소되고 85세까지 40% 감소
피부, 뼈, 근육	-머리카락의 색소 감소 -표피세포의 재생이 느려짐 -피부 안쪽의 지방과 수분 함유 감소 -뼈의 칼슘과 인 감소	-탈모 -머리카락의 흰색 변화 -상처 회복속도 느림 -피부가 처지고 주름짐 -뼈가 골절되기 쉬움	-연령에 상관없이 -20대 초부터
비뇨기	-방광의 탄력 감소	-소변을 자주 보게 됨	-30세에 시작되어 65세까지 50% 감소

자료 : Bonavia, New York State Gerontology Curriculum Resource Guide; 윤경아(2002), 『노인상담』; 유성호 외, 『노인복지론』(제2판).아시아미디어리서치, pp.137-138에서 인용.

1. 노년기 건강 변화

건강을 결정하는 요인들은 유전적인 소인, 건강습관과 생활양식, 환경적 요인 그리고 보건의료서비스의 이용 등 다양하다. 노년기에는 이러한 요인들과 노화과정이 복합적으로 작용하여 개인의 신체 · 심리 · 사회적 기능수준을 저하시킬뿐만 아니라 개인 내외부의 위험인자가 개입하게 되면 정상적 노화과정은 병리적 노화과정로 변화하게 되고 그 결과로 다양한 질병을 유발하게 된다.

이때 질병이라 함은 역행 또는 회피가 가능한 생물학적 불균형 상태를 의미한다. 즉 질병을 생물학적 기계의 고장 또는 일탈로 규정하고 있다. 그러나 병을 지나치게 협의로 규정 할 수 있으므로 개인의 주관적 수준에서 평가한 질병이나 건강에 관심을 동시에 가져줘야 한다. (권중돈, 2004)

우리나라 노인건강실태를 보면, 일반적으로 노년기에는 청장년기에 비해 신체기능이 떨어지고 만성질환과 장애를 경험한 확률이 높기 때문에 자기의 건강상태를 부정적으로 평가하게 된다. 개인차가 있기는 하지만 노인들은 나이가 들어가면서 신체기능이 저하되고 질병구조도 달라진다.

자료: blog.daum.net/_blog/BlogTypeView.do?blogid=0Zcso&articleno=20#ajax_history_home

노년기의 질환은 청장년기의 질환과 달리 만성퇴행성 질환이라는 특징이 있다. 일정 연령층에서 만성질환이라는 특징이 있다. 만성질환에 걸린 사람의 비율은 연령이 증가할수록 높아진다.

만성질환 유병자는 40세 이후부터 50%를 초과하여 60세부터는 전체의 4/5를 넘는다. 이로써 노인들이 다른 연령층에 비해 건강과 관련하여 더 취약한 계층임을 알 수 있다. 게다가 질병을 고려하지 않은 이러한 만성질환자의 현황은 일정 인구 집단에서 유병자 규모를 보여준다. 이러한 만성질환유병자율은 그 자체로 심각성의 정도를 정확하게 드러내는 것은 아니지만 인구의 특성별 차이를 나타냄으로써 건강과 관련하여 상대적으로 취약한 계층을 규명하는데 도움이 된다(보건복지부 2001;35).

또한 노년기에는 장애를 가질 가능성이 커진다. 재가 장애인의 출현은 인구 100명당 4.50명이지만 65-69세 사이의 노인계층에는 12.82명 70세 이상에서는 16.9 명으로 높아진다. (변용찬 외, 2006) 우리나라 전체인구중에서 장애인은 214만 8,700명으로 추정되며 지역사회에 거주하는 재가장애인의 32.4%가 65세 이상 노인이다.

노화로 인한 신체적 능력의 약화 (자연적 노쇠현상)와 질병으로 인한 건강상태의 약화도 [표3-19]와 같이 연령이 증가할수록 크게 증가된다. 주요 성인질환 유병률을 살펴보면 65세 이상 노인들의 경우 전체적으로 유병률은 비노인층에 비해 2-3배나 되고 또한 연령이 증가할수록 유병률은 크게 증가한다.

한편 2008년과 2011년 노인실태조사에서 나타난 본인인지 유병률을 비교하여보면 노인의 유병율이 더욱 크게 증가한 것을 알 수 있다. 2008년 고혈압의 본인인지 유병률은 44.7%인데 반해 2011년의 경우는 54.5%로 절반 이상의 노인이 고혈압을 앓고 있는 것을 알 수 있다. 또한 골관절염과 류머티즘관절염은 2008년 자료에서는 34.3%인데 반해 2011년 자료에서 40.4%로 높게 나타났다. 이외의 대부분의 질병에 있어서도 증가추세를 나타냈는데, 이는 65세 이상 노인인구가 증가하는 것과 노인들의 건강상태가 더욱 악화되고 있다는 것을 의미하는 것으로 추측된다.

표3-19. 주요 성인질환 유병률

구분	60세이상 전체			65세 이상 전체		
	본인인지 유병율	의사 진단율	의사진단 유병율	본인인지 유병율	의사 진단율	의사진단 유병율
고혈압	44.7	99.4	44.4	47.3	99.4	47.0
관절염	34.3	80.0	27.4	37.2	80.2	29.8
요통/좌골신경통	21.0	81.1	17.0	23.4	80.7	18.9
당뇨병	15.6	99.5	15.6	16.4	99.4	16.3
골다공증	12.7	97.7	12.4	14.1	97.3	13.8

자료: 보건복지부,계명대학교, 2008년도 노인실태조사: 전국노인생활실태 및 복지욕구조사, 309

2. 주요국의 노인의 의료보장 프로그램

1) 영국

(1) 일반 건강보호 제도

영국정부가 국민의 건강문제에 본격적 관심을 가진 것은 산업혁명 이후인 19세기 중반부터이다. 이는 산업혁명결과로 나타난 도시의 개발과 공장난립에 따른 하수시설의 미비, 그로 인한 각종 전염병으로 인해 높은 사망률이 나타났기 때문이다. 그리고 2차 세계대전 중 1940년대 들어서면서 영국은 보건서비스에 과감한 정책대안을 강구하기 시작하였고 1942년 전 국민을 대상으로 모든 진료과목에 걸친 포괄적 보건서비스(Comprehensive Health and Rehabilitaion Service)제도를 베버리지 보고서에서 제안하게 되었고, 이 제안이 받아들여져 1946년 국민건강서비스법(National Health Service Act)를 제정하였다. 그리고 2년 후인 1948년 이 법이 실행되었다. 이로 인해 포괄적 보건의료서비스를 조세에 의해 거의 무상으로 제공하는 국영의료체제를 구축하였다(박재간, 손화의2008).

영국의 국민건강서비스법은 2층 구조로 이루어져있는데 1차 의료기관으로써 일반 개업병원은 무료로 제공되며 치과, 약제, 안과는 본인부담금을 지불하여여 한다. 2차 의료기관으로 병원과 지역건강서비스는 3가지 종류가 있는데, ① 고용의사와 간호사, ② 민간병원, ③ 지역건강서비스가 있다. 국민건강서비스는 일부 부담금을 제외하고 원칙적으로 무상으로 제공하고 있다. 2007년 국민건강서비스의 재정은 영국 GDP의 7%로 국제기준에 비해 낮은 수준이다(barr, 2004).

그리고 1990년 국민건강 서비스 및 지역사회보건법 제정 이후 영국의 보건복지 서비스 공급과 재정에 있어 광범위한 개혁이 이루어졌다고 할 수 있는데, 가능한 많은 사람들이 재가, 일시, 주간보호 등 다양한 서비스를 제공받으며 지역사회 내의 가정에서 생활할 수 있게 되었다(최성재, 2012).

(2) 장기요양보호제도

영국의 장기요양보호 서비스는 국민건강서비스와 지방자치단체의 사회서비스국에 의해 제공된다. 국민건강서비스는 노인병원의 의료서비스 및 지역사회 내의 보건 서비스를 주로 맡고 있으며, 지역사회간호, 치료서비스, 그리고 연속보호 등의 여러 방법으로 장기요양보호에 기여한다(최성재, 2011)

2002년 이후 국민건강서비스는 민간요양시설에서 제공되는 요양보호 비용을 책임지고 있으며 지역간호도 일반개업의나 병원에 의한 욕구 사정에 따라 국민건강서비스를 통해 무료로 제공되고 있다(OECD, 2005; 최성재, 2012 재인용). 한편 지방자치단체의 사회서비스국은 자산조사를 거쳐 사회보호 혹은 대인사회 서비스라고 불리는 사회서비스를 제공한다(박창제 외, 2008; 최성재, 2012 재인용). 영국은 1993년 지역사회보호 개혁으로 종합적인 요양보호 관리 체계를 확립했는데, 지방자치단체가 사정과 케어 매니지먼트, 그리고 서비스 조정을 맡고 있다. 지방자치단체는 서비스를 직접 제공하거나 민간공급자에 위탁하여 제공하고 있는데, 서비스의 재정은 주로 일반조세로 조성된 중앙정부 기금의 형태로 지원되고 있으나 부분적으로는 지방세와 사용자의 본인 부담액으로 충당되고 있다(최성재, 2012)

구체적 장기요양보호 서비스 내용은 다음과 같다.

① 시설보호

시설보호는 요양시설, 단순입주보호시설, 노인전문병원, 노인정신병원, 호스피스시설 등의 프로그램이 있다. 또한 중간시설로 단기보호서비스, 노인의 독립증진을 위한 여러 작업치료서비스 등이 다양한 시설에서 제공된다. 모든 요양시설과 대부분의 단순입주보호시설은 영리 또는 비영리 민간시설이다. 요양시설은 단순입주보호시설에서 제공하는 대인 보호외에 간호사나 물리치료사 등에 의한 간호와 의학적 기능회복 훈련 프로그램이 제공한다. 한편 1980년 이후 영국에서의 민간기업이 영리목적으로 노인요양시설운영사업에 진출하는 경향이 두드러지게 나타나고 있다(최성재, 2012; 박재간, 손화희, 2008).

② 재가보호

재가보호에는 국민건강서비스에 의해 무료로 제공되는 건강서비스와 소득 및 자산조사에 의해 비용이 부과되는 사회보호 서비스가 있다. 사회보호서비스에는 가정봉사원, 식사배달, 주간보호, 지역사회 정신요양, 의료방문, 소셜워크서비스, 주택개선 서비스, 가정간호 등의 서비스가 있다. 한편 중앙정부는 반드시 지켜야 하는 원칙만을 명시한 지침을 제공하고 있으며 지방단체는 자유롭게 비용수준과 자산조사를 정하기 때문에 지방자치단체는 서비스의 대안으로 현금지급을 제공함으로써 노인들이 자신의 보호를 원하는대로 선택할 수 있도록 하고 있다(최성재, 2012).

③ 요양보호자수당

영국은 요양보호자를 지원하기 위한 요양보호자 수당으로 현금급여를 제공한다. 수당의 수급자격으로는 보호자는 고용소득이 제한적이어야 하고, 다른 현금급여를 받고 있는 이들은 주당 최소 35시간 이상의 요양보호를 제공해야 한다. 이 수당은 2002년 전에는 65세 미만의 보호자에게만 지급이 되었지만 이후 65세 이상으로 확대되었고 주로 국가연금 수령액이 제한적인 보호자들에게 상당이 도움이 되고 있다(최성재, 2012).

2) 일본

(1) 일반 건강보호제도

일본은 세계최고의 장수국이다. 일본은 인구 고령화로 인해 다양한 변화를 경험하고 있으며 2006년부터 베이비붐 세대가 노인인구에 유입되기 시작하면서 인구구조뿐 아니라 의료보장에서도 새로운 국면을 맞이하였다(박창제 외, 2008; 최성재, 2012 재인용). 일본의 노후의료보장은 의료보험제도가 중심이었지만 재정적 부담능력이 부족한 노인의 증가로 인해 적절한 서비스를 보장하지 못했었다. 이를 개선하기 위해 1973년 노인복지법에 의거해 노인의료비지급제도가 제정되어 일정 소득수준 이하의 70세 이상 고령자에게 무료로 의료서비스를 제공하였다. 그러나 1970년대 석유파동으로 인한 세계불경기는 일본의 국가재정의 적자로 연결되고 이로 인해 의료비 무료화가 폐지되고 1982년 노인보건법이 제정되었다. 이 법은 각 의료보험제도에 가입해 있는 70세(와

상의 경우 65세)이상의 노인에게 예방, 치료, 재활 등 포괄적인 보건, 의료 서비스를 제공하는 것을 목적으로 하며 노인 진료시 의 본인 부담액을 새로이 도입하였다(김승희, 김은숙 역, 2006; 최성재, 2012 재인용)

(2) 장기요양보호(개호보험) 제도

개호는 사회화를 의미한다. 개호보험의 목적은 고령기 최대의 불안 요인인 개호문제를 사회적으로 동동책임 및 지원하기 위해서이며, 요개호상태가 되었을 때 이용자의 선택에 의해 다양한 사업 주체로부터 필요한 복지서비스와 보건의료서비스를 종합적, 체계적으로 받을 수 있도록 하는 것이다. 또한 개호서비스에 관하여 부담과 급부의 관계를 명확히 하고 이후 한층 중대한 것으로 예상되는 비용에 관해 공동연계에 의해 지탱해 나가기 위해 사회보험방식의 도입을 위함이며, 공적 개호보험을 통해 노인복지와 노인의료제도를 통합하고 이를 동원해 재원과 서비스의 효율성을 높이고자 함이다(김성철 외, 2009).

개호보험의 특징은 보험방식이라는 점이며, 노인복지와 노인의료로 나뉘어져 있는 고령자개호에 관한 기존제도를 재편성해서 이용하기 쉽고, 공평하고 효율적인 사회적 지원 시스템을 구축한 이용자 본위의 제도로써, 스스로의 선택에 입각한 서비스 이용이 가능하다. 또한 고령자개호에 관한 복지서비스와 의료서비스의 종합적, 일체적 서비스가 가능하게 되었으며, 공적인 기관 외에 다양한 민간사업자의 참가가 촉진되어 효율적이며 양질의 서비스 제공을 기대할 수 있다는 것이 특징이다(김성철 외, 2009).

개호급여는 현금급여는 제공되지 않으며 현물급여로는 시설개호 서비스와 거택개호 서비스, 그리고 지역밀착형 서비스가 있다.

① 시설개호

개호노인복지시설, 개호노인보건시설, 개호요양형의료시설 등이 있다. 개호노인복지시설은 노인복지법에 규정한 특별양호노인홈을 일컫는 것으로 입소자에 대해 시설서비스 계획에 근거하여 입욕, 배설, 식사 등의 개호, 그리고 일상생활의 보살핌이나 기능훈련, 건강관리 등의 보호를 지원한다. 그리고 개호노인보건시설에서는 입소자에게 시설서비스에 근거하여 병세가 안정된 사람이 간호, 의학적 관리하의 기능훈련을 중심으로 필요한 의료 케어와 일상생활의 도움을 제공한다. 마지막으로 개호요양형의료시설은 우리가 일반적으로 부르는 노인병원의 하나로 개호력 강화병원, 요개호자를 입원시키는 부분에 한정하는 것으로 요양형 병상군, 정신과 병동으로 배회 및 문제행동이 있는 와상이 아닌 치매성 고령자에 대한 치매질환요양병동으로 구분된다(최성재, 2012; 김성철 외, 2009).

② 거택개호

거택개호에는 방문개호, 방문목욕개호, 방문간호, 방문재활, 재가요양관리지도, 통소개소, 통소재활, 단기입소생활개호, 단기입소요양개호, 특정시설입소자 생활개호, 복지용구대여, 특정복지용구판매, 주택개량비용 등 13종류의 서비스가 재공되고 있다. 구체적인 내용은 다음과 같다(노인복지학회, 2007; 김성철 외, 2009).

표3-20. 거택개호 종류

구 분	내 용
방문개호	개호복지사(가정도우미)가 가정을 방문하여 입욕, 식사 등 개호나 기타 일상생활 가사의 원조
방문목욕개호	전문 시스템의 원조를 장착한 순회 입욕차가 가정을 방문하여 목욕을 도와줌
방문간호	간호사 등이 가정을 방문하여 요양상의 도움과 필요한 진료를 실시
방문재활	의사의 지시에 의해 의학요법사나 자업요법사 등 전문가가 가정을 방문하여 신체의 기능유지 및 회복 등의 사회복귀에 필요한 재활서비스를 실시
재가요양관리지도	담당의사, 치과의사, 약제사 등이 가정을 방문하여 요양상의 관리나 지도를 하는 의학적 관리
통소개호	특별노인요양홈, 노인복지센터 및 주간보호센터에 다니면서 목욕, 식사 제공, 일상생활의 도움 등 기능훈련을 도와줌
통소재활	개호노인보건시설, 병원, 진료소 등의 시설에서 받는 서비스로 심신기능의 유지나 회복을 도모하고 일상생활의 자립을 돕기 위한 물리요법, 작업요법, 그 외에 필요한 재활활동을 제공하는 서비스
단기입소생활개호	특별노인요양홈 등의 시설과 노인단기입소시설에 단기간 입소하여 목욕, 배설, 식사 등의 개호와 그 밖의 일상생활의 도움 및 기능훈련을 제공
단기입소요양개호	개호노인보건시설, 개호요양형의료시설 등의 의료시설에 단기간 입소시켜 간호, 의학적인 관리하에 개호나 기능훈련, 의료 및 일상생활 등의 도움을 제공
특정시설 입소자 생활개호	유료노인홈, 케어하우스 등에 입소하고 있는 요개호자 등에 대해 개호서비스 계획에 근거하여 목욕, 배설, 식사 등의 개호와 기능훈련 및 요양상의 원조를 제공
복지용구대여	일상생활의 편의를 도모하는 용구나 기능훈련을 위한 용구, 일상생활의 자립을 돕기 위한 특수침대, 휠체어, 욕창방지 매트리스, 에어패트, 보행기 등의 복지용구에 대해 대여
특정복지용구판매	대여할 수 없는 포터블특수변기, 특수용기, 목욕보조기구, 간이욕조 등의 구입비를 일부 지원
주택개량비용	단이나 현관의 턱 해소등 소규모의 주택수리비용의 일부를 지급

③ 지역밀착형 개호급여

독거노인과 치매노인의 증가, 재가지원의 강화, 고령자학대에 대한 대응, 의료와 개호의 연계 등이 과제로 대두됨에 따라 고령자가 오랫동안 생활해 오던 지역에서 안심하고 생활을 지속할 수 있도록 2005년 개호보험법 개정에 따라 2006년부터 시작된 서비스이다. 이 서비스는 서비스 이용자가 각 지역 단위 내 가까운 곳에 설치된 복지시설을 이용할 수 있는 제도로 야간대응형 방문개호, 인지증대응형 통소개호, 소규모다기능형 거택개호, 인지증대응형 공동생활개호, 지역밀착형 특정시설입소자생활개호, 지역밀착형 개호, 노인복지시설 입소자 생활개호 등의 서비스가 제공된다.

3) 미국

(1) 일반 건강보호 프로그램

미국은 일반국민을 위한 의료보험제도는 없지만 1965년 사회보장법에 65세 이상의 노인을 대상으로 하는 의료보험이 추가, 실시됨으로써 오늘날의 사회보장제도라 할 수 있는 고령,유족, 장애, 의료보험(OASDI: Old age, Survivors, Disability Insurance)을 확립하였다. 미국의 의료보장제도는 노령연금의 수급권을 갖는 퇴직자와 장애인을 대상으로 하는 사회보험제도로 메디케어(Medicare)와 자산조사를 통한 저소득층에게만 제공하는 공공부조제도인 메디케이드(Medicaid) 프로그램이 있다(문성웅 외, 2008; 박창제 외, 2008; 최성재, 2012 재인용)

Enactment of the Social Security Act : 사회보장법의 제정

1934년 : 경제보장위원회(Committee on Economic Security, CES) 출범
1935년 : 위원회의 보고서 ➜ 1935년 8월 14일 사회보장법의 통과
노령연금(retirement benefit)만 제공
1939년 : 유족연금(survivor benefit) 추가
1950년 : 적용 범위(coverage) 확대
- 당연적용 : 자영업자, 가사노동자, 농부, 군복무자, 성직자, 자선 · 교육 · 종교적 비영리 조직 근로자
- 임의 적용 : 주 및 지방 공무원

1956년 : 장애연금 추가
1965년 : 고령자를 위한 병원과 의료보험(medical insurance)을 제공하기 위한 Medicare 프로그램 도입
1972년 : 물가연동제, 장애인 수령자를 위한 Medicare 프로그램으로 확장

(2) 장기요양보호프로그램

미국의 메디케이드는 사실상 급성질병 위주의 공적 의료보험 제도이기 때문에 미국

에는 공적인 장기요양보험제도는 없다. 따라서 공적인 장기요양보험에서 보장받지 못하는 서비스에 대해 경제적 능력이 있는 노인들은 민간 장기요양보험에 가입해 서비스에 대한 혜택을 받는다. 경제력이 없는 노인을 위해 2002년부터 장기요양보험 프로그램이 실시되었는데 이는 정부에 의해 선택되고 승인된 보험사로부터 단체 할인율이 적용된 장기요양보험을 구매할 수 있도록 한 것이다. 이에 따라 많은 회사들이 민간의료보험에 대한 추가선택으로 장기요양보험을 제공하고 있으며 약 3,500개의 회사아 민간의료보험의 일부로 장기요양보호를 제공하고 있지만 전체장기요양보호 지출의 10% 이하로 매우 부족한 실정이다(OECD, 2005; 최성재, 2012).

미국의 장기요양보호 서비스는 시설보호서비스, 의료적 · 사회적 지역사회 기반의 재가보호 서비스, 그리고 기타 서비스 등의 범주를 포괄하고 있다(박창제 외 2008; OECD, 2005; 최성재, 2012 재인용)

① 시설보호

시설보호에는 전문요양시설, 일반요양시설, 주립병원, 단순입주보호시설, 발달장애센터 등의 서비스가 제공된다. 요양시설 수준의 보호가 요구되는 것으로 판정받은 메디케이드 수급자는 연방법에 의해 요양시설 급여를 받는다. 그러나 메디케이드 수급자격이 없는 경우 시설요양보호를 받기 위해선 개인적으로 요양보호 비용을 지불해야 한다. 최근 주거를 제공하는 대안적 요양보호 서비스들이 증가하고 있다. 생활지원시설은 거주시설에서 독립해서 살 수 있는 노인에게 식사, 청소, 일상생활 활동 지원 등의 대인보호 서비스를 제공한다. 대부분의 생활지원 거주자는 기본 월세와 서비스 비용을 지불하며, 보다 심각한 보호욕구가 발생하면 퇴소해야 한다.

② 재가보호

1981년 시설보호를 감소시키고자 하는 정책과 맞물려 메디케이드를 통한 재가보호의 지원이 확장되어 왔으며, 1999년 대법원 판결에 의해 시설이 아닌 지역사회에서 요양보호를 받을 개인의 권리가 보다 강화되었다. 재가보호에는 의료보호와 사회보호서비스가 제공이 된다. 의료보호에는 성인주간건강보호, 건강보호보조원 방문서비스, 호스피스, 재활서비스, 재활전문간호서비스, 예방의료서비스 등이 있다. 사회보호에는 사례관리, 재정관리, 정보제공 및 의뢰, 가사도우미서비스, 대인지원, 집단급식서비스 등이 포함된다.

③ 기타서비스

청력검사와 보청기, 치과진료, 시력검사, 안경, 처방약, 의치, 비응급 수송 등에 대한 의료복지 서비스를 제공한다.

3. 한국의 노인의료보장제도

1) 사회보험

사회보장기본법 제3조 제2호에 의하면, "사회보험이라 함은 국민에게 발생하는 사회적 위험을 보험방식에 의하여 대처함으로써 국민건강과 소득을 보장하는 제도를 의미한다"라고 정의하고 있다. 구체적으로 살펴보면 사회보험은 국민을 대상으로 질병·사망·노령·실업 기타 신체장애 등으로 인하여 활동 능력의 상실과 소득의 감소가 발생하였을 때에 보험방식에 의하여 그것을 보장하는 제도라고 할 수 있다. 이와 같이 사회보험은 운영과 방법론에서 보험기술과 보험원리를 따르고 있다는 점에서 공공부조와 상이하다. 사회보험은 사회의 연대성과 강제성이 적용되며 노인을 위한 사회보험으로는 국민건강보험과 노인장기요양보험이 있다.

(1) 국민건강보험

우리나라 의료보험제도는 1963년 의료보험법의 제정으로 처음 시작되었으나 1976년까지는 몇 군데에서 시범사업으로 시행한 정도에 그쳤다. 1970년대 중반 사회, 경제적 상황이 의료보험을 전면적으로 확대 실시할 필요성을 강화시킴으로써 1976년 기존의 의료보험법을 전면 개정하여 실시하기에 이르렀다. 1990년 중반부터 의료보험제도 통합에 대한 논의가 시작되면서 조합주의 중심의 의료보험체계를 전국 단일체계로 통합하는 것이 조합 간의 재정 불평등과 의료보험료 재분배 효과를 증진할 수 있고 운영의 효율성을 기할 수 있다는 취지 아래 1998년 국민의료보험법을 제정하여 1차적으로 공무원 및 사립학교교직원 의료보험과 의료보험법 체계 내에 있던 지역의료보험을 통합하고 기존 의료보험법 체계 하에 있던 직장의료보험은 그대로 남아 있게 되었다. 이후 1999년 다시 국민건강보험법을 제정하여 2000년 7월부터 시행함으로써 국민의료보험법에 의한 공무원 및 사립학교교직원 의료보험, 지역의료보험과 통합하지 않고 남아있던 직장의료보험이 국민건강보험이라는 단일체계로 통합되었다.(최성재, 장인협, 2010, p418)

① 급여 수급자격

국내에 거주하며 보수나 소득이 있는 모든 국민은 국민건강보험 가입자가 되며 보수나 수입이 없는 자의 경우 피부양자로 되어 보험을 적용받거나 의료급여 적용을 받을 수 있다. 건강보험은 직장가입자와 지역가입자로 적용 대상자를 구분하고 있으며, 직장가입자는 사업자의 근로자 및 사용자와 공무원 및 교직원, 그리고 그 피부양자로 구성되고, 지역가입자는 직장가입자와 그 피부양자를 제외한 자를 대상으로 한다. 건강보험 대상자 중 피부양자는 직장가입자에 의하여 주로 생계를 유지하는 자로서 보수 또는 소득이 없는 자를 의미하며, 직장가입자의 배우자, 직계존속(배우자의 직계존속 포함), 직계비속(배우자의 직계비속 포함) 및 그 배우자, 형제 · 자매를 포함한다.

적용인구 현황(2010년 기준)

(단위: 천명)

분류		적용인구	비율
총계		50,425	100.0
건강보험	계	48,738	96.8
	직장	32,147	63.7
	지역	16,591	32.9
의료급여		1,688	3.4

② 급여의 종류와 형태

급여의 종류에는 보험급여와 현물급여가 있다. 보험급여는 가입자 및 피부양자의 질병 · 부상에 대한 예방 · 진단 · 치료 · 재활과 출산 · 사망 및 건강증진에 대하여 법령이 정하는 바에 따라 공단이 현물 또는 현금 형태로 제공하는 서비스를 말한다. 현물급여는 가입자 및 피부양자에게 요양기관을 통하여 직접 의료서비스를 제공하는 것으로 요양급여와 건강검진이며, 현금급여에는 요양비, 본인부담금보상금 등이 있다.

보험급여의 종류

	급여종류	수급권자	비고
현물급여	요양급여 건강검진	가입자 및 피부양자 가입자 및 피부양자	
현금급여	요양비 본인부담액보상금 장애인보장구급여비	가입자 및 피부양자 가입자 및 피부양자 장애인복지법에 의해 등록한 장애인인 가입자 및 피부양자	

한편 건강검진은 건강보험가입자들의 건강을 유지 · 증진하고, 경제적 손실을 최소화하며 장기적으로 보험급여비의 지출을 줄이고자 1980년에 시작되었다.이후 '88년에 직장 피부양자 건강검진 실시, '90년에 공무원 및 사립학교교직원(이하공교) 피보험자 건강검진 실시(특정암검진 포함), '95년 지역조합 피보험자 건강검진 실시, '00~'01 특정암검사 실시, '07년 생애전환기 건강진단 및 영유아건강검진 실시 등의 생애주기별 건강검진체계를 통해 평생 건강관리체계의 기반을 구축하였다. 구체적 항목으로는 다음과 같다.

표3-27. 건강검진 항목

<table>
<tr><th></th><th colspan="2">검진종류</th><th>검 진 항 목</th></tr>
<tr><td rowspan="2">일반
건강검진</td><td colspan="2">1차</td><td>문진 및 체위검사, 흉부방사선검사, 혈액검사, 요검사, 구강검진 등 21개 항목</td></tr>
<tr><td colspan="2">2차</td><td>고혈압, 당뇨병 의심자 및 인지기능장애 고위험군에 대한 검진결과 상담 및 보건교육 등 3개 질환 6개 항목</td></tr>
<tr><td rowspan="4">생애전환기
건강진단</td><td rowspan="2">1
차</td><td>만40세</td><td>일반건강검진+B형 간염항원 · 항체검사 등 24개 항목</td></tr>
<tr><td>만66세</td><td>일반건강검진+골밀도검사, 노인기능검사 등 24개 항목</td></tr>
<tr><td rowspan="2">2
차</td><td>만40세</td><td>고혈압, 당뇨 확진검사, 건강진단결과 및 건강위험평가 상담, 정신건강검사(우울증), 생활습관검사(평가 및 처방)</td></tr>
<tr><td>만66세</td><td>고혈압, 당뇨 확진검사, 건강진단결과 및 건강위험평가 상담, 정신건강검사(치매및우울증), 생활습관검사(평가 및 처방)</td></tr>
</table>

③ 전달체계

국민건강보험은 국민건강보험공단과 지부를 통해 운영되며 국민건강보험공단과는 별도로 요양급여비용을 심사하고 평가하기 위해 건강보험심사평가원을 설립하여 운영하고 있다.

그림3-5. 국민건강보험제도의 운영구조

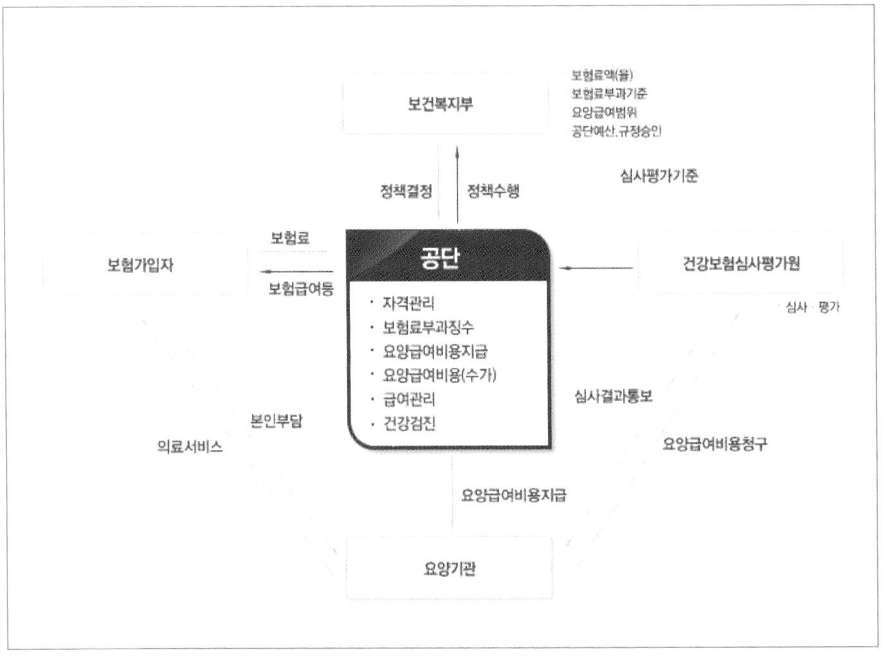

보험금의 절약과 합리적 의료전달체계의 발전을 위해 간단한 진료나 1차진료인 경우 의원급에서 받도록 하고 있으며, 이를 위해 아래 표와 같이 진료비의 차등을 두고 있으나 잘 이루어지지 않고 있다.

표3-28. 국민건강보험제도의 요양급여 본인부담액

진료구분	기관 종별	소재지	환자 구분	본인부담액
입원, 만성 신부전증 환자 등 보건복지부장관이 지정한 질병의 진료	전 의료기관	모든 지역	모든 환자	요양급여 총액의 20%
외래 및 보건복지부장관이 정하는 의료장비를 이용한 진료	종합전문요양기관	모든 지역	일반환자	진찰료총액+(요양급여비용총액-진찰료총액)×50/100
			의약분업 예외환자	진찰료총액+(요양급여비용총액-진찰료총액-약가총액)×50/100+약가총액×30/100
	종합병원	동	일반환자	요양급여비용총액50/100
			의약분업 예외환자	(요양급여비용총액-약가총액)×50/100+약가총액×30/100
		읍·면	일반환자	요양급여비용총액×45/100
			의약분업 예외환자	(요양급여비용총액-약가총액)×45/100+약가총액×30/100
	병원, 치과병원, 한방병원, 요양병원	동	일반환자	요양급여비용총액×40/100
			의약분업 예외환자	(요양급여비용총액-약가총액)×40/100+약가총액×30/100
		읍·면	일반환자	요양급여비용총액×35/100
			의약분업 예외환자	(요양급여비용총액-약가총액)×35/100+약가총액×30/100
	의원, 치과의원, 보건의료원	모든 지역		요양급여비용총액×30/100 (요양급여를 받는 자가 65세 이상인 경우 요양급여비용총액이 보건복지부령이 정하는 금액을 초과하지 아니하면 보건복지부령으로 정하는 금액)
	보건소, 보건지소, 보건진료소	모든 지역		요양급여비용총액×30/100 (요양급여총액이 보건복지부령으로 정하는 금액을 초과하지 아니하면 보건복지부령으로 정하는 금액)

자료: 국민건강보험법 시행령

④ 재정방법

국민건강보험의 재정은 피보험자의 보험료와 사용자의 부담금, 국가의 보조금으로 충당된다. 피보험자와 사용자의 보험료가 84% 정도로 대부분의 재정을 차지하며 다음으로 국고보조가 11%, 담배세가 4%, 기타가 1%를 차지한다.

그림3-6. 보험료 재정

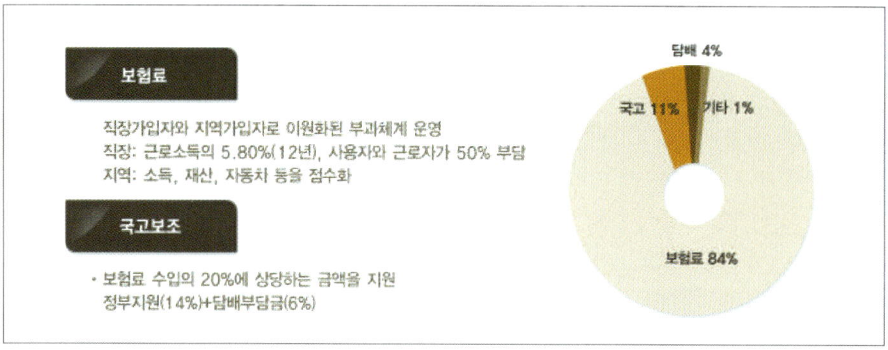

가입자는 직장가입자와 지역가입자로 나누어지고 가입자 구분에 따라 다르게 보험료가 부과되며 구체적인 내용은 표5-7과 같다.

표3-29. 건강보험료

가입자 종류	보험료 산정원칙	가입자별	보험료율		
			가입자	사용자	국가/지방자치단체
직장	표준보수월액 또는 부과표준소득의 8% 범위 내에서 재정운영위원회의 결의 내용을 참작하여 대통령이 정함	직장가입자(국내 거주)	50%	50%	
		직장가입자(외국 거주)	25%	25%	
		사립학교 교직원	50%	30%(학교법인)	20%
		공무원	50%		50%
지역	피보험자세대의 소득, 재산(전세, 월세, 자동차 포함), 생활수준, 경제활동참가율을 참작하여 부과요소별 점수를 합산한 후 점수당 금액을 곱하여 계산함		100%		

(2) 노인장기요양보험

고령이나 노인성질병 등으로 인하여 6개월 이상 동안 혼자서 일상 생활을 수행하기 어려운 노인 등에게 신체활동 또는 가사지원 등의 장기요양급여를 사회적 연대원리에 의해 제공하는 사회보험 제도이다. 노인장기요양보험제도의 추진 경과는 다음과 같다.

노인장기요양보험제도는 1999년 '노인보건복지 중장기 발전계획 추진상황 보고'에서 장기요양보호정책연구단 설치를 하기로 하면서 제도 도입에 대한 논의가 시작되었으며 2001년 1월 보건복지부가 노인장기요양보호정책기획단을 설치하여 이 문제를 검토하기 시작하였다. 이 기획에서 2001년 2월 노인장기요양보호종합대책을 1차로 수립하였으며 2001년 8월 15일 대통령 경축사에서 공식적으로 노인요양보험제도 도입을 제시하였다. 그리고 2002년 대통령선거 때 공적노인요양보장제도의 도입에 대한 부분이 공약으로 포함되었으며 2003년 참여정부에서는 2007년부터 노인요양보장제도를 실시하는 방침을 정하고 이 제도의 틀을 마련하기 위해 2003년 3월 17일 자문기구로 공적 노인요양보장 추진기획단을 설치하였다. 2004년 3월 공적 노인요양보장제도의 구체적인 실행모형과 시범사업 모형등을 만들기 위한 공적 노인요양보장제도 실행위원회를 구성하였고 2004년 8월 노인요양보장체계 시안 공청회를 열어 2005년 7월부터 2006년 3월까지 광주남구, 강릉, 수원, 부여, 안동, 북제주 지역에서 65세 이상 기초생활보장 수급노인을 대상으로 1차 시범사업을 실시하였으며, 2006년 4월부터 2007년 4월까지 부산북구, 전남완도 2개지역을 추가하여 2차 시범사업을 실시하였다. 그리고 2007년 5월부터 2008년 6월까지 인천부평구, 대구남구, 청주, 익산, 하동을 추가하여 3차 시범사업을 실하였다. 그리고 2008년 3월 노인장기요양운영센터를 열어 장기요양인정신청 및 등급판정을 실시하였으며 2008년 7월노인장기요양보험제도를 전 국민을 대상으로 실시하였다.

① 급여 수급자격

노인요양제도의 적용대상은 전 국민으로 요양 신청대상자는 65세 이상 노인과 65세 미만이라도 노인성질환을 가진 국민이다. 또한 6개월 이상 혼자 일상생활이 어려운 자로서 장기요양등급판정위원회에서 등급판정을 받은 국민중 요양등급이 3등급이상 이어야 한다. 장기요양 등급판정은 1차적으로 건강보험공단의 조사요원이 방문조사를 통해 파악한 기능상태(5영역 52개 항목) 결과를 수형분석도에 적용하여 장기요양인정 여부 및 장기요양등급을 산출하도록 하였다. 그 다음 등급판정위원회에서 1차 판정결과와 특기사항, 의사소견서, 기타 심의 참고자료 등을 종합하여 최종결정을 하도록 하였다.

표3-30. 노인장기요양보험의 장애등급(요양등급)과 등급판정 점수

구분	요양1등급 (최중증)	요양2등급 (중증)	요양3등급 (중등증)	요양4등급 (경증)
상태	*하루 종일 침대 위에서 생활하는 자로, 스스로 움직일 수 없는 와병 상태 *일상생활행동의 식사, 배설, 옷 벗고 입기 등의 모든 활동에서 전적으로 다른 사람의 도움이 필요함	*식사, 배설, 옷 벗고 입기 등에서 부분적으로 다른 사람의 도움이 필요함 *휠체어를 이용, 일상생활 유지함 *낮에도 주로 침대에서 생활하는 경우가 많음	*보행보조기 등을 통해 이동 *다른 사람의 도움을 받아야 외출 가능	*식사, 배설, 옷 벗고 입기 모두가 대체로 자립이나 생활관리 능력이 떨어져 가끔 지원이 필요
조사표	*체위변경, 식사하기, 일어나 앉기 등 ADL에서 6개 이상 완전 도움 필요	식사하기, 일어나 앉기, 세수하기, 양치직하기 등 ADL에서 5개 이상 부분 도움 필요	*양치하기, 세수하기 등 ADL에서 3개 정도 부분 도움 필요	*목욕, 옷 벗고 입기 등 ADL에서 1~2개 부분 도움 필요
등급점수	95점 이상	75~95점 미만	55~75점 미만	55점 미만

주 : ADL(Activities of Daily Living: 일상생활수행행동)이란 옷 벗고 입기, 목욕하기, 일어나 앉기, 화장실 가기, 대소변 조절하기 등 13개 항목의 자기관리를 하는 데 필요한 행동을 말함
자료 : 노인장기요양보험법시행규칙

독일과 일본, 그리고 한국의 등급판정 기준의 특성을 비교해보면 한국과 일본은 비슷하지만 독일은 제도의 틀과 등급기준면에서 다른 양상을 띈다. 특히 독일은 전문가에 의해 기능위주로 평가하고 있으며 일본과 한국은 현재 제공되고 있는 서비스량에 따른 노인분류체계에 의하여 서비스 필요도 파악하고 있다.

② 급여의 종류

가. 재가급여

재가급여는 요양보호사, 간호사 등이 수급자의 가정을 방문하여 신체활동 및 가사활동등을 지원하는 서비스로 방문요양, 방문목욕, 방문간호, 주야간보호, 단기보호, 기타 재가급여(복지용구)서비스가 있다. 구체적인 내용으로는 다음과 같다.

◆ 방문요양

방문요양은 일정한 교육을 받은 요양보호사를 기정에 파견하여 일상생활의 기능장애를 도와주어 노인이 지역사회 내에서 안정된 노후생활을 보낼 수 있도록 하는 데 목

표3-31. 국가별 등급판정 기준의 특징

구분	독일	일본	우리나라
제도의 틀	보험방식 현금 및 현물 서비스 제공	보험방식 현물위주 서비스 제공	보험방식 현물위주 서비스 제공
판정체계	수발보험 수급여부를 평가 도구에 의하여 「수발시간」 산출	인정조사항목 평가를 통해 서비스군별 「요게호인정 등 기준시간」 선출	인정조사항목 평가를 통해 서비스군별 「장기요양인정 점수」 선출
조사영역 및 항목수	4개 영역 36개 항목(개인 위생, 영양섭취, 이동영역, 가사지원)	7개 영역 62개+특별의료 12개 항목	5개 영역 52개 항목(신체기능, 인지기능, 행동변화, 간호처치, 개활)
등급기준	도움빈도를 감안한 기준수발시간	이론화된 요개호인정 등 기준시간	이론화된 장기요양인정점수
등급	3등급	6등급	3등급
등급판정주체	건강보험 MDK(의학심사원) 소속 의사 또는 간호사	사정촌 소속 케어매니져	공단 소속 장기요양직원(간호사, 사회복지사 등)
특징	전문가에 의해 기능위주로 평가	현재 제공되고 있는 서비스량에 따른 노인분류체계에 의하여 서비스 필요도 파악	현재 제공되고 있는 서비스량에 따른 노인분류체계에 의하여 서비스 필요도 파악

적을 두고 있다. 즉 일상생활에 필요한 가사와 보건의료, 사회적 서비스 등을 제공하여 가족부양기능을 강화하는 사업이라고 할 수 있다. 이 사업의 대상은 원칙적으로 일상생활의 능력에 장애가 있는 노인이며, 주로 저소득 노인층가 국민기초생활보장 수급노인을 대상으로 하며, 노인장기요양보험 제도 도입이후 가정을 방문하는 장기요양병원에서 수발대상 시간이 50분 이상인 요양등급 1~3등급이내의 노인이다. 이 서비스에는 신체적 수발서비스(식사하기, 화장실이용하기, 옷갈아입기, 목욕하기, 머리감기 등), 가사지원서비스(취사, 생활용품 구입, 청소와 주변정돈 등), 개인활동서비스(외출시 동행, 부축 등), 우애서비스(안부전화 및 방문, 말벗, 편지 전달, 생활상담 등), 상담 및 교육서비스, 지역복지자원 발굴 및 네트워크 구축에 관한 활동 등이 있다.

◆ 방문목욕 및 방문간호서비스

노인장기요양보험제도에 의해 방문목욕서비스는 장기요양요원이 목욕설비를 갖춘 장비를 이용하여 가정 등을 방문하여 목욕서비스를 제공하는 서비스로서, 사회복지시설과 법인, 단체 등에서 시행하고 있다. 아울러 방문간호서비스는 장기요양보험제도 시행에 따라 장기요양요원인 간호사, 간호조무사, 치과위생사 등이 의사, 한의사, 또는 치과의사의 방문간호지시서에 따라 수급자의 가정 등을 방문하여 간호, 진료보조, 요양에 관한 상담과 구강 위생 등의 장기요양급여를 제공하는 서비스이다. 급여종류로는 간호사정과 진단 등의 기본간호, 욕창치료와 단순상처 치료 등 간호, 검사관련 사항과 투약지시사항, 환자와 가족을 대상으로 하는 건강관리에 필요한 식이요법과 교육상담 등이다(고수현, 2009). 이러한 서비스를 받을 수 있는 대상자는 장기요양등급 1~3등급 이내의 노인이며, 장기요양 급여이외에 일정액의 본인 부담금을 지불하여야 한다.

◆ 주야간보호서비스(day care service)

주야간 보호서비스는 부득이한 사유로 가족의 보호를 받을 수 없는 심신이 허약한 노인과 장애노인을 낮시간 혹은 야간에 시설에 입소시켜 필요한 각종 서비스를 제공하는 서비스이며, 이는 노인의 생활안정과 심신 기능의 유지, 향상도모, 부양가족의 신체적, 정신적 부담경감에 목적을 두고있다(권중돈, 2007). 이 주 · 야간보호서비스를 이용하는 사람들은 주로 중풍, 치매 등의 만성질환을 가진 와병노인, 장애노인, 그리고 만성퇴행성 노인환자가 기능재활훈련을 위해 이용하는 경우와 맞벌이 부부가 의뢰하는 경우가 대부분이다. 주 · 야간보호서비스는 심신의 기능회복을 위한 서비스(생활지도 및 일상동작훈련). 급식 및 목욕서비스, 여가생활서비스(취미, 오락, 운동 등), 노인결연서비스, 이용노인 가족에 대한 상담과 교육 등이 포함된다.

◆ 단기보호사업(short stay service)

단기보호사업은 부득이한 사유로 가족의 보호를 받을 수 없어 일시적으로 보호가 필요한 심신이 허약한 노인과 장애노인을 시설에 단기간 입소시켜 각종서비스를 제공하는 사업이다(고수현, 2009). 단기보호서비의 보호기간은 45일까지이며, 연간 이용일수가 3월을 초과할 수 없도록 되어있다. 단기보호시설에서는 생활지도 및 일상동작훈련 등 심신의 기능회복을 위한 서비스, 급식 및 목욕서비스, 취미나 오락, 운동 등의 여가생활서비스, 노인결연, 노인과 가족에 대한 상담과 교육 등의 서비스가 제공된다(고수현, 2009).

나. 시설급여

시설서비스는 대표적으로 노인요양시설, 노인전문병원, 노인요양공동생활가정 이 있다. 시설서비스는 가정을 대신하여 노인이 생활할 수 있도록 주거를 포함하여 일상생활이 가능하도록 서비스를 제공하는 시설로서, 주로 일상생활에 지장이 없는 노인을 대상으로 하여 급식과 그 밖에 필요한 일상생활에 필요한 편의를 제공하여 노후의 안정된 생활을 도모하고자 한다.

◆ 노인요양시설

노인요양시설은 현재 노인의료복지시설의 일종으로 분류되며 치매, 중풍 등 노인성 질환으로 수발을 필요로 하는 노인을 입소시켜 급식, 요양과 그 밖에 일상생활에 필요한 편의를 제공함을 목적으로 하는 시설이다. 65세 이상의 기초생활수급노인의 경우 무료로 이용가능하며 도시근로자 월평균소득 이하 가구 노인의 경우 실비로 이용가능하다. 입소자가 비용의 전액을 부담하는 경우에는 60세이상부터 이용가능하다.

◆ 노인전문병원

노인전문병원은 주로 노인을 대상으로 하는 의료를 제공하는 시설로써 노인성질환으로 치료나 요양을 필요로 하는 노인이나 임종을 앞둔 노인이 주 이용대상이다.

◆ 노인요양공동생활가정

노인요양공동생활가정이란 치매, 중풍 등 노인성 질환으로 수발을 필요로 하는 노인에게 가정과 같은 주거여건과 급식, 요양, 그 밖에 일상생활에 필요한 편의를 제공하는 것을 목적으로 하는 시설이다. 기초생활수급노인의 경우 무료로 이용가능하며, 입소노인으로부터 입소비용의 전부를 수납하는 경우에는 60세 이상부터 가능하다.

다. 특별현금급여

특별현금급여에는 가족요양비, 특례요양비, 요양병원간병비가 있다. 가족요양비는 장기요양기관이 현저히 부족한 지역(도서 · 벽지)에 거주하는 자, 천재지변 등으로 장기요양기관이 실시하는 장기요양급여 이용이 어렵다고 인정된 자, 신체 · 정신 · 성격 등의 사유로 가족 등이 장기요양을 받아야 하는자에게 지급하며, 특례요양비는 수급자가 장기요양기관으로 지정되지 않은 장기요양시설 등의 기관과 재가 또는 시설급여에 상당한 장기요양 급여를 받은 경우 장기요양급여 비용의 일부를 지급한다. 그리고 요양병원간병비는 수급자가 노인복지법 상의 노인전문병원 또는 의료법 상의 요양병원에 입원한 때에 장기요양에 사용되는 비용의 일부를 지급한다. 하지만 특례요양비와 요양병원 간병비는 현재 시행을 유보하고 있다.

◆ 전달체계

노인장기요양제도는 보건복지부장관이 관장하고 장기요양보험사업의 보험자는 공단으로 지정하고 있다. 시설에 따라 요양기관과 재가급여제공기관으로 구분할 수 있다. 먼저 요양기관으로 노인요양시설, 실비노인요양시설, 유료노인요양시설, 노인전문요양시설, 유료노인전문요양시설인 노인의료복지시설이 있다. 다음으로 재가급여를 제공하는 기관은 재가노인복지시설로 방문요양, 방문목욕, 방문간호, 주야간보호, 단기보호서비스가 있다.

◆ 재원조달

장기요양보험 가입자는 건강보험 가입자와 동일하며, 공단은 장기요양보험료와 건강보험료를 통합하여 징수합니다. 공단은 통합징수한 장기요양보험료와건강보험료는 각각 독립회계로 관리한다. 장기요양보험료는 건강보험료액에 장기요양보험료율을 곱해 산정하며 이 때 장기요양보험료율은 복지부장관 소속 장기요양위원회의 심의를 거쳐 대통령령으로 정합니다.

장기요양보험은 본인부담액이 있는데 재가급여는 당해 장기요양급여비용의 15/100으로 하며 시설급여는 20/100을 부담하며 국민기초생활보장법에 의한 수급자는 전액면제이다. 또한 의료급여수급권자, 소득, 재산 등 보건복지부장관이 정하여 고시하는 일정금액 이하인 자는 본인부담금을 50%경감한다.

국가는 매년 예산의 범위 안에서 당해 연도 장기요양보험료 예상수입액의 20/100에 해당하는 금액을 공단에 지원한다. 국가와 지방자치단체는 의료수급권자의 장기요양급여비용 중 공단이 부담하여야 할 비용과 관리운영비의 전액을 대통령령이 정하는 바에 따라 각각 부담한다.

2) 공공부조

공공부조제도는 사회보험계획을 추진하는 과정에서 대상자 적용에 문제가 발생하는 경우에 이를 보완하기 위하여 사용할 수 있다. 따라서 공공부조가 지니는 제한점에도 불구하고 빈곤퇴치 대책의 일환으로 이를 적용하게 된다.

노인의 의료보장을 위한 제도는 공공부조로써 의료급여제도와 노인돌봄종합서비스제도가 있다.

(1) 의료급여제도

현재 의료보장의 비용부담 방법으로 공공부조는 의료급여법에 의한 의료급여제도다. 의료급여제도는 생활보호법의 한 규정으로 출발하여 의료보호법으로 분리입법되었다가 의료급여법으로 개칭되었다. 1970년대 중반 의료보장에 관한 사회적인 욕구가 강해짐에 따라 1976년 의료보험법이 개정되어 이를 근거로 의료보험제도가 본격적으로 실시되었다. 그러나 의료보험은 저소득층보다 중산층 이상을 위한 제도이었으므로 의료보장의 필요성이 더욱 절실한 저소득층이 의료의 혜택을 받을 수 있는 기반은 되지 못했다. 1977년부터 정부는 저소득층에 대한 의료보호를 역점사업으로 정했지만 이를 뒷받침할 수 있는 근거인 생활보호법상의 의료보호규정이 미비하였다. 따라서 의료보호사업을 생활보호의 일환으로 강력히 추진하기 위해서는 생활보호법상의 의료보호규정과 이에 관련되 시행령의 개정정도로는 불충분함을 실감하고 1977년 말에 의료보호만을 위한 단독 입법안을 국회에 제출하여 통과되기에 이르렀다.

이렇게 의료보호법이 개정됨으로써 의료보험제도의 확대 실시에 따른 미비점을 보완할 수 있게 되었고, 1978년부터 이법이 시행됨으로써 의료보호제도가 공공부조 프로그램으로 확립되기 시작하였다. 국민건강보험의 실시와 국민기초생활보장법의 시행에 따라 의료보호법이 2001년 5월에 의료급여법으로 개정되어 그해 10월 국민기초생활보장법과 같이 시행되었으며 2007년 현재 전 국민의 3.8%에 적용되고 있다(최성재, 장인협, 2010, p430-431).

① 급여 수급자격

의료급여 수급권자는 1종수급권자와 2종수급권자로 구분되며 구체적인 내용은 다음과 같다.

1종	2종
국민기초생활보장수급권자(근로무능력세대) 이재민, 의사상자, 국가유공자, 무형문화재보유자, 북한이탈주민, 광주민주화보상자, 입양아동(18세미만), 행려환자, 차상위 수급권자(희귀난치성질환자)	국민기초생활보장수급권자(근로능력세대) 차상위 수급권자(만성질환자, 18세 미만 아동)

수급권자는 시장 · 군수 · 구청장으로부터 의료급여증을 발급받아 의료기관에 제출해야 전액 무료 또는 일부 무료로 진료를 받을 수 있다.

② 급여의 형태 · 종류 · 수준

급여의 종류로는 국민건강보험제도의 요양급여와 같이 진찰, 수술, 치료, 약제급부, 입원, 간호, 이송 등의 서비스가 있다. 급여의 자격에 따른 급여수준은 다음과 같다.

표3-32. 의료급여 진료비 부담기준

구분		1종			2종		
		입원	외래	약국	입원	외래	약국
구분급여수준	본인부담	0% (단, 입원 식대 비용 1식당 680원)	*보건소 진료시 무료 *1차 의료급여기관: 1,000원 *2차 의료급여기관: 1,500 *3차 의료급여기관: 2,000원 *PET,MRI,CT 등: 비용의 5%	*처방전당 500원 (처방전 없이 약국 직접조제시 900원)	*의료급여기관입원:15% *입원식대비용 1식당 680원 부담 (대불제도, 본인부담보상제, 본인부담상한제 등 적용)	*보건소 진료: 무료 *1차기관: 1,000원 *2차기관: 1,000원 *3차기관: 15% *PET,MRI,CT 등: 비용의 15% (대불제도, 본인부담보상제, 본인부담상한제 등 적용)	*처방전당 500원

③ 전달체계

의료급여에 의해 전달되는 의료 서비스는 1차 의료기관, 2차의료기관, 3차 의료기관으로 단계적으로 받도록 되어 있다. 1차 의료급여기관은 시 · 군 · 구청장에게 신고한 보건소, 약국이 포함되고, 2차 의료급여기관은 시 · 도지사가 개설 허가한 의료기관이다. 2차 의료급여기관은 2차 의료급여기관 중에서 보건복지부장관이 지정한 의료기관이다. 만약 지정된 의료급여기관에서 진료를 받지 않는 경우에는 본인 부담금을 더 부과하도록 되어 있다(최성재, 장인협, 2010, p433).

④ 재정방법

의료급여의 재정은 직할시, 도에 설치된 의료급여 기금과 의료급여 수급자가 지불하는 본인부담금으로 충당된다. 2종 대상자의 경우 진료비 부담을 완화하기 위해 대불제도, 본인부담 보상제, 본인부담 상한제를 운영하고 있다.

(2) 노인돌봄 종합 서비스 제도

노인돌봄 종합 서비스는 노인돌보미 바우처 서비스와 독거노인 생활관리사 파견서비스를 2009년부터 통합한 것으로 혼자 힘으로 일상생활을 영위하기 힘든 노인과 독거노인에게 욕구에 따라 안전확인, 생활교육, 서비스 연계, 가사지원, 활동지원 등 맞춤형 복지서비스를 제공하는 서비스이다. 자격요건으로는 장기요양보험 등급외(A, B) 노인인 경우 소득수준이 전국가구 월평균소득 150%이하이다. 대상자 선정의 우선 순위는, 1순위는 소득이 전국 평균소득의 100% 이하인 가구 중 독거노인 · 노인부부, 중증장애인 노인 또는 이에 준하는 경우이며, 2순위는 가구원이 근로 또는 구직활동, 다른 부양의무 이행, 질병 · 장애 등의 이유로 돌봄이 어려운 경우, 그리고 3순위는 기타 시장 · 군수 · 구청장이 보호가 필요하다고 인정한 경우이다. 서비스를 이용하는 사람은 일정액의 본인부담금을 지불해야 한다. 제공되는 서비스로는 방문요양서비스(월 27시간/36시간)와 주간보호서비스(월 9일/12일)이다. 소득수준에 따라 본인부담금은 무료~4만 8천원을 부담하면 월 21만~32만원의 바우처가 지원된다. 신청방법은 국민건강보험공단에서 건강판정을 받은 후 주소지의 읍,면, 동 주민센터에 신청을 한 후 카드식 바우처를 지급받아 지정기관에서 서비스를 이용할 수 있다.

4. 한국의 의료보장제도의 실태

1) 노인의료비에 대한 재정적 부담 증가

고령화가 급속하게 진전되면서 건강보험을 받는 노인인구가 처음으로 500만명을 넘었다. 통상 건강보험 대상자 가운데 노인비중이 10%를 넘어서면 보험재정 부담이 본격적으로 커진다. 일본은 1990년대 후반 의료보험 대상자 가운데 노인비율이 10%를 넘어서면서 재정에 비상이 걸렸다

우리나라의 경우, 몇년도 기준 노인 1인당 월평균 진료비는 24만 6000원으로 건강보험 가입자 월 평균 진료비 (7만 6452원)의 3.2배인 것으로 집계됐다. 노인 의료비의 비중은 1985년 4.7%에서 급속도로 증가하여 2005년에는 24.4%, 2008년에는 29.9%로 매우 많은 비중을 차지하였다. 앞으로 인구 고령화 속도를 고려할 때 노인 의료비 증가율은 더욱 커질 것으로 예상된다.

표3-25. 전체 의료비와 노인 의료비 증가 추이

연도	전체의료비		노인의료비		65세 이상 노인인구 비율(%)	전체 의료비 중 노인의료비 비중(%)
		증가지수		증가지수		
1985	583,278	100	27,515	100	4.3	4.7
1990	2,219,773	381	239,173	869	5.0	8.2
1995	5,977,453	1,025	728,137	2,646	5.7	12.2
2000	11,873,436	2,036	2,089,640	7,595	7.3	17.6
2005	24,796,800	4,251	6,055,600	22,008	9.1	24.4
2008	34,845,700	5,974	10,431,000	37,910	10.3	29.9

자료: 보건복지부(2001, 2010); 최성재, 장인협(2010) 노인복지학, 441 재인용

이런 추세가 지속될 경우 한국은 본격적인 고령사회 (65세 이상이 전체인구의 14%)에 진입하기도 전에 건강보험재정이 위기에 빠질 가능성이 크다고 전문가들은 분석한다. 노인의료비가 이런 속도로 증가하면 건강보험재정은 도저히 버틸수 없을 것이라고 전망한다. 노인질병발생을 줄이기 위해 예방서비스를 확대하고 노인건강관리대책이 필요하다(2011 9.22 조선일보).

2) 불충분한 장기요양서비스

한국에서의 노인의 건강실태는 매우 좋지 않다. 2008년 전국노인생활실태 및 복지

욕구조사에 의하면 평소 자신의 건강상태가 좋지 않다고 생각하는 노인은 84.0% 이고, 의사진단을 받은 질병을 1개 이상 가지고 있는 노인은 82.2% 이다. 60세 이상 노인 중 본인의 인지 유병률이 가장 높은 것은 고혈압으로 44.7%를 나타냈으며 그 다음으로 관절염(34.3%) 요통/좌골 신경통(21.0%), 당뇨병(15.6%), 골다공증(12.7%) 순으로 나타났다. 65세 이상 본인인지 유병률도 60세와 동일하게 고혈압(47.3%), 관절염(37.2%), 요통/ 좌골신경통(23.4%), 당뇨병(16.4%), 골다공증(14.1%) 순으로 나타났다.

영국 역시 노인들의 만성질환 유병률이 높지만 한국에 비해선 높다고 하기 어렵다. 2003년 기준으로 65세~74세 연령층에서는 59%, 75세 이상에서는 전체노인 중 66%가 한 가지 이상의 만성질환이 있는 것으로 나타났다(Department of Health, 2003; 박재간, 손환희 2008 재인용).

이러한 질병으로 인하여 기본적인 일상생활수행능력에 제한이 있는 노인은 9.6% 이고 도구적 일상생활수행능력에 제한이 있는 노인은 21.7% 이다. 전체적으로 평소 자신의 건강상태에 대하여 부정적인 인식이 더 높았으며 의사로부터 1개 이상의 장애를 판정받은 노인의 비율이 10% 대로 가장 높은 확률을 보인다.

그림3-4. 가구소득별 질병으로 인한 일상생활 어려움

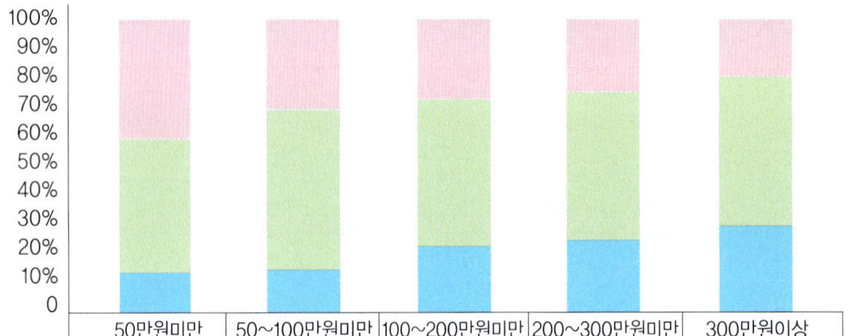

	50만원미만	50~100만원미만	100~200만원미만	200~300만원미만	300만원이상
많다	40.6	31.1	26.1	24.5	19.9
약간있다	48.1	55.4	52.2	52.6	51.9
전혀없다	11.3	13.5	21.7	22.8	28.3

자료: 보건복지부,계명대학교, 2008년도 노인실태조사: 전국노인생활실태 및 복지욕구조사, 313

질병으로 인해 일상생활의 어려움을 겪고 있는 노인이 80% 정도의 비율을 보였다. 여성노인이 남성노인보다 연령이 높을수록, 교육수준이 낮을수록, 가구소득이 낮을수록, 독거노인이 노인부부, 자녀동거 기타 가구보다 평균낙상횟수가 많으며 낙상에 대한 두려움이 높은 것으로 나타났다.

기능 및 간병수발실태를 보면, 노인의 전체운동 능력은 60점대로 하지 운동능력이 상지운동 능력보다 낮은 경향을 나타냈다. 연령이 높을수록 운동능력이 감소하고 남성이 여성보다 운동능력이 높았다. 남성노인보다는 여성노인이 연령이 높을수록 교육수준이나 월 가구 소득이 낮을수록 독거노인이 노인부부 자녀동거, 기타가족 노인보다 기능제한이 있는 노인이 제한이 없는 노인보다 씹기능력이 저하되는 것을 알 수 있었다. 또한 의치를 사용하는 노인과 본인의 기억력이 나쁘다고 생각하는 노인이 전체노인의 절반정도였다.

이렇게 노인들의 유병률이 높고, 질병으로 인한 일상생활의 어려움을 겪는 노인이 많지만 전체노인 중 수발을 받고 있는 노인은 10% 이상으로 주수발자의 80% 이상이 여성이다. 65세 이상이 약 30% 비율로 노인이 노인을 수발하는 비율이 높게 나타나고 있었다. 이러한 결과는 기능상의 제한이 있는 노인들을 위한 장기요양보호서비스 제공체계의 구축이 필요하며 특히 과도한 수발부담을 경감하기 위한 장기요양보호서비스 제공을 확대할 필요가 있다는 것을 보여준다.

자료: justice21.or.kr/blog_photo_tatter/237

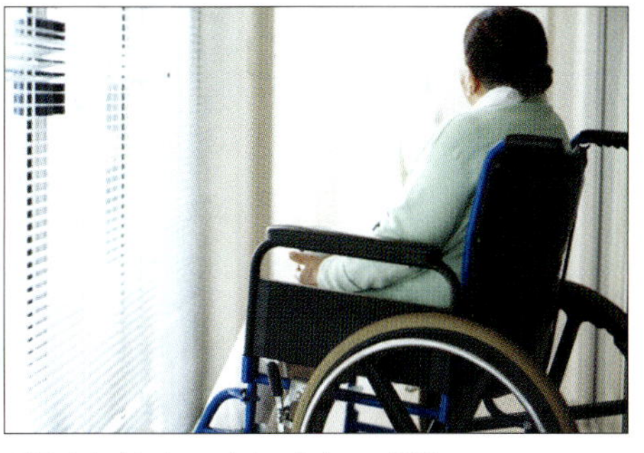

자료: fninside.hyundaicapital.com/390

5. 의료보장제도의 문제점과 정책적 제언

1) 국민건강보험

노인들의 의료비 지출 비중이 증가하고 있지만 실제적으로 노인의 의료보장에 대한 권리는 제대로 이루어지지 못하고 있는 실정이다. 왜냐하면 국민건강보험제도는 의원급의 지료비 중 외래진료의 비용이 낮은 경우에만 할인 혜택을 주고 있으며, 노인 질병의 특성을 고려한 할인혜택이 적어 노인과 가족들의 경제적 특성을 제대로 반영한다고 보기 어렵기 때문이다. 특히 암, 심혈관계, 뇌혈관계 질환 등 중증질환과 만성질환은 상대적으로 비급여가 많아 실질적인 의료보장을 이루고 있지 못하고 있어 노인의 의료비 부담이 가중되고 있다. 이러한 중증질환에 이환되었을 경우 과도한 본인부담으로 인해 가계를 파탄시킬 수도 있는 위험이 노출되기 싶다. 따라서 의료비 부담 한도액과 더불어 노인의 경제적 특성을 고려한 부담 한도액을 설정하는 것이 필요하다(박효진, 2008).

2) 노인장기요양보험

고령화와 핵가족화의 급속한 증가와 더불어 가족부양기능의 약화로 인해 보호가 필요하며 이에 따른 노인복지서비스가 필요한 독거노인과 거동불평 노인은 지속적으로 증가하고 있다. 65세 이상 1인 가구는 2010년 현재 약 백만명에 달하며, 이 중 보호가 필요한 독거노인은 약 18만명으로 추정되고 있다(대한민국정부, 2010:179). 이렇듯 보호가 필요한 독거노인은 2007년 152천명에서 2010년 176천명으로 지속적으로 증가하여 왔다.

그림3-7. 전체 노인 중 독거노인 비율

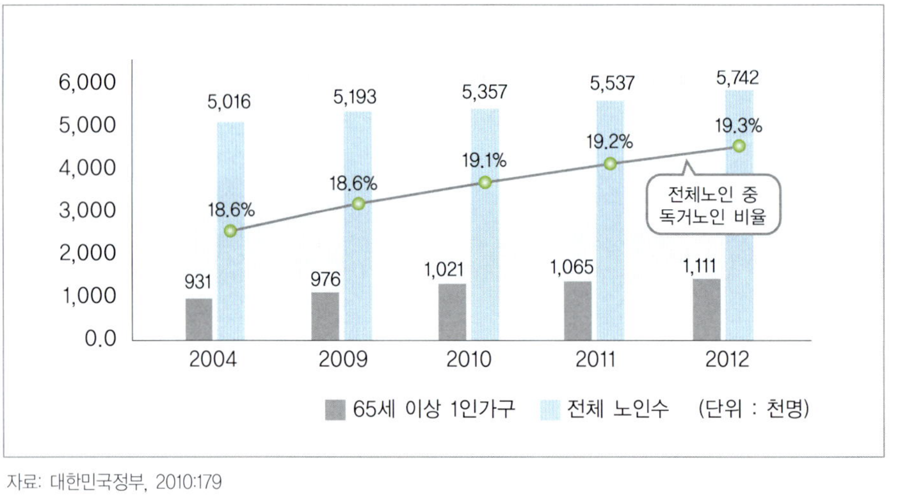

자료: 대한민국정부, 2010:179

그림3-7과 같이 독거노인의 증가추세는 그만큼 이들을 위한 적절한 장기요양서비스로 이어진다. 현재 노인장기요양보험의 서비스로 재가 장기요양 다섯 가지, 시설 장기요양 두 가지에 한정하고 있으며, 서비스를 희망하는 비율에 비해 실제로 이용하는 비율은 매우 적다. 아래 표 5-11을 보면 희망률은 매우 높으나 이용률은 2%를 넘지 않고 있다. 다양한 욕구를 충족시키기에 부족한 프로그램과 그 프로그램의 이용률의 저조는 노인이 마땅히 받아야 할 의료보장 권리를 받지 못하고 있음을 보여준다.

표3-33. 노인의 여가 및 사회활동의 인지율, 이용율 향후 이용희망율

(단위: %)

구분	개별사업	인지율	이용율	이용희망율
요양시설 및 보호서비스	요양시설	78.9	0.6	45.7
	노인전문병원	75.1	0.7	47.8
	노인요양공동생활가정	34.5	0.2	29.6
	주간(야간)보호서비스	35.3	0.4	38.0
	단기보호서비스	31.7	0.3	37.7
	방문요양서비스	56.6	1.6	50.1
	방문간호서비스	55.1	1.4	51.1
	방문목욕서비스	63.3	1.4	43.6
	노인자원봉사서비스	34.1	0.6	36.0

자료: 보건복지부, 2008, 2008년도 노인실태조사: 전국노인생활실태 및 복지욕구조사

스웨덴의 홈헬프서비스를 이용하는 비율(1998년 기준)을 살펴보면 65~74세의 연령층에서는 2.4%, 85~89세의 연령층에서는 24%내외가 홈헬프서비스를 이용하는 것으로 나타났다(Swedish Institute, 2003; 박재간, 손화희, 2005 재인용, p226) 일본의 경우 고령자 특유의 건강 증진에 관한 조사 연구 등을 통해 노인에게 필요한 서비스를 제공하고 있다. 한국 역시 가족보호자 자조활동 지원 및 교육서비스 등의 다양한 예방과 치료서비스를 도입 등 노인의 욕구에 맞는 다양한 프로그램을 개발 및 실시할 필요가 있으며, 그것을 적극적으로 홍보하여 필요한 서비스를 노인들이 이용할 수 있도록 하여야 한다.

노인장기요양보험의 수급자격을 살펴보면 자격조건을 요양등급 1~3등급으로 제한하고 있다. 이러한 수급자격의 제한은 전 국민을 대상으로 하지만 실제적으로 소수를 위한 사회보험이라는 측면에서 모순적이라는 비판이 제기되고 있다. 수급대상의 확대는 정부보조금과 보험료, 본인부담금과 연결되어 있어 재정적으로 고려할 사항이 많다. 일본의 경우 2000년 개호보험 시행 시 경증자까지 포함하여 2006년 재정이 급속히 악화되어 재정개혁을 실시한 전례가 있다. 따라서 지나친 대상자 확대는 오히려 국민의 보험료 부담을 가중시킬 수 있다. 하지만 등급외자에 대한 별도의 보호장치가 없는 경우 이들의 기능상태의 악화를 방치하게 되는 경우가 발생할 수 있으며, 이는 중증자 증가와 함께 장기요양급여대상자 증가에 따른 보험재정 부담으로 이어질 수 있다. 한 측면에서 문제를 해결 할 수 없고 시설 인프라 확충현황, 재정상황, 국민의 보험료 수준 등을 종합적으로 고려하여 대상자를 단계적으로 확대와 함께 등급외자에 대한 지

역보건복지서비스를 이용할 수 있도록 연계서비스를 제공하여야 한다.

마지막으로 노인 단독가구의 형태를 기본형태로 가정하고 재가급여의 모형을 개발할 필요가 있다. 오늘날은 노인을 위한 사회적 서비스는 시설복지서비스에서 재가복지서비스로 전환되는 과정에 있고, 영국 등 선진국에서는 가능하면 입소시설의 신축을 억제하고 통원중심의 지역사회중간시설(community center)과 재가복지서비스 위주로 재편되고 있다(고수현, 2009).

아래 표에서 시설 대 재가서비스 이용률을 비교해보면 재가 서비스가 시설서비스에 비해 33%P 더 높게 나타나며 등급이 낮아질수록 재가서비스를 선호하는 것으로 나타난다. 향후 자녀의 수가 현재의 노인수보다 절반 이하로 감소와 무자녀의 증가, 자녀가 있더라도 고령화로 인해 수발하기 어려운 경우의 증가로 인해 재가서비스의 이용은 더 증가할 것으로 보인다. 하지만 지금현재 노인요양보험제도는 가족과 함께 생활하면서 재가급여를 우선적으로 이용하는 것을 원칙으로 함으로써 가족에게 노인요양에 대한 의무를 요구하고 있다. 위에서 살펴보았듯이 단독가구가 많아질수록 이러한 부담은 결국 노인들이 제대로 된 요양서비스를 받지 못하도록 만드는것과 같다.

표3-34. 시설대 재가서비스의 이용률 비교

(단위: %)

등급	시설서비스이용자	재가서비스이용자	합계
1등급	53.5	46.5	100.0
2등급	56.4	43.6	100.0
3등급	21.0	79.0	100.0
합계	33.5	66.5	100.0

주: 2011. 5월 기준
자료: 국민건강보험공단, 노인장기요양보험 통계월보자료: 이윤경(2011), 백세시대 대응 노인장기요양체계 개선방안 p. 33재인용

한편 재가급여형태로의 전환에 있어서 재가노인복지 방문사나 혹은 시설의 직원, 시설에 거주하는 다른 노인이나 친구에 의해 일어나는 학대나 차별, 인권침해의 문제가 발생한다. 이와 관련하여, 국제인권규범 중 시민 · 정치적 권리규약인 자유권 규약(The Covenants on Civil and Political Rights)의 제 16조 1항에서는 “연령에 민감한”(age-sensitive)한 도움과 지원을 하도록 요구하고 있다. 노인시설에 일어나는 인권침해에 대하여, 고문방지협약위원회는(The Committee against Torture), 국가가 반드시 해야 할 의무조항으로 노인을 돌보는 시설에서 일어나는 모든 형태의 학대나 비인간적인 대우, 인간적 존엄성을 침해하는 모든 형태의 인권침해나 차별을 금지해야 한다는 것을 주문하고 있다(UN, 2010:62).

제3장

노인인권과 사회서비스 보장
(노인의 서비스 받을 권리)

자기방임

노인을 위한 유엔 원칙 중 자립의 원칙에서는 노인의 가족과 지역사회의 지원 및 자조를 통한 적절한 식량, 주거, 의복 및 건강보호 등 전체적인 노인의 삶의 안정을 위한 권리를 명시하고 있다. 마드리드 고령화국제행동계획에서는 노인의 전 생애를 통한 개인계발, 자아실현 및 복지를 위한 권리를 적시하고 있으며, 이를 위한 행동권고로 노인들에게 지속적이고 다양한 보호와 서비스 제공해야 한다는 것을 제시하고 있다.

노인을 위한 사회적 서비스란 노인의 심리사회적 적응, 자아발달을 위한 욕구 충족과 일상생활의 당면문제 해결을 위한 비화폐적 서비스를 말한다(권중돈,2007). 이렇듯 노인을 위한 서비스는 서비스 장소에 따라 가정, 지역사회, 그리고 시설을 기반으로 하는 서비스를 통칭하며, 노인의 건강과 심리, 사회적 생활과 관련된 모든 서비스를 의미한다고 할 수 있다. 이는 다시 사회적 차원의 노후 소득보장이나 노인건강지원서비스, 상담 및 생활지원서비스, 여가 및 사회활동지원서비스로 구분할 수 있다.

앞에서 소득보장과 건강보장에 대한 것은 노인의 인간다운 삶을 위한 소득, 의료라는 특정 분야에 대한 보장에 대한 권리라면 사회서비스 보장은 노인의 전생애에 걸친 전반적인 권리이다. 사회서비스는 노인의 인격권, 경제적 권리, 건강권, 주거권, 문화적권리, 평등권 등 다양한 권리를 포함하고 있기 때문에 매우 중요하다고 할 수 있다.

이 장에서는 상담 및 생활지원서비스와 여가 및 사회활동지원서비스를 중점적으로 관련 제도와 어떻게 노인의 권리가 보장되고 있는지 살펴보도록 하겠다.

1. 노인의 일상생활지원서비스

최근 노인을 대상으로 하는 다양한 상담서비스와 문제예방서비스 등이 강조되고 있으며 일상적인 생활의 도움을 필요로 하는 많은 노인들에 대해 여러 가지 지원서비스도 확충되고 있다. 이러한 상담서비스를 제공하는 대표적인 기관인 치매상담센터와 노인학대예방센터(노인보호전문기관), 그리고 일상생활의 어려움을 겪는 노인들에게 제공하는 지원서비스인 노인무료급식서비스, 도시락배달서비스, 보장구대여서비스, 독거노인생활관리사서비스, 노인자원봉사지원서비스의 인지, 이용경험, 이용희망을 살펴보고, 노인의 일반적 특성에 따라 어떠한 차이가 있는지를 분석하고자 한다.

1) 일상생활지원서비스 종류

(1) 치매상담센터

자료: blog.daum.net/yskim138/15712955

치매상담센터는 치매예방 및 치매 환자관리를 위해 설치된 상담센터로서 60세 이상 노인을 대상으로 주로 치매노인 등록 및 관리, 치매노인과 그 보호자에 대한 상담 및 지원, 치매예방 및 치매노인 간병요령 등에 대한 교육, 재가치매노인 방문, 치매노인의 전문요양시설 입소안내 등을 주요 서비스로 제공하며 구체적인 내용으로는 다음과 같다(2011년 노인보건복지사업안내).

(2) 노인학대예방센터(노인보호전문기관)

자료: 중앙노인보호전문기관 홈페이지(noinboho.or.kr)

노인학대예방센터(노인보호전문기관)는 60세 이상 노인을 대상으로 노인학대예방 및 노인인식개선 등을 통해 노인의 삶의 질을 향상시키고자 하는 시설로, 노인학대의 예방을 위한 홍보, 학대노인 발견, 상담, 보호와 치료 및 입소의뢰, 노인학대에 대한 조사, 학대행위자에 대한 상담 및 교육, 그 밖에 학대받는 노인을 위해 필요한 서비스를 제공해준다(노인복지법 제 39조; 2011 노인보건복지사업안내).

(3) 무료급식서비스

자료: ggholic.tistory.com/204

무료급식서비스는 가정형편이 어렵거나 부득이한 사정으로 식사를 거를 우려가 있는 60세 이상 노인들에게 무료로 급식을 제공해주는 서비스를 말하는데, 경제적으로 어려운 노인들 예를 들어, 기초생활수급대상노인, 차상위계층 노인, 저소득 독거노인의 경우 무료로 서비스가 주어지며 그 외 노인들에게는 실비로 식사가 제공된다(2011년 노인보건복지사업안내).

(4) 도시락배달서비스

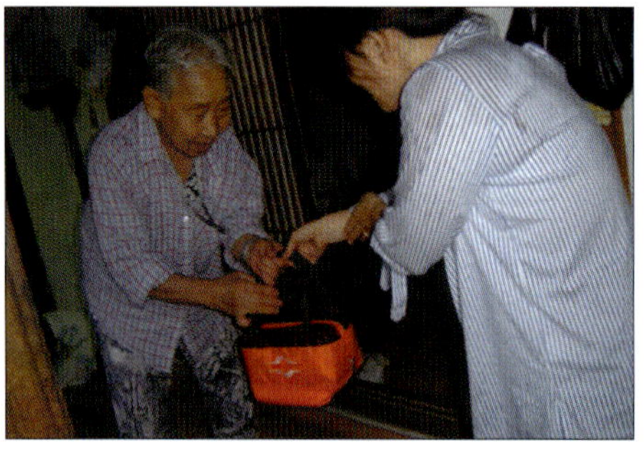

자료: blog.naver.com/PostView.nhn?blogId=naul2&logNo=80119552162&redirect=Dlog&widgetTypeCall=true

도시락배달서비스(식사배달서비스)는 거동이 불편한 저소득층 노인의 가정을 방문하여 식사를 배달해주는 서비스를 말하며, 주로 도시 월평균소득 미만 가구의 노인들 중 결식이 우려되는 노인에게 무료로 급식을 지원하는 사업 중의 하나이다(2011년 노인보건복지사업안내 참조).

(5) 보장구대여서비스

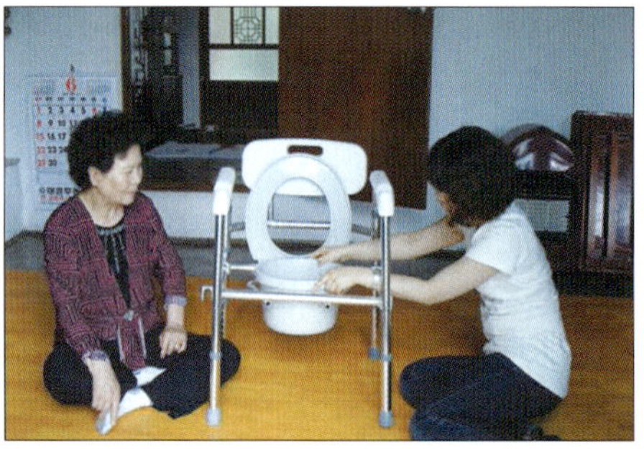

자료: blog.daum.net/wanjunews/16246177

보장구대여서비스란 노인의 일상생활, 신체활동 지원에 필요한 용구를 대여해주는 서비스를 말하며 노인장기요양보험제도의 주요 급여 중 하나이다(노인장기요양보험법 제23조).

(6) 독거노인생활관리사서비스

자료: esportsi.com/bbs/skin/ggambo7002_boardgallery/print.php?id=kyin&no=2772

독거노인생활관리사서비스란 가정을 방문하거나 유선 등을 통해 혼자 생활하는 노인의 안전을 확인하고 생활교육, 서비스 연계 등의 다양한 지원을 제공해주는 서비스를 의미한다. 소득수준이나 부양의무자 유무 등에 상관없이 실제 혼자 살고 있는 65세 이상 노인은 이 서비스를 받을 수 있다(2008년 노인보건복지사업 안내)

(7) 노인자원봉사지원서비스

자료: 노인자원봉사클럽 홈페이지(ksvclub.or.kr)

노인자원봉사지원서비스는 노인의 적극적 사회참여를 유도하고 노인의 인적자원을 사회에 재투자할 수•있도록 노인자원봉사를 활성화하기 위해 제공되는 다양한 지원서비스를 말한다(2008년 노인보건복지사업안내).

2) 일상생활지원서비스 현황

노인에 대한 일상생활지원서비스에서의 노인의 권리는 제대로 보장되고 있다고 할 수 없다. 이는 인지율과 희망률에 비해서 이용률이 매우 낮을 것을 통해서 알 수 있다.

노인을 대상으로 상담 및 예방서비스를 제공하는 치매상담센터와 학대예방센터의 경우 인지율은 각각 52.5%, 37.9%였다(그림 13-1-4). 치매상담센터의 경우 반 수이상의 노인이 인지하고 있었으며, 노인보호전문기관인 노인학대예방센터의 인지율은 치매상담센터에 비해 낮게 나타났다. 한편 노인생활지원서비스 중에서 무료급식서비스에 대한 인지율이 가장 높아서 73.0%의 노인이 이 서비스를 알고 있다고 응답하였으며, 다음이 도시락배달서비스(64.8%), 독거노인생활관리사서비스(37.9%)4), 보장구대여서비스(37.5%), 노인자원봉사지원서비스(34.1%)순이었다. 이를 보면 노인들은 무료급식이나 도시락배달 등 식사관련 지원서비스에 대해서는 인지율이 높으나 그 밖에 보장구대여나 자원봉사를 지원하는 서비스 등에 대해서는 알고 있는 비율이 상대적으로 다소 낮다는 것을 알 수 있다. 치매상담센터와 노인학대예방센터의 서비스에 대해서 노인들의 상당수가 인지하고 있는 반면 이용률은 낮아 각각 0.7%, 0.2%의 노인들이 이러한 서비스를 이용한 경험이 있다고 응답하여 향후 서비스에 대한 보다 적극적인 홍보와 접근성 강화가 필요하다.

한편 생활지원서비스의 이용경험은 상대적으로 높은 편으로 무료급식서비스의 경우 노인의 3.8%가 이용해본 경험이 있다고 응답하였다. 그 외 도시락배달서비스, 독거노인생활관리사서비스, 보장구대여서비스, 노인자원봉사지원서비스 등의 경우 이용경험이 2%미만으로 이는 서비스의 성격에 따라 수급조건이 제한되어 있기 때문으로 추정된다.

결론적으로 일상생활지원서비스에 있어서 노인의 사회서비스 보장을 확대하기 위해 서비스에 대한 홍보와 접근성을 높일 필요가 있으며, 서비스에 따른 수급조건 역시 많은 노인들이 이용할 수 있도록 배려되어야 한다.

표3-35. 노인의 상담 및 생활지원의 인지율, 이용율 향후 이용희망율

(단위: %)

상담 및 생활지원	인지율	이용율	이용희망율
치매상담센터	52.5	0.7	40.2
노인학대 예방센터	37.9	0.2	28.9
노인무료 급식서비스	73.0	3.8	33.8
도시락 배달서비스	64.8	1.4	35.0
보장구대여 서비스	37.5	0.7	45.4
독거노인생활 관리사 서비스	37.9	1.0	38.2
노인자원봉사 지원 서비스	34.1	0.6	36.0

자료: 보건복지부, 2008, 2008년도 노인실태조사: 전국노인생활실태 및 복지욕구조사

2. 노인의 여가 및 사회참여 지원서비스

급속한 산업화로 인한 사회가치와 사회구조의 변화는 노인의 사회 적응력을 떨어뜨리고 경제활동의 기회를 박탈하는 등 노인이 사회적 소외의 대상이 되기도 한다. 노인의 문제는 어느 계층 일부의 문제가 아니다. 얼마 전까지만 해도 노인복지는 저소득층 노인과 건강하지 않은 노인에 대한 복지가 전부인 것처럼 생각해 왔었다. 그러나 산업구조의 변화, 사회가치와 구조의 변화 속에서 노인인구의 급속한 증가를 경험하면서 이전의 선별적이고 일방적인 사회복지 시스템으로는 더 이상 노인이 가지고 있는 다양한 욕구를 해결하는데 한계를 가질 수밖에 없게 되었다. 따라서 건강한 노인과 건강하지 않은 노인, 저소득층 노인과 중산층 이상의 노인들의 서로 다른 복지욕구에 대해 다양하고 전문적이며 개별적인 정책적 접근을 필요로 한다. 이러한 관점에서 노인복지 서비스의 방향도 저소득층노인에서 일반노인을 대상으로 하는 보편적 복지로의 체계 및 인식 전환을 가져오고 있다. 이런 의미에서 노인 여가문화를 활성화 시키는 지원이 필요하다(보건복지부, 2011, 보건복지백서;p212).

노인의 여가와 사회참여는 건강하고 활기찬 노후를 위해 중요한 영역이다. 그럼에도 불구하고 노인의 인권영역에서 소홀히 다루어지는 영역이기도 하다. 사회권규약 제 15조에서는 문화적인 생활에 참여할 수 있는 권리, 과학의 진보와 그 응용에서 오는 혜택을 누릴 수 있는 권리, 예술적 작품에서 생기는 유형과 무형의 이익을 보호받는 데에서 오는 혜택을 누릴 수 있는 권리가 노인을 비롯한 모든 이에게 인정되고 있음을 밝히고 있다. 한편 마드리드 고령화 국제행동계획의 행동을 위한 권고조항에서 사회적, 경제적, 문화적 여가화롱과 자원봉사활동에 참여하는 것은 개인의 복지향상과 유지에 기여

한다는 것을 천명하고 있다(마드리드 고령화국제행동계획).

1) 여가 및 사회참여 지원서비스 종류

(1) 경로당(노인정)

경로당은 지역노인들이 다양한 여가활동을 할 수 있도록 장소를 제공하는 것을 목적으로 하는 시설을 말한다(노인복지법 제 36조). 2010년 기준으로 60,737개소가 있으나 거의 대부분의 경로당에서 시행되고 있는 프로그램이 체개적이고 조직적이지 못하여 노인들에게 별로 도움이 되지 못하기 때문에 정부에서는 노인 복지관과 연계한 경로당활성화 사업을 시행하여 우수 경로당을 선정하여 포상하는 방법으로 경로당 프로그램을 혁신하도록 하고 있다.

자료: inn0.net/workroom/12340

자료: damyang.go.kr

경로당 활성화 프로그램

지역봉사 활동 / 공동작업장 운영 / 노후생활 교육 / 건강운동 활성화 / 노인복지관 연계프로그램

지역자원 활용 ↑ 서비스 연계 · 조정

경로당 운영지원체계 구축

경로당 활성화 협의체 구성 / 시 · 군 · 구 / 경로당 순회 프로그램 관리자 배치

유관기관 · 단체 협력 유도 ↓ 활동평가

경로당 활성화 프로그램

모범경로당 선정 · 포상

자료: 보건복지부(2011), 2011 노인보건복지사업안내

(2) 노인(종합)복지관

자료: 시립용산노인종합복지관

노인(종합)복지관은 60세 이상 노인을 대상으로 노인의 교양, 취미생활 및 사회활동 등을 위한 각종 서비스, 건강증진과 질병예방서비스, 소득보장과 재가복지서비스, 그 밖에 노인의 복지증진을 위한 다양한 서비스를 제공하는 것을 목적으로 하는 시설을 말한다(노인복지법 제 36조).

즉 노인복지관은 지역사회 노인들의 다양한 욕구를 충족시키기 위해 건강, 교육, 자원봉사, 취미, 특기, 스포츠 활동, 레크레이션 같은 다양한 프로그램을 실시하는 회관을 말하며 그 프로그램은 몇 가지에서부터 수십 가지에 이르는 경우도 있다(최성재, 장인협, 2010; p.495-496) 노인복지관이라는 개념은 서구사회, 특히 미국에서 개발되었지만 우리나라처럼 다양하게 체계적으로 서비스를 제공하는 다목적 노인복지관 모델은 세계적으로 찾아보기 어렵다. 일본, 대만, 홍콩, 중국 등에도 다목적 노인복지관이 많이 있지만 우리나라처럼 다양하고 체계적인 서비스를 제공하는 노인복지관은 못된다.

우리나라 노인 복지관 모델

*노인복지관은 미국의 시니어센터(senior center)에서 유래하는 것으로 볼 수 있으며, 이 개념을 일본에서 받아들여 1970년대 노인복지관을 건립하여 지역사회 노인을 위한 다양한 서비스를 제공해왔다.

*우리나라에서는 1980년대 말부터 시 · 군 · 구 단위로 노인복지관을 건립하기 시작했으나1990년대까지는 전국적으로 소수에 불과했다. 2000년대부터 활발하게 건립되어쏙, 특히 2005년부터 중앙정부가 복지관 건립을 지원하기 시작하면서 노인복지관이 크게 늘어났다.

*우리나라 노인복지관에서는 다양한 프로그램(40~50개 이상의 프로그램)을 수행하고 있으며 주로 전문 사회복지사들이 지역사회와 네트워크를 개발하고 다양한 서비스를 기획하여 제공하고 있기 때문에 프로그램의 질도 상당히 높은 편이다. 우리나라의 노인복지관 모델은 미국보다 훨씬 앞서 있다고 할 수 있고 일본보다도 상당히 앞서가는 편이다. 따라서 외국에서 우리나라 노인복지관 모델을 시찰하기 위해 방문하는 경우가 많아지고 있다.

(3) 노인교실

노인교실(노인대학, 노인학교)이란 노인들에게 건전한 취미생활, 건강유지, 소득보장, 기타 일상생활과 관련된 다양한 학습프로그램을 제공해주는 시설을 의미한다(노인복지법 제 36조).

자료: songpa.seouldementia.or.kr

(4) 노인휴양소

노인휴양소란 노인의 휴양과 관련된 위생시설, 여가시설, 기타 편의시설을 단기간 제공하는 것을 목적으로 하는 시설을 말한다(노인복지법 제 36조).

자료: 뉴스제주(2007.12.5.일자)

2) 여가 및 사회참여 지원서비스 실태

여가 및 사회참여 지원서비스에서의 노인의 사회서비스 보장 권리는 제대로 보장된다고 보기 어렵다. 일상생활지원서비스보다는 이용률은 매우 높다고 할 수 있지만 희망률과 인지율에 비해 이용률이 낮기 때문에 노인들의 권리가 제대로 보장되지 못한다고 볼 수 있다.

2008년 노인실태조사에 따르면 노후의 희망활동으로는 근로활동이 37.0%로 가장 높고, 여가나 취미활동 33.1%, 종교활동 29.3%, 자아개발 24.6%, 자원봉사활동 16.0% 순으로 나타나고 있다(보건복지부, 2008). 이와 관련하여 실제로 여가활동의 영역의 1순위는 가족과 함께 하는 일이 52.3%로 가장 높았고, 친구들과의 만남과 회식 18.5%, 신문보기 · 책읽기 · TV 시청과 라디오 청취 10.5%, 종교활동 6.7%, 운동과 등산 및 낚시 2.9%, 국내외 여행 2.5% 등의 순으로 나타났다(보건복지부, 2008).

한편 단체활동 참여의 경우 참여하는 노인은 77.7%(65세 이상 기준 74.5%)이며, 주로 친목단체(59.6%)와 종교단체(45.6%)에 집중되어 나타났다. 자원봉사활동의 경우, 참여경험이 있는 노인은 12.1%(65세 이상 기준 10.2%)이며 향후 자원봉사활동에 참여할 의향이 있는 노인은 15.5%(65세 이상 기준 11.3%)로 조사되었다(보건복지부, 2008). 자원봉사를 희망하는 분야로는 사회복지분야 62.7%, 교통 및 환경분야 17.3%, 보건의료 5.3%, 교육 및 문화예술 5.1% 순으로 보고되었다(보건복지부, 2008).

정부는 이러한 여러 욕구를 가진 노인들이 활기찬 노후생활을 보낼 수 있도록 다양한 여가활동을 지원하여 노인들의 사회활동 참여욕구를 충족시키고 노후생활을 보람있게 보내도록 하고 있다. 지역사회의 대표적인 노인여가복지시설인 경로당은 2010년 말 현재 약 60,737개소가 운영되고 있다. 2006년부터는 경로당을 대상으로 시행되고 있는 다양한 프로그램 및 서비스들이 가능한 모든 경로당에 누락 없이 지원될 수 있도록 지역사회내의 프로그램과 서비스를 연계 · 조정 · 지원할 수 있는 경로당 순회프로그램 관리자 배치를 추진하여 2010년 312명이 활동하고 있다. 노인복지관은 2010년 말 현재 259개소가 설치 · 운영되고 있으나 아직 미설치 지역이 많아 계속적인 시설 신축이 필요성이 대두되고 있다. 2005년부터는 노인복지관 지원사업이 지방이양 사업으로 분류된 이후 행정안전부에서 13개 지역에 노인복지관 신축에 필요한 예산의 일부를 분권교부세 형태로 지원하고 있다. 노인복지관은 다양한 계층의 노인들이 이용하는 만큼 각각의 특성에 적합한 프로그램을 마련하여 운영함으로써 앞으로도 더욱 많은 노인들이 이용할 것으로 기대된다. '노인교실'은 일반적으로 '노인대학', '노인교실', '노인학교' 등의 다양한명칭으로 통용되고 있으며, 2010년 말 현재 전국적으로 1,464개소가 설치 운영되고 있다. 노인복지관, 경로당, 노인교실 등의 노인여가복지시설이 전국적으로 운영되고 있으나 외국에 비해 우리나라의 노인들은 주로 집안 내에서 소극적인 여가활동을 하고 있는 실정이다. 정부에서는 노인들이 창조적이고 적극적으로 여가를 보낼 수 있도록 프로그램을 개발 · 보급하여, 노인복지관을 확충하고, 경로당 운영을 활성화할 수 있는 다각적인 방안을 마련하고자 노력하고 있다(보건복지부 2011, 보건복지백서; p.212-213).

표3-36. 노인여가시설 현황

노인복지시설별(2)	노인복지시설별(3)	2009	2010
		시설수	시설수
노인여가복지시설	소계	61,065	62,469
	노인복지관	237	259
	경로당	59,543	60,737
	노인교실	1,280	1,464
	노인휴양소	5	9

하지만 정부의 이런 노력에도 불구하고 노인들의 여가복지시설을 이용하는 이용률은 매우 낮게 나타나고 있다. 아래 표를 살펴보면 경로당의 인지율은 98.1로 대부분의 노인들이 경로당을 인지하고 57.9%의 인원이 이용을 희망하고 있지만 46.9%로 절반가량의 노인만이 경로당을 이용하고 있으며, 노인복지관과 노인교실의 경우 각각 83.7과 83.1%의 인지율과 38.3%와 34.0%의 이용희망률을 나타내지만 실제 이용율은 14.7%와 11.5%로 매우 낮게 나타난다. 마지막으로 노인휴양소는 인지율과 이용희망율이 34.2%와 30.6%로 노인휴양소를 인지하고 있는 노인의 경우 대부분이 이용을 희망하고 있지만 1.2%만이 실제로 이용하고 있다.

이러한 수치는 먼저, 인지를 하고 이용을 희망하지만 실제 이용률이 낮은 이유는 전반적 노인여가시설의 부족을 의미하는 것이다. 또한 노인휴양소의 경우 그 인지율이 낮음을 통해 서비스의 홍보가 제대로 이루어지지 않음을 말해주고 있다.

표3-37. 노인의 여가 및 사회활동의 인지율, 이용율 향후 이용희망율

(단위: %)

여가 및 사회활동	인지율	이용율	이용희망율
경로당	98.1	46.9	57.9
노인(종합)복지관	83.7	14.7	38.3
노인교실	83.1	11.5	34.0
노인휴양소	34.2	1.2	30.6

자료: 보건복지부, 2008, 2008년도 노인실태조사: 전국노인생활실태 및 복지욕구조사

3. 기타서비스

1) 노인 권익보호

(1) 노인 학대 예방 · 신고 · 조사

노인 복지법 제 39조 5항에서 9항과 가정폭력범죄의 처벌 등에 관한 특례법 제 4조에서 8조, 그리고 가정폭력방지 및 피해자보호 등에 관한 법률 4조에서 8조에 의해 노인보호전문기관을 설치하여 노인 학대 예방에 대한 교육과 홍보를 시행하고 학대 행위자를 신고 · 조사하여 필요한 경우 일시보호조치를 취한다. 노인학대 해결 서비스는 당면문제 해결 서비스도 되는 동시에 노인의 인권과 권익을 옹호하는 서비스도 된다(최성재, 장인협, 2010; p504)

(2) 노인보호전문기관

노인학대 예방, 상담 및 문제해결을 위해 중앙 및 광역자치단체에 노인보호전문기관을 설치하여 노인학대의 예방, 홍보, 신고접수, 현장조사, 응급보호조치와 상담을 실시하고 있으며 2010년 기준으로 23개소가 있다.

노인 학대에 해당하는 사항은 다음과 같다(노인복지법 제39조의9).

노인학대에 해당하는 사항

- 노인의 신체에 폭행을 가하거나 상해를 입히는 행위
- 노인에게 성적 수치심을 주는 성폭행, 성희롱 등의 행위
- 자신의 보호 감독을 받는 노인을 유기하거나 의식주를 포함한 기본적 보호와 치료를 소홀히 하는 방임행위
- 노인에게 구걸을 하게 하거나 노인을 이용하여 구걸하는 행위
- 노인을 위하여 증여 또는 급여된 금품을 그 목적 외의 용도에 사용하는 행위

누구든지 노인학대를 알게 되면 노인보호전문기관이나 수사기관에 신고할 수 있다. 특히 의료기관의 의료인, 노인복지시설의 시설장과 종사자, 장애인 복지시서에서 장애노인에 대한 상담, 훈련, 치료 및 요양을 행하는자, 가정폭력방지 및 피해자 보호 등에 관한 법률에 의한 가정폭력상담소의 상담원 및 가정폭력피해자보호시설의 장 및 종사자, 마지막으로 노인복지 상담원 및 사회복지 전담공무원 등은 노인복지법에 의해 신고할 의무가 있다(최성재, 장인협, 2010; p504).

노인보호전문기관의 업무체계는 다음과 같다.

그림3-8. 노인보호전문기관의 업무체계

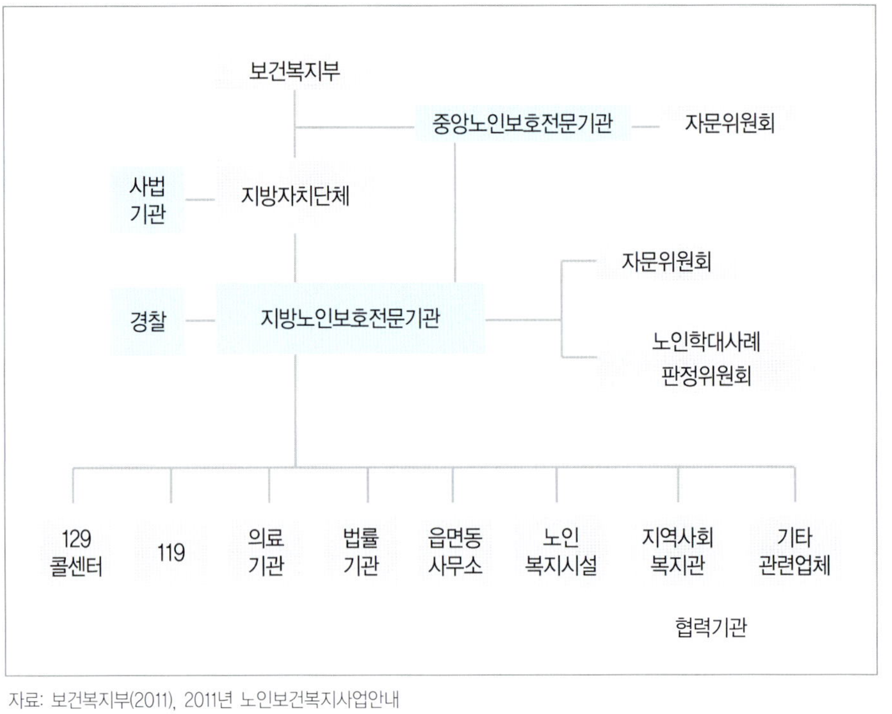

자료: 보건복지부(2011), 2011년 노인보건복지사업안내

중앙 및 시 · 도 노인보호전문기관 설치현황(24개소)
(노인학대상담전용전화 1577-1389 또는 129)

(2010년 12월 말)

구 분	주 소	연 락 처	홈 페 이 지
중앙(서울)	서울 종로구 권농동 126-2번지 삼성빌딩 4층	02)3667-1389	www.noinboho.org
서울특별시	서울 서초구 방배2동 3274-3	02)3472-1389	www.seoul1389.or.kr
부산광역시동부	부산 동구 초량3동 1164-5번지 2층	051)468-8850	www.bs1389.or.kr
부산광역시서부	부산 부산진구 양정2동 260-5	051)867-9119	1389.bulgukto.or.kr
대구광역시	대구 남구 이천동 381-9	053)472-1389	www.dg1389.or.kr
인천광역시	인천 남동구 간석3동 26-3	032)426-8792~4	www.ic1389.or.kr
광주광역시	광주광역시 남구 사동 57-1	062)655-4155~7	www.kj1389.or.kr
대전광역시	대전 유성구 도룡동 385-14 더포엠II 102호	042)472-1389	www.dj1389.org
울산광역시	울산 남구 야음2동 577-6	052)265-1389	www.ulsan1389.or.kr
경기남부	경기 성남시 수정구 산성동 2178	031)736-1389	www.kg1389.or.kr
경기북부	경기 의정부시 의정부1동 226-10	031)821-1461	www.gnnoin.kr
경기서부	경기 부천시 오정구 오정동 192-8 2층	032)683-1389	www.ggw1389.or.kr
강원도	강원 춘천시 후평1동 710-4	033)253-1389	www.1389.or.kr
강원동부	강원 강릉시 포남1동 1162	033)655-1389	www.gd1389.or.kr
충청북도	충북 청주시 흥덕구 신봉동 146-7 충북재활의원 3층	043)259-8120~2	www.cb1389.or.kr
충북북도북부	충북 충주시 지현동 1498	043)846-1380~2	ww.cbb1389.or.kr/
충청남도	충남 아산시 온천동 제일빌딩 1층	041)534-1389	www.cn1389.or.kr
전라북도	전북 전주시 덕진구 진북1동 366-8	063)273-1389	www.jb1389.or.kr
전라남도	전남 순천시 인제동 101-6	061)742-3071	www.jn1389.or.kr
전라남도서부	전남 목포시 상동 970-18	061)281-2391	www.j1389.or.kr
경상북도	경북 포항시 북구 동빈동 69-4	054)248-1389	www.noin1389.or.kr
경북서북부	경북 예천군 예천읍 서본리 3-38 3층	054)655-1389	www.gbnw1389.or.kr
경상남도	경남 창원시 마산합포구 평화동 4-3 금강노인복지관 2층	055)222-1389	www.gn1389.or.kr
제주특별자치도	제주특별자치도 제주시 삼도2동 44-1	064)757-3400	www.jejunoin.org

자료: 보건복지부(2011), 노인보건복지 사업안내 p873

4. 정책적 제언 : 사회서비스의 문제점[13)]

위에서 살펴본 서비스의 종류는 매우 다양하여 각각의 서비스에 대한 문제점과 개선 방안을 살펴보는 것보다 사회복지프로그램의 계획과 분석의 네가지 차원인 급여의 수급자격, 급여의 종류와 수준, 전달체계와 재정방법으로 생각해보도록 하겠다.

1) 급여 수급자격

과거에는 사회서비스는 주로 빈곤층 내지 저소득층을 대상으로 이루어져 왔지만 사회 전체의 소득수준 향상과 사회복지 욕구의 다양화에 따라 점차 서비스 대상이 중산층까지 확대되고 있다. 그러나 전반적 빈곤층과 저소득층에 한정되거나 저소득층 우선인 경우가 많다. 특히 노인의 경우 경제적 사정에 관계없이 더욱 다양한 욕구와 문제가 나타나고 있기 때문에 빈곤층이나 저소득층에 한정하는 것에서 벗어나 서비스 범위를 확대하는 것이 바람직하다.

급여의 대상을 확대하는 것은 국가의 재정능력과 사회복지의 경제 시장화와 맞물려 있어 급속한 확대는 바람직하지 못할 수도 있지만 사회서비스는 노인의 심리사회적 욕구와 문제에 대응하는 서비스인 만큼 삶의 질을 향상하는 데 중요한 요소가 되기 때문에 국가적 차원과 지역사회적 차원에서 서비스 대상을 확대해 나가는 것이 바람직하고 일부 서비스에 관해서는 비용의 일부를 부담하게 하거나 아니면 실버산업 차원에서 시장화 할 수 있는 계획을 수립하여 시행하는 것이 바람직하다.

2) 급여의 종류와 수준

현재 우리나라는 노인들의 공통적인 욕구를 보다 많이 충족시킬 수 있는 서비스가 부족한 실정이다. 특히 노인의 자기발달욕구를 충족시킬 수 있는 서비스와 노인권익보호 등의 서비스가 크게 부족한 편이다. 노인종합복지관이 시 · 군 · 구 단위로 하나 이상 건립되어야 하며, 시 · 군 · 구 단위의 노인종합복지관은 하나 정도 설립하고 경로당 건물을 이용하는 등 소규모 분관을 설치하여 노인들의 참여 기회와 접근서을 높여주는 것이 바람직하다. 즉, 현재 경로당활성화 사업이 시행되고 있지만 아직도 범위가 극히 일부로 제한되어 있어 효과를 제대로 나타내고 있지 못하고 있는데, 노인복지관과 경로당을 묶어 경로당을 노인복지관의 실질적 프로그램 시행 장소로 활용하는 방향으로 나갈 필요가 있다.

13) 최성재, 장인협(2010) 고령화사회의 노인복지학, p509-512 요약정리

3) 전달체계

노인을 위한 서비스 전달체계는 우선 지역사회 중심의 보건복지 통합 서비스, 사례관리 모형으로 발전되어야 할 것이다. 노인의 심리사회적 문제나 욕구의 해결도 보건의료 서비스와 연계되어 있는 경우가 많기 때문에 노인을 위한 지역사회 서비스 전달의 큰 틀은 보건과 복지서비스가 연계 또는 통합되는 개념 속에서 제공될 수 있어야 한다. 이와 더불어 보건복지통합 서비스 전달을 위해 기존의 지역사회 단위 관련 서비스를 재조직하는 것도 병행되어야 한다.

4) 재정방법

사회서비스는 무료에서 일부 유료, 실비 및 이윤을 추구하는 방법으로 다양하게 전달될 수 있다. 보편적으로 제공되는 무료 서비스의 종류가 많아지면 좋겠지만 공적 재정에 한계가 있고 무료 서비스의 남용문제 등도 있는 만큼 서비스 종류별로 그 우선순위에 따라 무료, 일부유료, 실비, 이윤이 추가된 유료로 전달될 수 있도록 중, 장기적 계획을 수립하여 사회서비스 급여 대상자 확대 및 서비스 종류와 연계하여 재정방법을 다양화시켜 나가는 것이 바람직하다.

자료: blog.gm-korea.co.kr/790

제 4 부 노인인권과 다양한 이슈들

고령사회의 문제는 일본을 비롯한 오늘의 한국인 모두가 심각하게 생각해야할 중요한 문제이지만 그것을 강조하는 것과 고령사회의 도래를 미증유의 위기처럼 부각시켜서 국민들의 불안감을 조성하는 일도 경쟁의 도구로 삼는 일로도 진행되서는 안된다고 생각한다. 엄연히 다른 일이다. 또한 다양한 비지니스와 결부시키려는 태도와도 엄격히 다르게 접근해야 할 것이다. 우리에게 필요한 것은 가급적 고령화가 앞선 나라들을 교훈삼아 정확한 지식정보를 바탕으로 냉정한 논의와 판단, 선택을 하는 일이라고 생각한다. 고령자와 가족을 생각하고 그들이 판단하고 선택하는 도움이 되고자 한다. 또한 그들의 인권이 철저히 지켜지는 사회의 구현을 희망한다.

제1장

호스피스[14)]
(존엄성을 갖고 생을 마감할 권리)

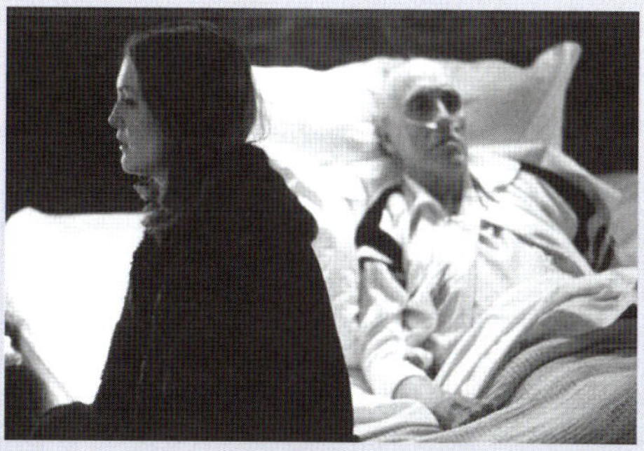

14) 서혜경(2009) 노인죽음학 개론, p.161-194 요약정리

치료되지 않는 암이라고 했을 때 얼마나 당황스러울까? 어떻게 하면 좋을까? 일반적으로 종말기 의료라고 할 경우 말기암 환자에 대한 의료케어를 일컫는 일이 많다. 이것을 '터미날 케어' 라고 말하기도 하지만 실제로 연명을 위한 검사나 치료는 하지 않고 증상이나 고통을 완화하고 심신의 안정을 위한 것만의 의료행위를 하고 있다. 치료의 목적은 환자가 기분 좋고 통증없이 지내는데 있다. 그래서 오늘날에는 '완화케어' 라고 부르고 있다.

암은 사망률 제 1위의 질병이고 나이가 들수록 발현률이 높아지므로 고령자 케어에 완화케어는 중요관점으로 다루어 져야 한다. 현대 호스피스 운동의 창시자인 시시리 손더스(Cicely Saunders) 는 다음과 같이 말하고 있다.

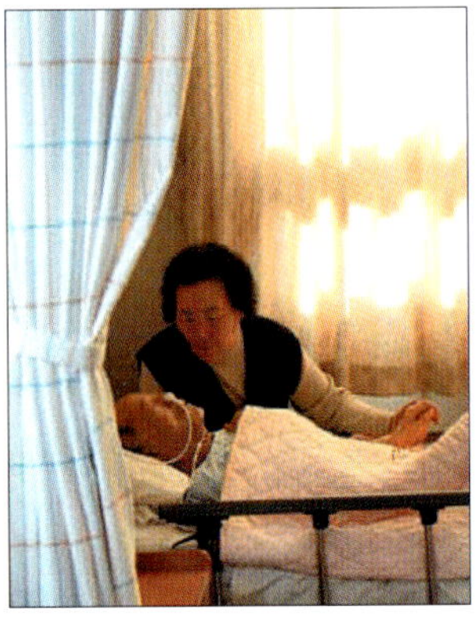

자료: blog.joinsmsn.com

죽어가는 사람들에게는 지역사회의 원조와 연대감이 필요하고 지역사회는 그와 같이 죽어가는 사람들을 통해서 영원에 대해서 생각을 돌리고, 귀를 기울일 수 있다. 우리들이 타인에 대해서 온순하고 진지한 관심과 존경이 마음으로 근접함으로써 영원에 대해서 배울 수 있는 것은 바로 죽어가는 사람들의 덕분이다.

현대 호스피스의 기본이념은 주로 치유될 가능성이 없는 말기암 환자가 사랑으로 충실한 생을 보내기 위해서는 어떻게 하면 좋을까? 라는 철학적인 이념을 바탕으로 하고 있고 이념에 의해 행하는 갖가지 원조나 실천의 모든 것을 호스피스 운동이라고 말한다. 호스피스 운동은 무엇보다 육체적인 통증을 억제하고 죽음에 직면한 사실에 의한 갖가지 문제를 뛰어넘기 위하여 청결한 환경 속에서 환자와 가족에 대해서 의료자와 자원봉사자가 공동으로 신체적 정신적 사회적 영적 고통의 케어를 행하고 지원하는 것이다.

안락한 죽음을 지향하는 호스피스 운동은 한국인의 실정에 맞춰 추진하기 위해서는 우선 죽음에 관한 미신을 해소할 필요가 있다. 죽음에 대한 준비교육이 필요하다. Kübler -Loss는 죽음을 생의 의미심장한 성장을 가져오는 일면으로서 정면에서 파악하려고 했다. 즉, 우리들이 유한하다는 것을 항시 주시하고 자각함으로써 우리들은 이 생을 참되게 살 수 있다. '죽어가는 환자에게서 배운다' 생과 사를 근원적인 곳에서 생각해서 진전시켜 나가야 한다.

시시리 손더스(Cicely Saunders)

1918년생 1967년에 영국서 크리스토피 호스피스를 설립 현대 호스피스의 창시자라고 부르고 있다. 간호사에서 의사가 되고 이후 말기환자에 대한 의료케어에 투신하고 있다.

1. 호스피스의 정의

호스피스의 어원은 라틴어의 호스피탈리스(hospitalas)와 호스피티움(hospitum)에서 기원되었다. 원래 호스피탈리스는 '주인'을 뜻하는 호스페스(hospes)와 '치유하는 병원'을 의미하는 호스피탈(hospital)의 복합어로 주인과 손님 사이의 따뜻한 마음과 그러한 마음을 표현하는 '장소'의 뜻을 지닌 '호스피티움'이라는 어원에서 변천되었다. 오늘날 널리 사용되고 있는 현대적 의미의 호스피스 개념은 영국 여의사 시실리 샌더스에 의해 시작되었다. 웹스터 사전(1972)은의 정의는 '여행자를 위한 숙소 또는 병자, 가난한 사람들을 위한 집'으로 설명하고 있으며, 1978년 미국호스피스협회에서 채택한 정의에 의하면 '임종은 자연스론 삶의 한 과정으로서 모든 사람은 자신의 임종에 참여할 권리가 있다. 호스피스는 임종환자를 위한 것으로 기존 의료체계의 보다 나은 대안이며 의료지식을 포함한 모든 필요 전문 지식을 동원하여 임종환자의 삶의 질을 높게 하여 환자로 하여금 죽음을 부정하게 하는 것이 아니라 임종 시까지의 삶을 확인시킨다. 호스피스는 독립된 전문기관에서 간호사가 중심이 된 종합의료팀이 임종환자 및 그 가족을 위해 지속적인 가정간호와 입원간호를 제공하는 의료프로그램이다. 호스피스는 하루 24시간 중 어느때라도 제공되어야 하면 환자의 진료 및 교육을 위해 모든 사항에 대한 기록을 유지한다.' 즉, 말기환자와 가족에게 입원간호와 가정간호를 연속적으로 제공하는 프로그램으로 정의한다. 스테드맨의학사전(1982)에서는 죽어가는 사람과 가족에 대한 신체적, 심리적, 영적 돌봄의 형태로 지지적인 서비스의 제공에 중점을 둔 프로그램을 실시하는 공공시설이라고 하였다. 호스피스는 돌봄의 공동체로서 정의되기도 하며 인간이 죽기 전에 머물면서 쉬고 생을 정리하고 완성하여 조화를 이루는 작업을 하도록 시간과 공간을 마련하는 것이다. 이처럼 호스피스는 집, 공공시설, 장소, 돌봄, 태도나 프로그램 등으로 다양하게 정의된다.

2. 주요국의 호스피스 발전

호스피스의 태동국이라 할 수 있는 영국을 비롯하여 미국, 일본, 호주, 뉴질랜드, 캐나다, 독일, 싱가폴, 홍콩 등 외국에서는 이미 호스피스가 활발히 시행되고 있다. 대부분의 국가에서 호스피스의 역사는 그다지 오래되지는 않았다. 그러나 호스피스를 제공하는 국가마다 문화적 종교적 상이함에도 불구하고 호스피스의 기본적인 정신과 내용은 동일하다. 사업의 형태는 독립 시설형, 병원형, 요양시설형, 가정방문형 등이며 환자는 말기암, AIDS 등 공통적인 특성을 갖는다. 호스피스가 제도화된 국가에서는 공식적인 의료보험의 급여대상으로 국가의 재정보조가 이루어지고 있다. 진료비 지불방식은 주로 일당 정액제에 의해 본인 부담은 최소한의 수준으로 호스피스 프로그램 내용의 표준화가 이루어져 있다. 또한 의료계와 일반대중에게도 호스피스 교육과 홍보가 이루어져 국가적인 차원에서 지원함으로써 홈케어가 급성장하고 있다.

표4-1. 국가간 호스피스 제도 비교

	영국	미국	일본	한국
도입시기	최초도입: 1905년 본격도입: 1967년	최초도입: 1974년 본격도입: 1982년	최초도입: 1981년 본격도입: 1990년	최초도입: 1965년 본격도입: 1988년
도입배경	*종교단체에 의해 최초도입 *이후 지역당국에서 필요수용에 대응함	*초기는 사회문화적 변화에 의해 확산되었으며 호스피스의 경제성에 의해 제도화됨	*1980년대 노인인구 증가와 암 사망자 급증, 그리고 말기환자 케어의 적정화 등에 의해 구미선진국의 호스피스가 도입됨	*종교단체에 의해 최초 도입되었으며 종교계에 의해 호스피스 협회 결성
사업유형	*독립시설호스피스 *가정호스피스 *주간호스피스 *병원호스피스	*독립시설호스피스 *병원 호스피스 *간호요양시설호스피스 *가정간호	*병원 내 호스피스 병동 *독립 호스피스 병동(병원)	*병원 내 호스피스 *가정호스피스 *독립시설호스피스
주 대상	초기: 결핵환자 현재: 말기만성질환자, 암환자	암호나자	암환자 노인환자	암환자 말기질환자
시설수	*독립시설: 200개 *가정간호팀:384개 (영국의 아일랜드) *데이케어: 220개 *병원호스피스: 250 병원 ※ 1996년 기준	*호스피스프로그램: 3200여개(1998년) *독립시설 40%, 병원 30% 가정호스피스 23% 기타 6%(1994년)	*병원호스피스:42개 *미승인시설: 40개 ※ 1998년 기준	*2008년 한국호스피스협회 등록 기관: 87개
인력	의사, 간호사, 물리치료사, 임파선전문치료사, 사회복지사, 성직자, 공무원, 자원봉사자	의사, 간호사, 사휩고지사, 성직자, 자원봉사자	의사, 간호사, 사회복지사, 성직자, 작업요법사, 물리치료사, 자원봉사자	의사, 간홋, 사회복지사, 성직자, 물리치료사, 자원봉사자
주된재원	*자선, 자체사업 등에 의한 조달 *NHS 보조금 *보험기관	*메디케어 *의료보험 *주재정	*의료보험	*기부금 *종교단체 지원 *기관예산 및 환자 진료비
진료비 지불	*본인무료	*일당정액제(환자일부부담-약제등)	*일당정액제 (식비는 본인부담)	*환자 부담

자료: 한국보건 의료관리연구원, 1998; p7-21(2008년 한국 내용 추가) ; 재인용 서혜경(2010); p170

3. 호스피스 대상자

호스피스 대상은 의사의 진단으로 더 이상 치료가 불가능한 환자와 그의 가족이 포함된다. 임종에 가까운 환자들로써 의식이 또렷하고 의사소통이 가능하며 자신이 호스피스 돌봄의 대상이 된다는 것을 인식해야 하며 환자는 물론 그 가족까지 포함한다. 대상자의 기준은 자신의 죽음을 받아들이는 말기 환자, 말기상태에 있거나 치료 불가능한 질병을 가진 환자로서 주치의나 담당 의사가 추천하는 환자, 동통완화 및 증상관리를 주목적으로 하는 환자, 임종이 6개월 이내로 예견되는 마기 환자, 수술, 항암요법, 방사선 요법 등 다양한 치료방법에도 불구하고 더 이상의 의료적 치료효과를 기대하기 어려운 환자, 또한 간경화증, 만성신부전증, 심장 및 호흡기계통 장애 환자 등 말기의 각종 환자가 광범위하게 포함된다.

4. 호스피스 유형

우리나라에서 현재 호스피스 활동을 하고 있는 호스피스협회에 등록된 기관이나 또는 팀은 약 87개 정도이며 전국적으로 확산되어 있다. 일반적으로 호스피스의 활동 형태는 3가지로 분류된다. 첫째, 기관 내에 호스피스 전용 병동을 별도로 설치하여 호스피스 케어를 제공하는 경우, 둘째, 기관 내에 별도의 호스피스 병동이 존재하지 않고 환자별로 호스피스환자를 지정하여 병상이 산재해 있는 경우, 셋째, 환자의 가정을 방문하여 케어를 제공하는 가정방문형이 있다. 이 세 가지 형태는 기관에 따라 한 가지만 제공되기도 하고 두 가지 방식을 동시에 제공하는 경우도 있다. 두 가지 활동을 겸하는 경우를 고려하면 병상을 갖춘 기관이 가정방문 호스피스 케어도 제공하고 있다.

1) 병원내의 호스피스

병원부속형 호스피스라고도 하며 병원내의 일부 병동에서 호스피스 활동을 하는 것으로 의사 및 간호사가 이미 병동에서 호스피스로 준비된 요원이므로 호스피스 목적하에 환자 및 그 가족을 돌보는 체계이다. 일반적으로 병원에서는 기존 의료시스템을 사용할 수 있으며, 기존 의료인력을 훈련시켜 이용할 수 있고 호스피스 간호사가 소진된 경우 쉽게 인력을 대치시킬 수 있는 장점이 있다. 우리나라에는 가톨릭대학교 의화대학 강남성모병원 16병상, 성가 복지병원 25병상, 부천 성가병원 14병상, 가톨릭대학교 성바오로병원 12병상 등이 있으며 자원봉사자들의 활동이 크게 비중을 차지한다.

2) 산재형 호스피스

병원 내에 각과에 흩어져 있는 호스피스 대상자를 일컫는다. 병원 내에 호스피스 팀이 구성되어 간호를 수행하며 환자들은 주로 내과 병동이나 암 병동에 입원하게 된다. 병상이 남아 있는 경우 빈 병상을 활용할 수 있다는 점이 편리하다. 그러나 다른 환자들과 함께 지내야 되므로 환자가 회복되어 퇴원하는 것을 보는 것이 호스피스 환자에게 심리적 불안을 일으킬 수도 있다. 가톨릭대학교 의과대학 성모병원, 성바오로병원, 의정부 성모병원에서 호스피스과를 별도로 두고 호스피스 팀을 구성하여 실시하고 있으며 대구 가톨릭병원, 부산 가톨릭병원, 목포 성골롬반병원에서는 원목실을 중심으로 활동하고 있다.

3) 가정 호스피스

일정기간을 두고 내원치료를 하면서 가정에서 가정간호를 필요로 하는 환자와 이미 치료를 포기했으나 경제적인 형편으로 인해 가정에서 생활하는 환자의 가정을 호스피스 간호사가 직접 방문하여 간호를 제공하는 것이다. 1617년 영국 성빈센트가 자선수녀회를 설립하여 이를 구체적으로 시행한 것이 오늘날 가정 간호 호스피스의 효시이다. 우리나라에서는 1988년 세브란스암센터에서 가정호스피스 프로그램을 시작하였고 현재 운영되고 있는 가정 호스피스의 대표적인 곳은 서울대교구 가톨릭 사회복지회 가정호스피스, 춘천 성골롬반 호스피스, 광주 성요한의원, 이화여대 가정호스피스, 모현호스피스, 춘전 봄내 호스피스 등이 있다. 이 모델은 병원의 병상 순환을 도우며 의료비를 절약할 수 있어 많이 권장하고 지원되어야 할 모델이다.

4) 독립형 호스피스

별도의 건물을 가지고 호스피스만을 운영하는 것을 의미하며 대부분은 병원에 부속되어 있으면서 독립된 형태로 운영하는 경우가 많다. 강릉의 갈바리 의원과 샘물 호스피스 등이 있다.

5) 기타

데이케어 센터는 환자를 돌보느라 지친 가족들의 휴식을 위해 병원 내 호스피스 팀이 낮 동안 환자를 케어하는 서비스 형태이다.

5. 호스피스 현황

1) 활동인력 현황

한국보건산업진흥원에서 실시한 보고 내용에 의하면 우리나라 호스피스 기관들의 활동 인력은 기본적인 구성원인 의사, 간호사, 사회복지사, 성직자, 자원봉사자, 간호조무사, 약사, 영양사, 의료기사 등으로 구성되어 있다. 대부분의 기관은 호스피스 기본 인력을 갖추지 않은 채 활동하고 잇으며 기관별 각 인력이 한 달 동안 활동하는 시간은 간호사가 가장 많고 다음으로 자원봉사자, 성직자, 의사, 사회복지사의 순이다.

2) 환자현황

환자규모는 기관에 따라 차이가 크다. 기관 당 월 평균 케어 환자 수는 입원의 경우 최소 2명에서 최대 45명까지 돌보고 있으며, 가정방문의 경우 최소 0.5명에서 최대 40명까지 분포한다. 환자의 주된 질환은 93%이상이 암이고, 그 다음으로 순환기계 질환, 사고, AIDS 등의 순이다. 서비스가 종결되는 시점은 사망하거나 임종을 위해 가정으로 귀가 하거나 다른 의료 진료를 받기 위해 타 기관으로 옮긴 경우이다.

3) 재정현황

병원의 호스피스 병동 및 팀을 운영하는 형태에서는 현행 행위별 수가 체계적용하여 환자로부터 진료를 받고 있고, 의원급 의료기관 및 독립시설형으로 운영하는 형태는 대부분 무료로 운영하고 있다. 호스피스 기관들의 운영에 필요한 재원조달 방법은 각종 기부금에 의한 방법, 기관예산 및 환자진료비에 의한 방법, 종교단체 지원에 의한 방법으로 운영되고 있다. 우리나라 호스피스 활동은 주로 종교적 이념에 의한 봉사적 차원에서 이루어지므로 기관의 운영과 관련되는 재정적 문제는 다른 의료서비스에 비해 상대적으로 덜 쟁점화 되어 있다.

4) 시설현황

호스피스 시설로서 호스피스 병동은 1개 병동의 규모로 운영되고 있으며 10~25병상까지 범위가 넓다. 병원 내 호스피스 병동의 경우 기존 일반병동을 호스피스 병동으로 사용하는 경우가 대부분이다. 하지만 호스피스 환자는 일반적으로 간호요구도가 높고 거동이 불편하여 휠체어를 사용해야 하고 일상활동을 위한 개인 사물함 등의 설치가 요구되므로 현재의 병실면적으로는 협소한 편이다. 상담실, 종교실, 자원봉사자실은 모든 기관에 설치되어 있지만 특수 목욕시설, 장애인 화장실, 임종실, 옥외정원등은 전혀 갖추고 있지 못하다.

호스피스가 말기 환자를 대상으로 하므로 1년간 암 사망자 수 5만 여명을 감안하면 현재의 기관으로는 그 필요를 충당하지 못한다고 할 수 있다. 다시 말해 병원 내 호스피스 병동은 대부분 일반 병동을 활용하고 있기 때문에 호스피스 케어의 목적을 충분히 달성하기 어려운 실정이고 적절한 호스피스 서비스를 제공하기에는 전용시설이 미흡하다.

5) 케어현황

3차 진료기관을 비롯한 병원급 의료기관에서는 병상 산재형으로 운영하고 있는데, 호스피스 환자의 경우 의료적 요구는 극히 낮으므로 3차 진료기관 같은 기본비용이 높은 기관은 케어장소로 적합하지 않다. 말기환자가 효과적인 비용으로 호스피스 케어를 받기에는 가정형이나 독립시설형 호스피스가 더 바람직하다. 그런 이유 때문에 미국에서도 가장 크게 성장한 형태가 독립시설형과 가정형 호스피스다.

6. 우리나라 호스피스의 문제점

우리나라의 호스피스의 문제는 먼저 호스피스에 대한 법적, 제도적 지지가 미흡하다는 것이다. 우리나라는 호스피스 활동에 대한 재정적 지원체계가 미흡하고 법적으로 호스피스를 정식으로 인정하는 법과 프로그램이 없다. 그러한 이유 때문에 호스피스가 주로 통증이 심한 말기 암환자가 대상임에도 불구하고 통증완화를 위한 마약사용에서 제제를 받을 수밖에 없다. 현재 우리나라는 통증환화를 위한 국가정책은 있으되 건강보험제도 내에서 제한적인 양의 허용으로 간접적으로 마약사용을 규제하고 있어 말기 환자에게는 접근성이 낮으며, 의사의 교육 부족으로 인하여 통증의 고통에서 해방되지 못하고 있어 말기 케어에 대한 통증환화계획 수립이 필요하다. 또한 말기 환자에 대한 호스피스 서비스의 비용, 효과 분석이 미비하여 호스피스에 대한 적절한 건강보험 수가 및 구준이 마련되어 있지 않아 건강보험의 혜택을 받지 못하고 있다. 한 개인이 호스피스 기관을 설립하려 해도 적용할 적절한 법규가 없는 실정이다. 호스피스 운영은 일반 병동에 비하여 인적자원과 넓은 시설이 필요하기 때문에 의료 원가가 상당히 높아 현행 건강보험 체계로는 충당하기 어렵다. 현행 호스피스 수가는 별다른 기준이 마련되어 있지 않아 일선 기관들은 행위별 수가제를 준용하고 있다. 게다가 완화케어 서비스에서 중요한 환자 및 가족에 대한 포괄적 평가, 사회복지사의 서비스, 가족의 사별관리, 24시간 상담 서비스 등의 서비스 수가가 마련되어 있지 않다. 부족한 재원을 충당하기 위해 유렵의 국가들처럼 기부금이 사회적 관행으로 정착되지 않은 우리나라 실정에서는 호스피스 운영을 위해서 재정적 적자를 감수할 수 밖에 없는 실정이다.

둘째, 공급구조의 비체계성으로 호스피스 기관이 필요에 미치지 못하고 있다. 호스피스는 고도의 치료기술을 요하는 것이 아니라 통증 및 증상조절을 위한 완화의료를 제공하므로 3차 진료기관이 아닌 여타 다른 기관에서도 충분히 관리할 수 있다. 그러나 우리나라는 호스피스 기관 중 3차 진료기관이 차지하는 비율이 25%정도나 된다. 이는 우리나라 1년간 암 사망자수 5만여명을 감안해 볼 때 호스피스기관의 수도 부족한데다 의료자원을 효율적으로 이용하고 있지 못한 비체계성을 보여주고 있다. 또한 3차 의료기관, 가정호스피스 전문기관과의 연계 같은 말기암 환자를 위한 전달체계 확립을 위해 국가의 적극적인 관리 시스템 및 지원체계가 정비되어 있지 않다. 따라서 말기암환자 관리의 질적 향상과 효율적인 연계를 도모하기 위해서는 가장 먼저 정부의 예산지원과 제도적 정비가 절실히 필요하다.

셋째, 호스피스 프로그램이 표준화 되어 있지 않다. 호스피스의 개념이 도입된 지 30년이 지났지만 체계를 갖추지 못하고 있어 각 기관의 자발적 의지에 따라 시혜적인 서비스 활동만을 해왔다. 그러다보니 표준화된 호스피스 프로그램이 아닌 각 기관의 상황이나 형편에 맞게 자의적으로 진행하고 있어 인력이나 구성, 훈련사항, 환자구성, 서비스 내용 및 평가에서 큰 차이를 보이고 있다. 이러한 비표준화는 재정적 어려움으로 이어지고 있다.

넷째, 의료계의 문제점을 들 수 있다. 의사들의 참여가 미흡하기 때문에 대부분 호스피스 기관에서는 환자의 증상을 적절히 조절하지 못하고 간호사들의 노력으로 부분적인 증상조절만을 하고 있는 실정이다. 의사를 제외하고도 호스피스 팀의 구성이 제대로 이루어져 있지 않아 도움을 받을 수 있는 종류가 제한되어 있는 것도 문제이다. 또한 의학교육이 질병을 치료하여 인간의 수명을 연장하는 방향으로 향해 있기 때문에 대부분의 대학에서는 완치되지 못하는 질환을 가진 환자들의 고통을 어떻게 도울 수 있는지에 대한 체계적인 교육을 하고 있지 않다. 더불어 윤리적 문제로 무의미한 치료중단과 안락사에 대한 사회적 합의가 이뤄지지 않아 의료기술에 집착하는 것이 의학적 구분과 윤리적인 판단사이에 갈등을 주고 있다.

다섯째, 호스피스에 대한 올바른 지식과 정보가 대중에게 잘 알려져 있지 않다. 대중들은 호스피스에 대해 잘 알지 못하고 있으며, 알고 있다해도 종교적 차원에서 곧 죽음을 맞이할 환자를 수용하는 시설정도로 생각하고 있다. 한편으로는 환자나 그 가족이 호스피스에 도움을 받고자 해도 적절히 도움을 받을 수 있는 호스피스를 찾기가 쉽지 않다. 이러한 현실에서는 호스피스 운영을 위한 기금을 모금하거나 제도화를 위한 여론 형성이 어렵다.

7. 우리나라 호스피스의 당면과제

호스피스 대상자의 권리는 보장되고 이러한 권리를 보장하기 위해 호스피스 프로그램이 사회에서 수용될 수 있도록 지속적이면서도 체계적인 노력이 필요하다. 노력과 함께 다음과 같은 과제를 해결해야 한다.

호스피스 대상자의 권리

1. 인간의 존엄성을 존중받을 권리
2. 서비스 내용 및 비용에 대해 알 권리
3. 서비스를 계획하고 변경하는 과정에 참여할 권리
4. 서비스를 선택하거나 혹은 거부할 권리
5. 환자 개인의 요구에 적합한 서비스를 제공받고 서비스 과정에서 기록과정에 대한 비밀을 보장받을 권리
6. 환자 자신의 의무기록을 제공받을 권리
7. 담당의사에 의한 완화치료 목적인 경우를 제외하고는 어떠한 물리적 화학적 구속을 당하지 않을 권리
8. 편지, 전화 및 개인적 방문에 의한 타인과의 연락을 방해받지 않을 권리
9. 호스피스 직원에 의한 활동이나 업무태만으로 인해 정신적, 신체적 피해를 당하지 않고 서비스에 대해 불만을 표현할 권리
10. 환자와 가족의 입장을 대변할 가족 1인을 임명하거나 가족 이외의 대리인을 1인을 임명할 권리

첫째, 한국인의 죽음관 및 임종에 대한 이해가 외국의 죽음관과는 다르므로 우리 문화와 사회, 그리고 전통에 맞는 새로운 호스피스 서비스를 연구, 개발해야 한다. 호스피스는 사회적 요구로 하나의 개념이며 사회적 운동으로 이 운동을 효율적으로 이루어지게 하기 위해서는 국가와 사회의 모든 기관의 도움과 대중의 호스피스에 대한 이해가 있어야만 한다. 이를 위해서는 무엇보다 우리나라 호스피스에 대한 현황이 잘 분석되어야만 우리의 문화적, 종교적, 사회적 전통과 현실에 맞는 호스피스 프로그램을 개발할 수 있을 것이다.

둘째, 부족한 사업인력 확보를 위해 관련 전문단체의 참여를 통한 호스피스 교육과정이 개설되어 교육이 실시되어야 한다. 특히 우리나라는 호스피스 의사의 적극적인 참여를 유도하기 위해 가정의학 전공의 수련과정에 호스피스 교육프로그램을 개설하고 의과대학에서는 완화교육을 정규 교과과정으로 하여 의료인 교육 및 홍보를 하여 의료인의 적극적인 참여와 인식의 변화를 유도하는 것이 필요하다. 또 호스피스 팀원을 전문적으로 훈련시킬 수 있는 기관도 양성되어야 하겠다.

셋째, 아직까지는 호스피스를 위한 관련법이나 제도가 없는 상황이다. 그래서 호스

피스 관련 기관 운영비 마련이 시급하며 이를 위해 호스피스사업 지원기관을 국가에서 선정하여 지원하고는 있으나 체계적이고 장기적인 국가관리 시스템 및 지원체계의 정비가 필요하다. 그리고 사업설치를 확보하기 위해 가정 중심이나 독립시설 호스피스 개설이 시급하므로 사회복지법인의 형태로 제도화하는 것도 남은 과제이다. 또한 완화케어에서 빼놓을 수 없는 것이 통증관리인데 이를 위한 마약법 개정이 반드시 필요하다. 그리고 호스피스의 특성상 통증을 포함한 말기 환자의 육체적 증상들을 적극적으로 해결하는 동시에 환자가 영적, 사회적, 경제적, 문화적, 정신적 문제들을 포괄적으로 해결해야 하므로 의학적 측면과 사회복지적 측면을 모두 가지게 된다. 이에 적절한 법적 뒷받침을 위해서는 의료적 측면은 의료법으로 사회복지적 측면은 사회복지법의 테두리에서 해결되는 것이 타당하다. 어느 한쪽의 법만 가지고 양쪽 측면을 해결하기에는 적합하지 않은 점이 있으므로 두 가지 모두를 포괄하여 발전하는 것이 바람직 할 것이다.

넷째, 지금까지는 사회에서 호스피스에 대한 사회적 합의를 이끌어 내지 못했다. 이러한 합의에 도달하기까지는 많은 방법과 많은 시간을 요하지만 가장 먼저 할 수 있는 일이 죽음준비교육일 것이다. 죽음준비교육을 건강, 간호, 복지, 심리 등의 관련 대학 교과과정에 필수과목으로 다루고 평생교육차원에서 대중에게 교육시키는 것이 필요하다.

다섯째, 호스피스를 활용할 수 있는 재원의 한계로 인해 체계화된 서비스로 정착되기 어려운 문제를 해결하기 위해서는 의료보험 급여 대상에 호스피스 서비스를 포함시키는 것이 가장 합리적인 방안이므로 이를 제도화 시키는 일이 남은 과제이다.

소망을 담은 어르신 봄빛 여행

제2장

노인인권과 안락사[15)]
(품위있게 죽을 권리)

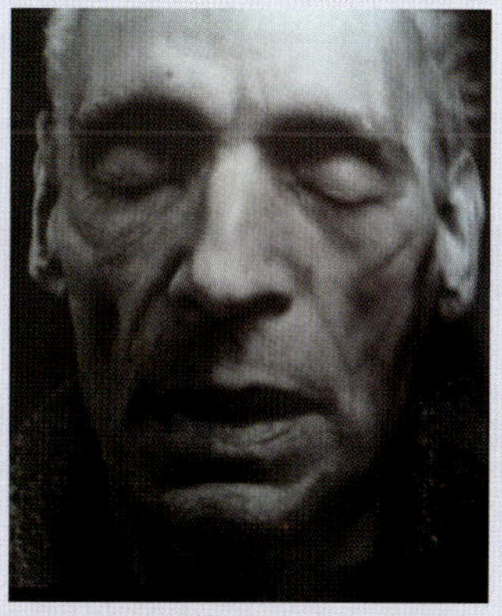

15) 서혜경(2009) 노인죽음학 개론, p.195-219 요약정리

사람의 죽음을 인위적으로 빠르게 하는 안락사가 허용될 수 있을까? 사람은 언제까지나 계속 살아 있기를 바라고 불로장생의 약을 탐구하며 의학은 날로 진보하고 있다. 그러나 장수에 의한 노화는 아직 피할 수 없고 사람의 종말로서의 죽음은 모든 사람에게 찾아온다. 죽음은 이 세상과의 이별을 의미하고 될 수 있으면 생각하고 싶지 않다. 그러나 회복불가능병상에서 참기 어려운 고통이 거듭 엄습해오면 그 고통을 해방시킬 수 있는 방법에 대해 생각을 한다.

본인이 고통에서 벗어나기 위하여 진심에서 죽음을 선택할 경우에 그 의사를 존중하는 방법을 인정한 것이 네덜란드다. 네덜란드 국민이 이 제도를 받아들인 배경에는 한편에는 비용부담의 걱정을 줄이고 충분한 연명치료를 받을 수 있다는 실적이 있기 때문이다.

현재의 의학은 죽음에 기운 환자라도 생명유지장치를 장착하면 조금이라도 늘릴 수 있다. 관점을 바꾸면 생명유지장치에 의해서 살림을 당하고 있는 것이다. 이 상태에서 의식이 회복되는 일은 없고 생물학적으로는 다만 인위적으로 호흡하고 심장이 작동하고 있을 뿐이라고 할 수 있다. 따라서 말기의료의 방법도 검토할 필요가 생겼다.

최근에는 자기결정권 행위로서 최후 의사결정서를 작성하는 사람도 나오고 있다. 법원은 죽음의 자기결정권에 대해서 다음과 같이 정리하고 있다.

우선 이미 죽음에 직면하고 있는 사람의 죽음에 이르는 과정에 대해서는 선택권이 인정되지만 아직 죽음에 직면하지 않은 사람에 대해서는 죽을 권리는 인정되지 않는다. 낫지 않은 증상이라 할지라도 너무 빨리 의료의 중지를 인정하는 것은 생명경시의 일반 풍조를 가져올 위험이 있기 때문이다. 자살자체는 아니지만 죽여달라는 부탁을 받고 사람을 죽이는 것은 범죄이고 자살을 도와주는 범죄가 된다는 것에서 이해할 수 있으리라 생각한다.

그래서 법원에서는 치료행위의 중지(소극적 안락사)가 인정되는 요건으로서 다음과 같이 3가지 점을 지적하고 있다.

① 환자가 치료불가능한 질병에 걸려서 회복 가망이 없고 죽음을 피할 수 없는 상태에 있을 것
② 치료행위의 중지를 요구하는 환자의 의사표시가 있고 그것이 죽음을 피할 수 없는 상태에 있을 것
③ 중지의 시기 등에 관해서는 사기(환자)가 어느정도 절박해하고 있는가? 그 조치를 중지함으로써 사기에 어떠한 영향을 미치는가? 를 생각하여 자연사를 맞아하게 한다는 목적에 따라서 결정할 것

무엇보다 주의할 것은 여기서 결코 편안하게 죽게 해주고 싶다고 말한 가족의 기분

이 배려되는 것은 아니라는 것이다. 즉, 자연의 흐름 속에서 죽음을 맞이하는 것과 달리 선택의 결과로서 죽음을 택할 경우에는 그 배경에 '산다는 것은 이러한 것이 아니면 안 된다' 고 하는 전제로 한 후에 그렇지 않은 이상 삶을 살 의미가 없다고 판단해서는 안 되는 것이다.

또한 현재는 출생 전 진단에 의해 태아의 성별을 바탕으로 그러한 일이 일정한 확률로 예상되는 경우는 임신중절 할 수 있다는 사고방식이 있어서 산부인과의 현장에서는 이미 실천하고 있다 사람이 살아가기 위해서 무엇이 필요한가? 사회에 도움이 되는 사람밖에 살 수 없는 것일까? 산다는 것의 가치에 대해서 안이한 생각은 위험하다는 사실에 입각하여 죽음에 직면한 환자에 대해서 신중하게 관여할 필요가 있다.

한편 우리사회도 인간의 수명연장기술 발달로 인해 무의미한 연명치료가 늘어나고 있다. 이처럼 인간의 수명은 연장될 수 있지만 그것이 과연 누구를 위한 생명연장인지 그 누구도 답할 수 없는 답답한 상황에 놓이게 된다. 이러한 가운데 자신의 죽음을 존엄하게 맞이하고 싶어 하는 사람들의 움직임이 고개를 들고 있으나 아직까지도 현행법상에는 이를 뒷받침할 법이 부재하다. 이제 우리 사회에서도 안락사 대한 국민합의의 명확한 이해와 정의가 있어야 하겠으며, 시간은 걸리겠지만 이에 맞는 현실적인 법 제정도 있어야 할 것이다. 여기서는 안락사의 정의와 유형 그리고 이슈들에 대해서 살펴봄으로써 안락사에 대한 이해를 높이고자 한다.

1. 안락사의 정의

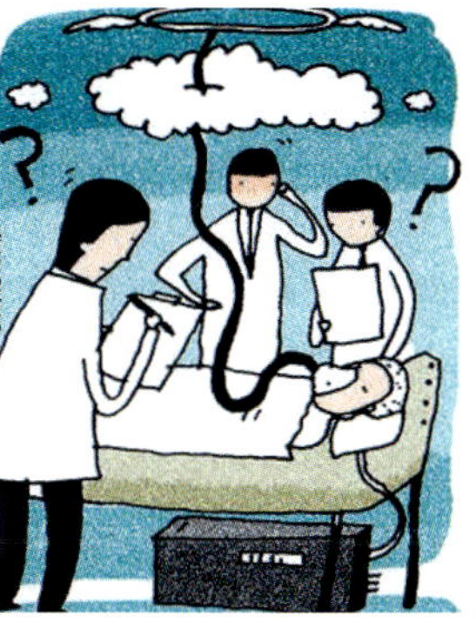

자료: ask.nate.com/qna/view.html?n=8955887

희망이 없는 질병이나 정신적으로 소생이 불가능한 환자들에게 얼마나 오랫동안 인위적인 수단과 방법을 사용해야 하는가 하는 '죽을 권리' 와 관련된 것이 안락사이다. 안락사는 여러 가지로 정의될 수 있는데, 먼저 옥스퍼드영어사전에는 '조용하고 편안한 죽음을 야기하는 행위' 라 정의하고 있으며, 웹스터 새국제사전에는 '치유될 수 없는 상황이나 질병으로 커다란 고통이나 어려움을 안고 있는 사람을 아무런 고통을 주지 않고 죽여주는 행위나 관행' 이라 하였다. 구영모(1996)에 의하면 안락사는 살아날 가망이 없는 환자나 통증으로 무척 괴로워 할 때 독물이나 기타의 방법으로 빨리 죽음을 맞이하도록 도와주거나, 의식을 잃고 인공호흡장치로 겨우 목숨을 이어가는 식물인간과 뇌사로 판명된 사람에게 인공호흡기를 제거함으로써 고통 없이 죽음을 맞이할 수 있도록 해 주는 것이다. 또한 북미에서는 안락사를 '관리되는 죽음' 이라 표현하기도 하며 형법적 의미에서는 안락사는 '죽음에 임박한 환자의 극심한 고통을 제거하기 위하여 환자의 생명을 단절하는 행위' 를 말한다.

2. 안락사의 유형

안락사의 유형은 안락사의 개념에 따라, 생명체의 의사에 따라, 시행자의 해우이(방법)에 따라, 생존의 윤리성에 따라 여러 유형으로 나눌 수 있으며, 대표적으로 시행자의 행위에 따라 다음과 같이 나눌 수 있다.

시행자에 행위에 따른 안락사의 유형은 크게 '소극적 안락사'와 적극적 안락사'로 분류된다. 이는 다시 시술방법에 따라 적극적 안락사를 직접적 안락사와 간접적 안락사로 나눌 수 있다. 영 · 미권에서는 통상 안락사라고 하면 적극적 안락사를 의미하는 경우가 많고, 소극적 안락사는 생명연장치료의 중단이라고 하여 별도의 개념을 사용하는 경향이 강하다. 의사에 의한 자살조력은 자살교사방조의 영역에 속한다고 할 수 있으나, 안락사논의에서 함께 논의되고 있으면 윤리적으로 구분하기 어렵다.

1) 적극적 안락사(Active Euthanasia : 자의적 안락사)

적극적 안락사란 전혀 가망이 없거나 식물인간 상태인 환자의 생명을 의사가 환자의 호소를 받아들여 약물이나 의료기구를 의도적으로 끊어 환자를 죽게 하는 행위를 말한다. 즉, 본인 또는 주위의 사람들이 환자가 사망하도록 능동적으로 조치를 취하는 것이며, 환자의 생명을 책임지고 있는 의사 등이 적절한 상황이나 시기를 판단하면 죽도록 해준다. 또한 본인의 허락을 받지 않고 신체적, 정신적 고통이 너무 크고 회복의 가능성이 없다는 판단에 따른 자비로운 살인이다.

이는 다시 적극적 행위를 하므로써 생명을 단절시키는 직접적 안락사와 고통제거의 목적으로 행하나 간접적으로 생명을 단축하는 간접적 안락사로 나눌 수 있다. 적극적 안락사의 방법에는 몇 가지 형태가 있다.

*환자 자신이 의사나 가족의 도움을 받아 스스로 생명을 끊는 경우(대개 병원 밖에서 일어난다.)
*환자의 생명을 책임지고 있는 의사 등이 적절한 상황이나 시기가 되었다고 판단하면 죽도록 해주는 경우(이는 환자가 미리 유언장에 이러한 상황에 놓일 때 자신의 생명을 끊어 줄 것을 허락하고 부탁한 경우이다.)
*본인의 허락을 받지 않고 신체적, 정신적 고통이 너무 크고 회복의 가능성이 전혀 없을 때에 자비로운 살인을 하게 되는 경우

2) 소극적 안락사(Passive Euthanasia)

소극적 안락사란 생명을 유지하기 위한 강제적인 수단을 사용하지 않고 생명연장조치를 중단하여 자연적으로 환자가 죽게 두는 것이다. 이는 의학적으로 회생 가능성이

없는 환자나 가족 등의 대리인이 생명유지치료를 비롯한 진료의 중단이나 퇴원을 요구하는 경우 의사가 이 요구를 받아들이는 것을 말한다.

3) 자의적 · 타의적 안락사

환자의 의식의 유무와 정신적으로 능력의 여부로 안락사가 나눠지는데 정신적 능력이 있고 의식이 있는 경우에는 소극적이든 적극적이든 안락사를 요구하거나 동의할 수가 있는데 이를 자의적 안락사라 하며, 혼수상태에 있는 환자의 경우에서처럼 자신의 안락사 여부를 승낙할 수 없을 경우에 이루어지는 타의적 안락사가 있다.

3. 안락사 논쟁

불치병을 가진 환자는 고통과 괴로움이 커갈수록, 혼수상태에 있어 기계에 의존해서 생명을 유지하게 되는데, 이처럼 죽을 권리인 안락사의 문제는 이러한 상황에서 생명을 언제까지 유지시켜야 하는 가에 대한 문제에서 발생한다. 이러한 안락사는 개인의 죽음을 관리하겠다는 점에서 다양한 윤리적 문제를 발생시켰다. 최근 2008년 12월 영국의 한 방송사가 안락사를 선택한 환자의 마지막 모습을 담은 다큐멘터리를 제작하여 전역에 방송하여 죽음을 선택할 권리에 대한 이슈가 뜨겁게 떠올랐었다. 이에 대한 시청자들은 사람은 '자신의 죽음을 선택할 권리 있다'는 주장과 '조력자살은 결국 자살을 방조하는 행위이다'라는 반발로 의견이 대립되었다. 두 입장의 구체적인 주장에 대해 살펴보자.

표4-2. 안락사 찬반론

찬성	반대
*존엄하게 죽을 권리가 있음 *헌법상 사생활권에는 존엄한 죽음도 포함됨 *동정심: 고통을 겪는 환자와 가족에게 자비를 베푸는 행동임 *경제적 논리: 환자, 가족, 사호의 경제적 부담을 덜어줌 *안락사는 당연히 해야 할 자비로운 행동임	*비합리적 접근: 말기환자를 안락사로 접근하는 것은 문제의 근본적 해결이라기보다 파괴하려는 접근 *살인할 수 있는 도덕적 권리란 존재하지 않음. 헌법은 살인할 권리를 부여하고 있지 않음 *법적 악용 가능성: 미끄러운 경사실 *다른 제도로의 대체 가능: 호스핏, 완화케어 *인간은 동물이 아님

1) 안락사 찬성

안락사의 합법화를 주장하는 입장은 불치병으로 고통받는 환자에게 계속되는 치료를 하는 것은 고통을 연장시키는 것이며, 환자의 가족들에게는 정신적 경제적 부담을 주는 일이므로 환자의 고통을 빨리 종식시키는 것이 자비로운 행위이며, 이것은 자신의 삶과 죽음을 스스로 통제할 권리와 존엄성을 각자가 가지고 있다는 것이다. 또한 대부분 안락사 찬성자들은 가족계획에서 정당화되는 출생의 제한이나 죽음의 제한 모두 논리적이고 윤리적인 차원에서 똑같이 취급되어야 한다고 주장한다.(Fletcher, 1974). 이러한 안락사 합법화를 주장하는 대표적인 인물로 미국의 안락사 시술자인 케보키안(Jack Kevorkian)이 있다. 1990년 알쯔하이머 병 환자를 안락사시킨 것을 시작으로 130명을 안락사시켰으며, 자신의 환자 가운데 한 사람을 직접 주사기를 통해 독약을 주입하여 살인하는 장면을 전 미국에 방영함으로써 안락사 문제를 본격적으로 터뜨렸다. 그가 시행한 안락사 대상자들의 질병은 악성 종양, 다발성 경화증, 루게릭병, 심장질환 및 폐질환, 기타 근육 및 신경질환자등이다. 그는 이들 질병을 앓고 있는 환자들은 참을 수 있 없는 극심한 고통으로 서서히 죽어가고 있기에 그들을 자비롭게 하는 것이 그들을 돕는 것이라는 입장이다.

2) 안락사 반대

안락사를 반대하는 입장은 어떤 이유에서든지 생명은 인위적으로 끊어 버릴 수 없으며 만약 안락사를 허락하게 되면 수많은 생명이 죽게 되는 비윤리적인 일들이 발생할 것이고 이것은 생명을 경시하는 풍조를 낳을 것이라 주장한다. 특히 노인과 관련하여 안락사를 허용할 경우 만성질환자, 노인성치매환자 등에게 비인도적인 처사가 발생할 가능성이 있음을 지적하고 있다(Kieffer, 1979). 하지만 의사를 비롯한 의료전문가들은 적극적인 행동을 통해 환자를 죽게 해서는 안되지만, 특별히 절망적인 어떤 경우에는 환자에 대하여 아무런 조치를 취하지 않음으로써 사망하도록 할 수 있다고 주장한다(Baer, 1978). 안락사를 반대하는 이유는 종교적으로 생명의 주인은 하나님이라는 생각과 안락사를 자살의 한 형태로 보아 인간의 생명을 우리의 필요에 따라 마음대로 할 권리가 없다는 것이다. 또한 안락사를 원한다는 것이 죽음 자체를 원한다는 의미가 아니라 고통스런 죽음의 과정과 가족들과 사회에 부담되고 싶지 않은 이유 때문으로 완화케어와 호스피스를 통해서 해결이 가능하다. 또한 안락사가 허용된다면 환자를 보호해줘야 할 가족들이 경제적 이유로 환자를 보호해 주지 않을 수도 있어 가족관계를 파괴시킬 수도 있다. 이것은 더 나아가 사회적으로 도움이 안 된다고 여겨지는 사람들(정신적 장애인, 노인, 빈곤층 등)을 제거하는 수단으로 사용되어 사회적으로 악용될 소지가 있으며, 의사를 환자의 생명을 죽이는 사람으로 여기게 되어 환자가 의사를 믿고 자신을 맡길 수 없게 된다는 주장이다.

표4-3. 각국의 안락사에 대한 입장

국가	각국의 입장
미국	*40여개 주에서 소극적 안락사만 인정 *오리건주 존엄사법 시행(1997), 나머지 주는 불법
네델란드	*안락사법 시행(2002)
스위스	*환자 본인이 치사약물을 사용할 수 있게 하는 법안이 있음 *소극적 안락사 지원단체가 합법적으로 운영되고 있음
대만	*무의미한 연명치료 중단 허용(2000)
벨기에	*안락사법 시행(2002)
일본	*안락사 허용안함 *법률제정 단계까지 오지 않았으나, 법원판례에 따라 소극적 안락사는 관행적으로 인정 *2007년 소극적 안락사 허용
호주	*세계최초의 안락사 법(1996)이 제안, 관습상 인정
프랑스	*안락사 허용안함. 단 존엄사 선택권리를 보장하는 법 제정
독일	*안락사 허용안함
한국	*안락사 허용안함 *2008년 11월 최초의 존엄사 인정

4. 안락사의 과제

안락사에 대한 각국의 상황과 입장은 생명이 절대적으로 보호되어야 한다는 가치와 환자의 자기결정권이 상충되는 일이기에 매우 조심스러운 입장을 취하고 있다. 또한 이는 안락사가 허용되었을 때 나타날 수 있는 안락사 남용의 문제, 사회적, 경제적 약자의 보호 문제가 등장할 수 있음을 예견할 수 있다. 따라서 인간의 존엄성과 생명중시, 인도주의적 관점이 견지되는 범위에서 안락사 남용의 위험과 경제적 약자의 열악한 지위와 의료보험제도의 취약성, 환자의 고통경감대책과 호스피스제도의 미진함 등 현실적인 문제도 함께 고려되지 않으면 안 될 것이다. 수동적인 안락사, 적극적인 안락사 모두 유언 법률제정에서 부분적으로 거론될 복잡한 도덕적, 법적 의문점을 야기하고 있다. 헌법적으로 죽을 권리는 없다고 명시되어 있지만 세상은 점점 더 많은 법률적 결정으로 요구하고 있다.

언어폭력

노인인권과 안전 제3장
(안전하게 살 권리)

노인안전

비교적 건강하던 노인들도 사고를 당하면 회복이 지연될 뿐만 아니라 신체의 퇴행과 노화가 촉진되어 활동과 생활에 불편을 겪게된다. 사고는 노년기 사망의 4번째 원인이며 사고로 인한 자기능력의 변화, 고통, 재원 기간의 연장, 의료비용 증가 그리고 삶의 질 저하는 심각한 사회문제로 인식되어지고 있다(이선자 1996, 김소선외, 1999).

노인은 신체적 약화로 인해 가벼운 사고에도 치명적인 결과를 초래할 수 있으며 사고후 회복에도 상당한 어려움이 따른다는 점에서 노인안전사고는 건강한 노후를 보내는데 매우 위험한 요소이며 이를 사전에 예방하는 노력이 필요하다. 신체적 반응속도가 떨어지는 노인들을 위한 교통안전대책 등 사회 각 분야에서 노인을 보호할 수 있는 제도마련이 필요하다.

우리나라 65세 이상 노인인구는 2011년 현재 554만명으로 전체인구의 11%를 넘어섰다. 우리나라 65세 이상 노인교통사고 사망자수는 인구 10만명당 34.6명으로 OECD 회원국 평균 8.7명보다 네 배나 많았다.

노인안전사고는 실내외에서 다양하게 일어날 수 있는데 주로 언급되는 것이 낙상으로 인한 사고와 교통사고이다. 낙상은 노인의 6대 사망원인으로 인한 골절과 교통사고이다. 낙상은 노인의 6대 사고원인중 하나일 만큼 노인의 안전을 위협하는 심각한 요인이다.

낙상을 경험한 75세 이상 노인의 24%는 심각한 손상을 입는 것으로 나타났다. 특히 노인인구에서 많은 뇌졸중 환자의 낙상을 자세히 살펴보면 집안에서 넘어진 경우가 58.3% 로 가장 많았으며 특히 33.3가 자신의 방안에서 넘어져 가장 안전하다고 생각하는 방이나 집에서 의외로 안전사고가 빈번히 발생한다. (한국일보)

고령화 사회로 이미 진입한 우리나라의 경우 다른 외국의 경우에 비추어 볼 때 노인과 관련된 안전사고의 사회경제적 비용이 급격하게 증가할 것이며 노인 개개인의 삶의 질에도 큰 영향을 미칠 것으로 생각된다. 노인 개개인의 삶의 질에도 큰 영향을 미칠 것으로 생각된다.

그러나 노인과 안전에 대한 사회적 인식은 아직 미미한 단계에 머물러 있으며 따라서 사고에 대처하고 예방하는데에 있어서도 미흡한 실정이다.

1. 안전사고 발생요인

안전사고란 간단한 찰과상, 타박상, 날카로운 물체에 베인 상처 등에서부터 교통사고, 화상, 감전, 익수, 추락 등 안전과 관련된 부상으로 인하여 신체적, 정신적, 경제적 고통이나 불편감을 초래하여 치료를 필요로 하는 모든 사고를 말한다(김소선 외, 1999 재인용).

노년기에서 발생하는 대부분의 사고는 노년기의 특성을 고려하지 않은 환경조성과 사고예방에 대한 무관심이나 지식결여에서 기인하는 것이라고 할 수 있다(김소선 등, 1999). 따라서 실내 · 외에서 발생 가능한 안전사고의 위험과 그에 따른 예방대책에 대해 살펴보고자 한다.

1) 실내

고령자의 사고는 여러 곳에서 발생하지만 가정 내 사고가 가장 많이 차지한다. 가정 내에서의 사고는 ① 일상적 생활을 하는 침실과 거실, ② 욕실 및 화장실, ③ 부엌으로 구분할 수 있다.

(1) 침실 및 거실에서의 사고 위험요소

침실에서의 사고는 침대를 사용하는 경우 이불이 흘러내려 그것을 바로 잡으려다 떨어지거나 야간에 화장실에 가려고 전기 스위치를 찾다가 무엇에 걸려 넘어지거나 한다. 추울 때는 난로와 전기장판을 사용하다가 화상을 입는 경우도 있다. 이렇게 침실에서 위험한 상황이 일어날 수 있는 원인은 크게 두 가지로 나누어 볼 수 있다. 첫 번째는 노인 자신의 부주의함에 의한 것이다. 즉 자기 전에 수면제나 안정제를 복용한 경우 멍해지거나 정신적으로 부작용이 생길 수 있고 다리가 휘청거리기도 한다. 이런 상황은 곧바로 사고로 이어지기 쉬운 것이다. 두 번째는 주위환경에 의한 것이다. 바닥재가 미끄러지거나 걸리기 쉬운 경우 또 조명이 희미한 경우 등에 낙상이 발생하기 쉽다. 또 한여름에 에어컨이 싫어서 그냥 더운 채로 땀을 흘리면서 생활하는 경우가 종종 있는데 자신의 탈수징후를 알아채지 못하고 있다가 몸이 상하기도 한다. 반대로 겨울에 땀이 날 정도로 난방을 하여 실내공기가 건조하거나 땀을 그대로 둘 경우 감기에 걸리기 쉽다.

거실은 가정 내에서 가장 많은 시간을 보내는 곳이고 가장 안전한 장소인 것 같이 생각되지만 신체기능의 저하에 의해 평평한 바닥에서도 넘어지는 사고를 일으키기 쉽다. 마루에는 종종 전기코드가 있거나 방석 등이 있고 신문이나 잡지가 방치되어 있기도 하지만 고령자의 보행시 발가락 끝은 바닥에서 평균 1.5cm 밖에 올라가지 않는다는 보고도 있다. 즉, 약간의 문턱에도 걸릴 가능성이 많으며 카페트의 귀퉁이가 약간만 접어져 있어도 걸려서 넘어지는 일이 발생될 수 있다.

(2) 욕실 및 화장실에서의 사고 위험요소

욕실이 추우면 혈압이 올라가서 뇌졸중의 발작을 일으킬 위험이 크다. 그때 욕조에 떨어져서 익수하는 일이 종종 있다. 또 타일의 바닥에서 미끄러지거나 욕조가 높아서 몸의 중심을 잃고 넘어지는 경우가 많다. 또한 온수와 냉수가 따로 된 수도꼭지를 잘못 사용해서 화상을 입는 일도 있다. 특히 겨울에는 추운 탈의실이나 욕실과 뜨거운 탕의 온도차에 의하여 혈압상승의 정도가 커져 뇌출혈의 위험이 높아진다. 목욕 중에 수면을 취하는 경우도 혈압의 변화에 따르는 의식불명의 상태일 수도 있다. 그리고 높은 욕탕의 온도와 목까지 잠기는 욕조의 수위는 익사의 위험이 있으며 음주 후의 목욕은 특히 매우 위험 하다.

화장실에서 휘청거릴 때 손잡이가 없어서 넘어지거나 겨울철에는 뇌졸중의 발작을 일으켜 넘어지는 일도 있다. 또 문이 잠겨 있으면 곧바로 구출하지 못하는 일도 있다. 그리고 고령자는 신장기능의 저하로 야간의 배뇨 횟수가 많아져 화장실을 자주 가게 된다. 특히 겨울밤에는 안방(침실)에서 나와 추운 복도를 거치기 때문에 온도차가 많이 나서 혈압이 상승되는 일이 종종 있다. 이른바 뇌출혈이나 협심증을 일으키는 요인이 되는 것이다.

(3) 부엌에서의 위험요소

조리대가 키에 맞지 않거나 주변이 어둡거나 하면 칼로 손가락을 베는 일이 종종 있다. 가스대나 조리기구 등의 조작이 복잡하기 때문에 잘못 사용하면 가스 잠그는 일을 잊거나 냄비가 넘쳐서 불이 꺼지고 이어 가스누출을 일으킬 우려가 있다. 높은 곳에 용기 등을 두면 그것을 내리고 발판에 올라서서 무리해서 팔을 뻗다가 넘어지거나 떨어지는 물건에 다치는 일도 있다. 냉장고 등에 물건을 제대로 정리가 안 되면 열다가 물건이 떨어져서 발이나 발톱 등을 찍히는 일 등이 일어난다. 또 주방은 불과 칼 등 위험물을 사용해서 조리하는 작업을 하는 장소이므로 불이나 열탕에 의한 화상, 칼 등에 의한 상해위험이 늘 있다.

2) 실외

노인들은 외부활동을 하기에 신체적 기능의 저하로 인해 사고의 발생위험이 크다. 외부활동 중 위험요소는 ① 교통사고, ② 운동 중 사고, ③ 기타로 구분된다.

(1) 교통사고 관련 위험요소

노인의 사회적 활동의 증가와 신체적 기능의 저하, 안전시설의 미비 등에 따른 노인 교통사고가 더욱 심각하리라 생각된다.

노화가 진행됨에 따라 시력과 청력이 급격히 저하되는 노인은 신호정보를 포함한 복잡하고 다양한 정보들 가운데서 필요한 정보를 신속히 선별하는 능력이나 정보를 정확히 판단하는 능력이 쇠퇴해 있다(Kirchner, 1958).

일본교통안전교육보급협회(1979)의 조사에 의하면 보행속도는 5미터를 가는 데 걸리는 시간은 60세가 넘으면 급격히 증가하며 여성노인인 경우 청년의 두 배의 시간이 걸린다. 일본교통안전교육보급협회(1993)에서 조사한 노인들의 보행행동의 특징과 문제점을 살펴보면 다음과 같다. 첫째, 노인들은 보행능력이 현저하게 저하되며, 둘째, 평형유지기능의 저하로 인해 보행방법이 크게 영향을 받아 보행 중에 휴식할 때가 많은데 주변상황을 고려하지 않고 아무 곳에서나 멈추는 경우가 많다. 셋째, 자동차가 접근해도 반응을 보이지 않는 경우가 많다. 특히 후방에서 접근하는 차에 대해서 반응을 보이지 않는 경우가 많다. 넷째, 노인은 시작한 행동을 도중에 중단할 수가 없다. 즉, 횡단을 시작한 후에는 자동차가 접근해도, 적색신호가 되어도, 열차가 접근해도 횡단을 멈출 수 없다. 이러한 노인의 위험한 행동에는 첫째, 교통에 관한 지식의 결여, 둘째, 위험감각의 결여, 셋째, 위험예측능력의 저하, 넷째, 평형감각의 혼란 등의 요인이 있다.

(2) 운동시 존재하는 위험요소

운동이 지나치면 통증이 오는데 작은 통증이라도 무시하고 계속 운동하면 치료기간이 길어지고 후유증이 남을 수 있다. 통증은 국소적으로 운동량이 많은 소위 과사용증후군에서 나타나는 증상이다. 운동이 너무 지나쳐서 전신적으로 피로하여 나타나는 과훈련증후군의 증상이 나타난다.신체적으로는 다리가 무겁고 관절과 근육이 뻣뻣하고 지속적인 통증이 있다. 식욕이 떨어지고 체중이 감소한다. 목과 겨드랑이 부분의 임파선이 붓고 미열이 있으며 감기증상이나 편도선이 부어 있다. 변비나 설사가 있고 심한 경우 여성에게는 생리가 중단된다. 정신적으로는 신경이 예민하여 말다툼을 하거나 우울증에 빠진다. 스스로 긴장을 풀지 못하고 우왕좌왕 불안해한다. 이유도 없는데 두통을 호소하고 불면증에 빠지면 꿈을 자주 꾸며 식은땀을 흘리는 등의 증상을 나타낸다.

운동을 중단하고 의사의 진찰을 받아야 하는 경우를 살펴보면 다음과 같다.

가슴이 아프거나 죄이는 듯할 때, 너무 숨이 차거나 숨을 쉴 수 없을 때, 메스꺼울 때, 근육조절이 안 되어 팔다리가 말을 듣지 않을 때, 부상 후 심한 통증이 있을 때, 3주 이상이 되어도 치료가 안 되는 모든 외상, 넘어지거나 떨어지거나 과격을 당했든지 삐었든지 다친 후 통증이 3일 이상 지속되는 경우, 열이 있고 임파선이 붓는 피부의 염증이 있을 때 등이다.

(3) 기타 : 물건 들 때, 계단

고령자의 신체기능 저하로서 지적하는 증세 중에는 운동에 영향을 주는 신체적 변화로 골격, 근육, 관절, 신경의 변화를 들고 있다.

갑자기 무거운 물건을 들어올릴 때는 허리를 다치며 들어올린 물건을 놓쳤을 때 발위에 떨어뜨려 다치는 경우도 많다. 또 준비운동을 하지 않은 채 운동을 하게 되면 삐걱거리거나 허리를 다치는 경우가 많다. 몸 비틀기를 필요로 하는 동작에 있어 일반적으로 급격히 돌아눕기를 할 때, 갑자기 몸의 위치를 바꿀 때 등에도 허리를 다치는 경우가 종종 있다. 방마다 문턱이 있다 보면 걸리거나 발이 올라가지 않아서 잘못 디뎌 넘어지는 경우도 있고, 동작이 느려 문을 개폐할 때 손가락을 끼어 다치는 일도 종종 있다. 계단이 있는 곳에서는 계단의 폭이나 단이 좁고 급경사여서 어둡고 보이지 않는 상황에서는 걸리거나 헛디뎌서 머리를 다치거나 손발이 골절되거나 아킬레스건이 절단되기도 한다. 따라서 노년기 주 건강문제인 만성 퇴행성질환과 노인안전사고에 대비한 건강증진과 예방적 접근은 노년기의 일상생활 능력의 향상뿐만 아니라 의료비 절감을 위한 비용효과 면에서도 중요하며, 구체적인 연구결과를 바탕으로 한 예방프로그램을 실정에 맞게 적용 · 운용해야 한다.

노인은 기력이 저하되면 그동안 익숙하던 환경이 장애물로 부각되면서 노인의 기본적 욕구충족이 어려워지고 지역사회로부터 점점 소외되게 되어 환경의 재구성이나 자신의 행동수정에 대한 기회를 얻지 못하여 사고나 질병발생의 결과까지 낳을 수 있다. 그러므로 노인의 건강관리를 위하여 가장 효과적이고 인도주의적인 접근방법으로 1차 보건의료에 근거한 질병예방과 건강증진이 강화되어야 한다.

김진순(1994)은 최적의 건강수준을 통한 질적인 삶을 위하여 노년기에 발생할 수 있는 예방가능한 장애요인을 파악한 후 이 요인들을 어느 수준까지 예방할 수 있는가를 아는 것이 필요하다고 하였다. 미국은 1987년 질병관리센터 내에서 상해사고의 예방, 교육, 연구를 위한 종합적인 대책기구가 설립되어 상해로 인한 위험과 예방 및 사후조치를 위해 국가수준의 연구가 진행되고 있다(이선자, 1996). Plautz, Beck, Selma, Radatsky(1996)는 가정에서 발생하는 사고에 대해 예방프로그램을 실시한 다음 6개월 후의 사고 발생률을 조사한 결과 사고율이 60% 정도 감소되었다고 하였다.

2. 노인안전사고 발생실태

노인의 안전사고에 대한 연구들을 살펴보면 가장 큰 위험은 낙상과 교통사고라고 보고되고 있다.

Clemson, Cumming, Roland(1996)는 65세 이상 노인의 약 30%가 1년에 한 번 이상 낙상경험이 있고 그중 가장 많은 피해가 골절이라고 하였다. 골절의 위험요인으로는 계단, 매트 등의 요인에 의한 골절이 가장 많다고 하였다.

낙상 다음으로 빈번한 안전사고는 교통사고인 것으로 보고되는데, 김경옥(1995)의 연구에 따르면 나이가 많을수록 도로 횡단사고 발생이 증가하는 것으로 나타났으며, 노인의 교통사고 사망비율은 전체 교통사고 치사율보다 두 배 정도 높았고 특히 여성의 경우가 남성보다 더 높은 것으로 나타났다.

집안에서의 사고는 부엌 · 방 · 계단 순이었다. 사고원인은 넘어짐이 53.17%로 가장 많았다.

한편 2012년 노인실태조사에 의하면 전체노인 중 21%가 2010년에 낙상을 경험하였으며 75.7%가 평소 낙상에 대한 두려움을 갖고 있는 것으로 나타났다.

3. 정책적 제언

현재 우리나라에서 노인의 안전사고를 예방하기 위한 정책은 노인보호구역[16] 지정 외에 전무하다고 할 수 있다. 실내 · 외에서의 위험과 예방을 위한 교육을 간헐적으로 실시하지만 의무적인 것이 아니며 교육현황에 대한 구체적인 자료조차 파악되지 못하고 있는 실정이다. 안전사고를 예방하기 위해서 위의 예방대책에 대한 교육이 시급하다. 따라서 각 지역마다 노인의 안전을 위협하는 위험요소와 예방에 대한 교육을 의무화하고

16) 도로교통법(12조의 2)에 의하여 교통사고 위험으로부터 노인을 보호하기 위하여 필요하다고 인정하는 때는 노인복지시설 중 행정안전부령이 정하는 시설의 주변도로 가운데 일정한 구간을 노인보호구역으로 지정하여 통행을 제한하거나 금하는 등 필요한 조치를 할 수 있다.

그 내용을 체계화하여 사전에 노인의 위험에 노출될 수 있는 기회를 줄여야 한다.

한편 외국에서는 노인에게 맞는 집을 디자인해주는 회사가 있다. 수납장의 문은 조그마한 힘으로도 쉽게 열수 있게 해주었으며 그리고 그 안에 조명을 달아 줌으로써 눈이 침침한 노인들을 배려하였다. 뿐만 아니라 오래 서있기 힘든 노인을 위해 샤워 부스 안에 앉아서 쉴 수 있는 의자를 마련하였다. 서울대 의대 교수팀(2006)이 발표한 자료에 따르면 65세 노인의 안전사고중 대부분이 주택 내에서 발생한다고 발표하였다. 따라서 노인을 위한 집을 의무화하는 것, 즉 Barier Free의 Universal Design은 안전사고를 예방하는데 중요한 의미를 지닐 것으로 생각된다.

제4장

노인인권과 소비자 보호[17] (노인소비자로서 보호를 받을 권리)

소비자 교실

17) 장준오(2009) 한국형사정책연구 77호, p.215-251; 보건복지부(2008), 노인소비자권익보호대책 요약 정리

1. 소비자보호 실태

급증한 인구고령화와 더불어 노인을 대상으로 한 피해도 증가하고 있다. 특히 효도관광, 공연 및 사은품 등을 미끼로 노인을 유인하여 허위광고, 강매, 폭리 등으로 인한 노인 피해자가 급증하고 있다. 아래 표를 살펴보면 65세 노인 중 절반이 무료관광, 당첨, 공연 및 사은품 등을 미끼로 판매목적을 은닉하고 접근하는 불법, 부당 판매행위를 경험하였다(보건복지부, 2008).

표4-4. 65세 노인 중 불법 · 부당 판매행위 접촉경험 비율

판매 유형		접촉경험 있음(%)	접촉경험 없음(%)	계(%)
전화통화를 통한 판매행위	경품당첨 빙자	31.1	68.9	100
	공공기관 사칭	13.2	86.8	100
	설문조사 빙자	9.8	90.2	100
행사참여를 통한 판매행위	홍보관 및 체험관 빙자	11.3	88.7	100
	강연회 빙자	7.8	92.2	100
	효도관광 빙자	10.3	89.7	100
	경로잔치 빙자	3.9	96.1	100
공무원 사칭 방문판매행위		5.4	94.6	100
전 체		49.4	50.6	100

※ 노인 대상 불법 · 부당 판매행위 경험기간 : '07.1.1~'08.5.20
자료 : 노인 대상 불법 · 부당 판매행위 관련 이용 및 피해실태조사(65세 이상 노인 1000명 대상), '08.5월

더욱 심각한 것은 이러한 제품을 구매한 노인 중 47.5%가 제품에 불만이 있었으며, 품질 및 교환, 환불에 어려움을 겪었다. 구매제품에 대한 불만사항으로는 '가격에 비해 품질이 낮음' 이 90.4%로 가장 높았고, 다음으로 '환불이 안 됨' 39.1%,, '제품교환이 안 됨' 36.7%, '교환, 환불, 수리 절차가 복잡함' 31.8% 순으로 높았다.

그림4-1. 구매 제품 불만 여부 및 불만사항

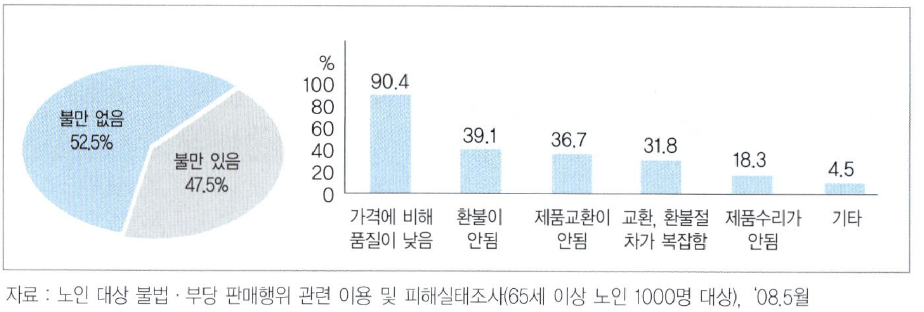

자료 : 노인 대상 불법 · 부당 판매행위 관련 이용 및 피해실태조사(65세 이상 노인 1000명 대상), '08.5월

피해자들에 대한 구제에 대해서 살펴보면, 노인 소비 피해자들은 경찰서, 공정위, 소비자원, 자율분쟁조정위원회 등에 신고하여 피해를 구제받을 수 있다. 하지만 실제 신고하는 노인이 드물고, 노인들은 신고처에 대한 인지도가 낮았다. 노인 대상의 불법·부당 판매행위를 통해 구매한 제품에 대해 불만이 있는 노인 중 97.3%가 신고하지 않았으며, 미신고 이유로는 '어느 곳에 신고해야 할지 몰라서(38.5%)'가 가장 높게 나타났으며, 구매물품에 대한 불만 사항 신고처를 인지하고 있는 노인(전체 노인의 21.2%)은 소수에 불과했다.

그림4-2. 불법, 부당 판매행위 관련 이용 및 피해 실태

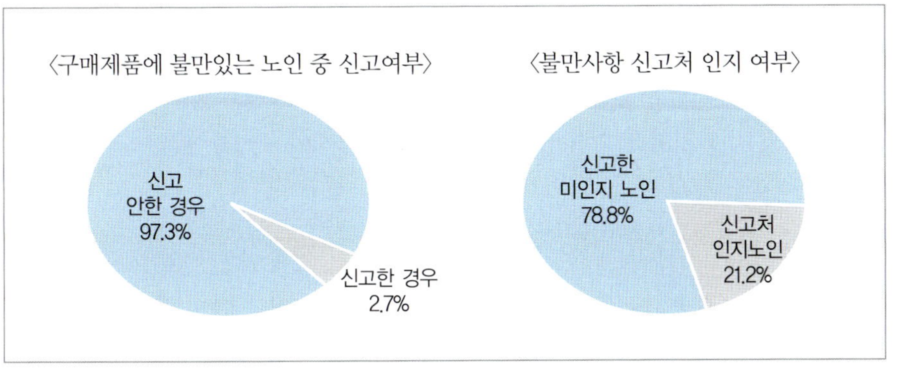

자료 : 노인 대상 불법·부당 판매행위 관련 이용 및 피해실태조사(65세 이상 노인 1000명 대상), '08.5월

한편 판매자가 1~3개월 단위로 이동하거나 일회적으로 방문하여 판매하는 등 기존의 판매유형과는 다른 양상을 보여 기존의 법적 규제로는 대응이 어려움이 있다. 전국적으로 노인 대상 홍보관이 수천~1만개에 이르는 것으로 추정되고 있으나, 노인 대상 홍보관 등은 미신고업체가 많고 몇 개월 주기로 이동 영업하여 그 영업실태를 파악하기가 매우 어렵다. 관련 법률은 대부분 선언적 규정에 그치고 있고, 방문판매의 경우만 금지행위 및 벌칙을 규정하고 있어 법적 규제가 매우 미흡하다.「노인복지법」및「소비자기본법」등은 노인복지증진 시책 및 노인 등 취약계층에 대한 우선적 보호시책 강구, 위해예방조치 등을 규정하고 있으나 선언적 규정에 그치며,「방문판매등에 관한 법률」은 허위광고 및 기만적인 방법을 사용하여 소비자를 유인 또는 거래하거나 청약철회 또는 해지를 방해하는 행위 등을 금지하고 이에 대한 벌칙을 규정하지만 3개월 이상 영업을 하는 경우에는 동 법의 규율을 받지 않게 되어 청약철회 및 벌칙 적용 등이 어려운 실정이다.

2. 피해자의 특징

샤아프(Sharpe, 2003)는 사기꾼들이 노인에게서 나타나는 신체적, 정신적, 사회적 특성을 이용하여 사기범죄를 저지르고 있다고 주장한다. 노인들이 당하는 사기범죄피해의 특징은 다음과 같다.

1) 신뢰

노인들은 '남에게 베푼 만큼 돌려받는다' 라는 생활의 습관 때문에 남에게 친절하게 대하며 모르는 사람도 쉽게 믿는 경향이 있다(Sharpe, 2003:11). 또한, 많은 노인들은 잘못된 정보를 가지고도 남을 쉽게 믿는 경향이 있다. 예를 들어, 아주 잘 차려입고, 이야기도 잘 하고, 친절한 젊은 사람들은 남녀를 가리지 않고 믿고 있다. 노인에게 좋다는 건강식품 판매 사기를 보면 상당수의 노인들은 자신이 사기를 당했다고 생각하지 않고 있다. 오히려, 예의바르고 자신들을 이해해주는 젊은이들을 도와줬다고 생각하고 있다.

2) 접근성

노인들은 은퇴하였거나 신체적 문제 때문에 집안에 남아있을 가능성이 다른 연령층에 비해 상대적으로 높으며, 이로 인해 전화판매나 방문판매를 통한 사기에 노출될 가능성이 높다.

3) 소외와 고독

노인들은 가족이나 친척 혹은 지인들의 방문이 잦지 않고 홀로 있는 시간이 많기 때문에 사람들과의 접촉을 그리워한다. 그래서 전화를 하거나 방문하는 사람이 있으면 긴 시간동안 대화하는 것을 즐기게 된다. 특히 배우자를 사별한 경우나 가족으로부터 소외당한 경우에 자신들의 이야기를 들어주는 것만으로도 노인들은 상대방에게 호감을 보이게 된다. 이때 방문판매나 전화판매를 하게 되면 상당수의 노인들이 판매사기에 넘어가게 된다. 이들 노인들은 사기를 당하더라도 누구에게 하소연하거나 상의할 수 있는 상대가 별로 없거나 거의 없기 때문에 사기범죄자들에게는 아주 적합한 범죄대상자가 되고 있다.

4) 신체 및 정신건강의 약화

나이가 듦에 따라 신체적 고통이 증가하게 되고 이를 들어 줄 가족이나 친지 혹은 지인이 줄어들게 됨에 따라 이를 받아들여 주는 건강증진 사기나 의료행위 사기가 노인들을 대상으로 빈번히 나타나게 된다. 노인들의 건강을 대상으로 하는 사기행각은 대상이 손쉽게 당할 뿐 아니라 수익성도 다른 판매사기와 비교할 때 상대적으로 높기 때문에 사기범죄자들이 선호하는 행위이기도 하다.

5) 재산

나이가 들면 소득이 없어져 가난해진다는 속설과는 달리, 근래에는 노인들이 자손에게 재산을 상속하지 않고 자신들의 남은 삶을 위해 소비를 하기 때문에, 자신들의 자식에 의존하지 않고서도 어느 정도 풍요롭게 생활할 수 있다. 사기꾼들은 이들 재산을 대상으로 삼고 철저한 계획을 세워 이들의 재산을 갈취한다(Sharpe, 2003:14).

3. 노인 범죄피해 실태

노인 범죄피해자는 1996년의 33,431명에서 2006년에 87,536명으로 증가하였으며, 연평균 48.7% 증가한 것으로 나타났다. 이는 전체 범죄피해자 연평균 증가율(4.7%)보다 10배가 넘는 수치이다. 2008년 조사시점을 기준으로 하여 조사대상자들이 지난 1년간 가족이나 친지 중에서 네 가지의 범죄피해(절도, 사기, 강도, 폭행)를 당한 적이 있는지를 물어보았다. 네 가지 범죄피해 중에서 한 가지라도 겪은 경험이 있는 응답자는 92명으로 전체 조사대상자의 9.2%에 해당하고, 범죄피해 경험이 전혀 없는 응답자가 911명(90.8%) 이었다. 여기서 피해경험이 있는 사람의 수는 아래에서 살펴 볼 범죄 유형별 피해 실태에서의 피해자 수를 합한 것(128명)보다는 적은 수인데, 이는 이 기간에 한 사람이 두 가지 이상의 피해를 경험한 사례들이 포함되어 있기 때문이다. 다시 말해 전체 응답 노인들 중 최대 36명(3.6%)은 지난 1년간 두 가지 이상의 범죄피해를 당한 셈이다. 피해를 당한 범죄유형별로 보면, 절도피해자가 57명으로 가장 많고, 사기 피해 45명, 강도피해 15명, 폭행피해 11명의 순서이다. 범죄피해 노인의 성비를 살펴보면, 전체 노인 범죄피해자 중에서 여성은 32.6%를 차지한다.

형법범 범죄피해 노인은 우리나라 전체 형법범죄 피해자의 6% 정도를 차지하고 있다. 형법범 피해노인의 31.5%는 사기피해를 입었고, 폭행피해가 21.4%로 두 번째 순서이다. 노인의 특별법 범죄피해 유형 중 가장 많이 발생하는 사건은 교통사고처리특례법위반 피해와 도로교통법위반 피해이다. 지난 10년간 노인을 대상으로 한 재산상의 범죄와 강력범죄가 크게 증가한 현상을 확인할 수 있다. 노인을 대상으로 한 재산범죄는 2005년에 1996년 대비 건수에서 약 4배 이상으로 증가하였고, 구성비도 15%p 증가하였다. 동기간 중 노인을 대상으로 한 강력범죄도 3배 이상의 증가추세이다.

한편 일본에서도 노인의 사기의 피해가 높은 것으로 나타났다. 2003년 10월 국민생활센터가 공표한 지적장애자 치매성 고령자의 피해와 권리옹호에 관한 조사연구에 의하면 60대의 피해에서 가장 많은 것은 '이부자리' 였으며, 70대는 '이부자리' 와 '주택 중개축', '건강식품 정수기' 가 많은 것으로 나타났다. 평균피해금액은 약 210만엔(한화 약 29.4억원)으로 매우 높은 것으로 나타났다.

1) 절도 피해

조사시점 이전 1년 동안에 절도('나도 모르게 집에 도둑이 들거나, 소매치기 등을 당해 돈이나 물건을 잃어버린 것') 피해를 당한 적이 있는지를 알아 본 결과, 총 57명의 응답자가 피해 경험이 있다고 응답하였고, 이는 전체 응답자의 5.7%에 해당한다. 절도 피해 경험이 있는 사람들을 대상으로 하여 피해 장소를 알아 본 결과 집안이 41.5%로 가장 많은 것으로 나타났으며, 다음은 대중교통수단 안에서가 17.0%, 집 근처가 15.1%, 시장(백화점, 상가 등) 및 길거리가 각각 9.4%의 순서인 것으로 나타났다.

절도 피해를 입은 사람들을 대상으로 하여 피해액을 알아 본 결과, 10만원 미만이 32.0%로 가장 많았으며, 다음은 10만원 이상~50만원 미만이 27.5%인 것으로 나타나서 절도로 인한 노인들의 피해액은 그다지 많지 않은 것을 알 수 있다. 그러나 100만원 이상인 경우도 21.6%나 되는 것으로 나타났다.

2) 사기 피해

조사시점 이전 1년 동안에 사기('다른 사람에게 속아서 돈이나 물건을 잃어버린 것') 피해를 당한 적이 있는지를 알아 본 결과, 총 45명의 응답자가 피해 경험이 있다고 응답하였고, 이는 전체 응답자의 4.5%에 해당한다. 사기 범죄의 피해를 입은 노인들을 대상으로 하여 가해자의 연령을 알아 본 결과 50대~60대인 경우가 44.1%로 가장 많았으며, 다음은 30대~40대로 37.2%의 순서인 것으로 나타났다. 이를 통해서 노인들은 주로 중장년 연령층의 사람으로부터 사기피해를 당하는 것을 알 수 있다.

사기 범죄의 피해를 입은 노인들의 피해액을 살펴보면, 절도 피해에 비해 그 규모가 매우 큰 것을 볼 수 있다. 10만원 미만이 20.0%(8명)이지만, 100만원 이상의 사기 피해를 당한 경우도 22명(피해자의 55.0%)이며 이중 1,000만원 이상의 피해를 입은 노인도 12명(30.0%)인 것으로 나타났다.

사기 피해자의 약 반수(45.9%)는 개인간 돈거래와 관련하여 사기 피해를 입는 것으로 나타났고, 물품 구입 등과 관련하여 사기 피해를 입는 비율이 27.0%에 이르며 사업 및 투자관련 피해 비율도 21.6%에 달하는 것으로 나타났다.

3) 강도 피해

조사시점 이전 1년 동안에 강도('다른 사람이 협박이나 폭력을 사용하여 강제로 돈이나 물건을 빼앗는 것') 피해를 당한 적이 있는지를 알아 본 결과, 총 15명의 응답자가 피해 경험이 있다고 응답하였고, 이는 전체 응답자의 1.5%에 해당한다. 강도 피해를 입은 노인들을 대상으로 하여 피해 장소를 알아 본 결과, 4명(33.3%)이 집안에 침입한 강도의 피해를 입었고, 또 다른 4명은 길거리에서 강도를 당한 것으로 나타났다.

노인 피해자가 강도로 인해 입은 피해액을 알아보면, 10만원 미만이 7명(50.0%)이며, 100만원 이상의 피해를 입은 경우는 2명(14.3%)으로 나타났다. 강도 범죄로 인한 피해액은 절도 범죄에 의한 피해 규모와 비슷한 액수임을 알 수 있다.

4) 폭행 피해

조사시점 이전 1년 동안에 폭행('다른 사람이 나를 때리거나 밀쳐서 다치게 한 것') 피해를 당한 적이 있는지를 알아 본 결과, 총 11의 응답자가 피해 경험이 있다고 응답하였고, 이는 전체 응답자의 1.1%에 해당한다. 피해가 발생한 장소를 알아본 결과, 집안과 길거리가 각각 3명(27.3%), 집근처 2명(18.2%) 등인 것으로 나타났다. 노인이 폭행을 당한 시간은 저녁 6시~밤 12시 사이가 4명(36.4%)로 가장 많았고 다음은 오후 시간대인 것으로 나타났다. 노인에게 폭행을 가한 가해자의 연령은 30~40대가 가장 높은 비율인 것으로 나타났다. 50~60대가 그 다음으로 많이 나타났다. 1995년 조사의 경우에 노인들의 폭행피해 가해자 역시 60대 이상인 경우가 가장 많았던 것과 상당히 다른 결과인데, 비록 빈도수가 적어서 일반화에 무리가 있지만, 전반적인 노인경시 풍조가 반영된 결과일 수도 있는 것으로 보인다.

폭행의 피해를 입은 노인들을 대상으로 하여 가해자와의 관계를 알아 본 결과, 전혀 모르는 사람이 9명(81.8%)으로 가장 높은 비율인 것으로 나타났다. 1995년 조사와 비교해 보면 그 비율이 매우 증가한 것(33.3%에서 81.8%로 증가)인데, 위의 가해자 연령과 연관지어 볼 때 이 역시 노인경시풍조의 반영으로 해석될 수 있다.

4. 정책적 제언

노인범죄는 1996년 대비 매년 36% 이상 증가하여 왔고 사기범죄피해는 평균 두 배 이상 증가해 왔다. 사기범죄피해의 유형을 보면, 노인들의 건강을 위한 효도관광 판매사기, 건강식품이나 보조의료기구 판매사기 등이 있으며, 노인들이 집안에 주로 거주하는 특성을 이용한 전화판매사기나, 보이스 피싱(voice phishing) 사기 등이 있다. 이와 같은 노인들의 판매사기의 방지를 위해 정부는 노인을 대상으로 한 불법부당 판매행위를 구제하기 위한 법안의 통과를 노력 중이다. 현재는 노인 소비피해자들은 경찰서나 공정거래위원회, 소비자보호원, 자율분쟁조정위원회 등에 신고하여 피해를 구제받을 수 있다. 방문판매 등에 관한 법률에 의거하여 방문판매나 할부판매 등의 방법으로 계약한 경우 14일내 신청 철회나 계약해지가 가능하며, 업무가 이행되지 않거나 교육 · 합숙 강요 등 방문판매법상 금지행위로 피해를 입은 경우 공정거래위원회(www.ftc.go.kr, 서울 · 대전 · 광주 · 부산 · 대구 지방사무소) 또는 경찰, 관할 시 · 도에 신고할 수 있다(방문판매 등에 관한 법률). 그리고 불공정거래법에 의거하여 소비자가 불리한 내용의 조항은 서명을 한 경우에도 계약을 철회할 수 있다. 하지만 실제 신고하는 노인은 드물고 이런 신고처에 대한 인지도 매우 낮은 편이다. 방문판매등에관한법률 에 의하면 허위광고 및 기만적 방법을 사용하여 소비자를 유인 또는 거래하거나 청약철회 또는 해지를 방해하는 행위를 금지하고 이에 대한 벌칙을 규정하고 있으나, 3개월 이상 영업을 하는 경우에는 동 법의 규제를 받지 않아 현실적으로 적용이 거의 되지 않고 있다. 그리고 노인복지법에는 재화 또는 용역을 판매할 목적으로 부적절한 방법으로 노인을 유인하거나 기만하는 행위에 대해 금지를 하고 있으나 처벌 규정이 명확하지 않아 노인피해자들을 구제할 수가 없는 실정이다.

보건복지부에서는 '노인 소비자 권익보호 대책' 에 의하면, 1) 노인들의 피해 신고창구를 다양화하고, 2) 노인대상 불법 · 부당 판매업자에 대한 제재조치를 강화하고, 3) 노인을 대상으로 사기, 강박 등에 의해 재화 또는 용역을 판매하거나 폭리를 취하는 자에 대해 가중 처벌한다고 대책을 발표하였지만(2008), 2012년 현재에도 노인의 피해를 줄이진 못하고 있는 것이다.

한편, 외국의 경우 노인의 소비자 권리를 보호하기 위해 법적으로 구체적으로 보호하고 있다. 미국의 경우는 Senior Citizens Against Marketing Scams Act 에 따라 고령자를 대상으로 하는 사기행위에 대해 최고 5년의 징역형을 처하고 있다. 또한 일본의 경우는 노인 소비자를 명시적으로 특별히 보호하고 있지는 않으나, 현실에서 발생하는 노인 대상의 불공정거래 행위에 대응하기 위해 특정상거래법, 소비자계약법 등을 통해 클린업제도가 마련되어 있다. 클린업제도는 방문판매나 할부판매 등의 방법으로 계약해 버린 경우에도 아무 이유도 설명할 필요없이 무조건 신청 철회나 계약해지가 되는 제도이다. 또한 계약내용에 문제가 있는 경우로서 일방적으로 소비자에 불리한 내용의 조항은 서명을 한 경우라도 무효를 주장할 수 있다. 이를테면 '구매한 상품에 숨겨진 흠 등이 후일에 발견되어도 책임을 안진다' 라는 조항은 무효이다.

제5장

노인인권과 노인학대

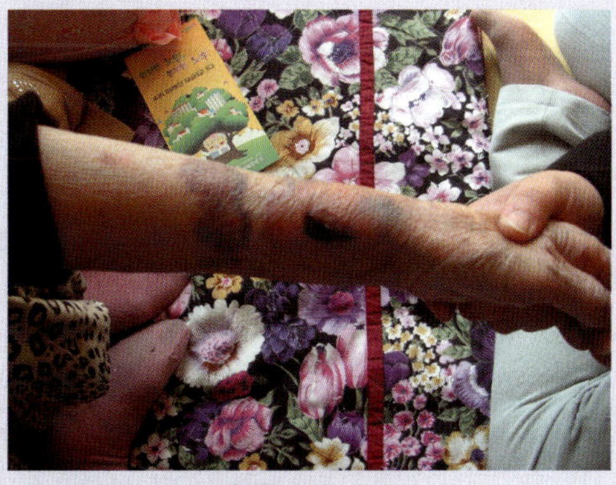

방임 학대(상처)

반포지효(反哺之孝)라는 사자성어가 있다. 까마귀 새끼가 자란뒤에 늙은 어미에게 먹을 것을 날라준다는데서 자식이 부모의 은혜를 갚는다는 의미이다. 하지만 이 말이 옛 말이 되어 버렸다. 인구 고령화와 가족해체 현상 등과 함께 가정에서의 노인의 역할과 기능이 약화되었으며, 자녀들이 부모를 부양하는 것 역시 기대하기 힘들어졌다. 무엇보다 노인에 대한 전통적인 가치관의 무너짐과 더불어 빠른 경제 속도에도 불구하고 노인들은 여전히 열악한 사회경제적, 사회복지적인 상황으로 인하여 그들의 자녀에게 의존할 수 밖에 없는 상황에 처해졌다. 이런 상황에서 다양한 형태의 노인 학대가 증가하고 있다.

"짐되기 싫다" 80대 할아버지,
아내 살해 뒤 음독

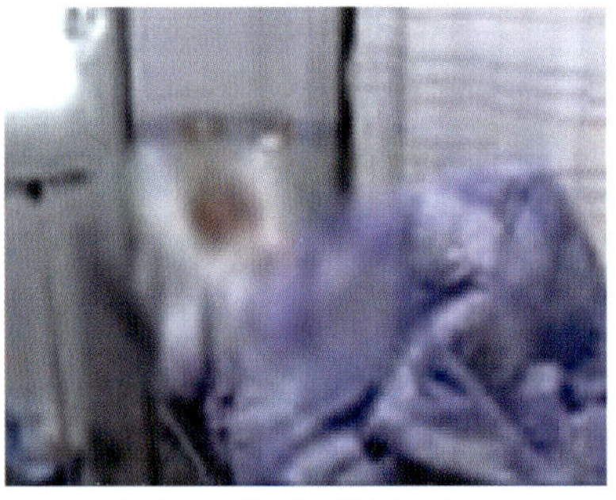

SBS TV [TV] 2004-12-15

60대 노인,
지하철역에서 투신 자살

노컷뉴스 2004-12-15

사진: 인권위원회, 인권동화(2008)

1. 노인학대의 의미와 그 형태

와상노인을 그대로 방치한다면 어떤 일들이 일어날까? 식사도 못하고 화장실도 못가고 목욕도 못하고 돌아눕기를 못한 채 같은 자세로 누워있으면 혈행장애를 일으켜 피부가 짓무른다. 이것을 바로 욕창이라고 한다. 이러한 대소변 투성이의 불결한 상황에서는 상처에서 퇴농하며 감염증을 일으키기 쉽다. 이러한 상황에서 매일 보내야 한다면 대단한 정신적 고통으로 살 의욕도 위축되기도 한다. 이 같은 동거의 가족을 때리고 차는 폭행을 하는 것은 아니다. 그러나 여기서는 아무것도 하지 않는 것이 학대행위로 간주되는 것이다.

노인학대란 노인 스스로 자기를 돌보지 않거나 노인의 부양이나 수발을 맡은 사람이 의도적으로나 비의도적으로 노인에게 신체적, 정서적, 성적, 재정적인 손상을 가하거나 의무를 소홀히 하는 것을 말한다. 노인 학대의 형태는 6가지가 있으며, 그 정의와 유형별 대표적 행위가 어떤 것이 있는지 살펴보도록 하자.

1) 신체적 학대 (Physical Abuse)

신체적 학대란 노인의 안전 및 소속과 애정, 자존의 욕구 실현을 저해하는 행위 또는 물리적 힘 또는 도구를 이용하여 노인에게 신체적 혹은 정신적 손상, 고통, 장애 등을 유발시키는 행위를 말한다.

표4-5. 신체적 학대 대표적 행위

판정지표	대표적 행위
1. 노인을 폭행한다.	☑ 노인을 밀치거나 넘어뜨린다. ☑ 노인을 발로 찬다. ☑ 노인을 주먹으로 폭행한다. ☑ 노인의 몸을 벽에 박거나 바닥에 내리치는 행위 등을 가한다. ☑ 노인의 머리나 목, 또는 몸을 강하게 잡거나 흔든다. ☑ 노인의 목을 조른다. ☑ 노인을 손 또는 몸으로 강하게 억압하며 짓누른다. ☑ 노인의 몸을 발로 밟는다. ☑ 노인을 질질 끌고 다닌다. ☑ 노인의 머리채를 잡아당기거나 움켜잡아 뽑는다. ☑ 노인을 할퀴거나 꼬집는다. ☑ 노인을 입으로 물어뜯는다. ☑ 몽둥이, 빗자루 등의 도구로 노인을 폭행한다. ☑ 물건을 던져 노인에게 상해를 입힌다. ☑ 칼이나 흉기를 사용하여 노인에게 상해를 입힌다. ☑ 담뱃불 또는 도구를 이용하여 노인에게 화상을 입힌다.
2. 노인을 제한된 공간에 강제로 가두거나, 노인의 거주지 출입을 통제한다.	☑ 노인을 집 안의 제한된 공간에서 나가지 못하게 통제한다. ☑ 노인을 집 밖으로 나가지 못하게 통제한다. ☑ 노인을 제한된 공간에 장치(자물쇠 등)를 설치하여 출입을통제한다. ☑ 노인을 집 밖으로 끌어낸다. ☑ 노인을 집 밖으로 쫓아낸다. ☑ 노인을 집에 들어오지 못하게 한다. ☑ 노인의 거주지 주변 출입을 통제한다.
3. 노인의 신체를 강제로 억압한다.	☑ 노인을 침대 등에 묶어 움직이지 못하게 한다. ☑ 노인의 신체 일부 또는 모두를 사용하지 못하게 장치(예: 끈으로 묶어두기, 수갑 채우기, 손·발목 묶기 등)를 설치한다.
4. 신체적 해를 가져올 위험성이 큰 행위로 노인을 협박하거나 위협한다.	☑ 칼이나 가위 등 흉기를 사용하여 노인을 협박하거나 위협한다. ☑ 물건을 던지거나 기물파손을 하는 등의 행위로 노인을 협박하거나 위협한다.

판정지표	대표적 행위
5. 노인의 신체적 생존을 위협할 수 있는 행위를 한다.	☑ 노인을 기본 생존 유지에 필요한 장치(가스, 난방, 전기, 수도)로부터 단절시킨다. ☑ 노인을 기본 생존 유지에 필요한 식사 또는 음료를 보관하는 물품(밥통, 냉장고)으로부터 단절시킨다. ☑ 노인을 기본 생존 유지에 필요한 식사 또는 음료로부터 단절시킨다. ☑ 노인을 치료 및 생존 유지에 필요한 약물(심장관련, 당뇨, 혈압 등)으로부터 단절시킨다.
6. 약물을 사용하여 노인의 신체를 통제하거나 생명을 저해한다.	☑ 노인에게 의료적으로 불필요한 약물이나 주사를 강제로 복용 · 투입하게 한다.
7. 노인이 원하지 않거나 수행하기 어려운 노동을 하게 한다.	☑ 노인이 원치 않는 의사를 보였음에도 불구하고 일(노동)을 하도록 강요한다. ☑ 노인을 강제로 수감하거나 위협하여 일(노동)을 강요한다. ☑ 노인이 일을 수행하기 어려운 정신 및 신체적 상황임에도 불구하고 일(노동)을 하도록 강요한다. ☑ 노인에게 정신 및 신체적 악화를 가져올 수 있는 일 또는 조건에서 일(노동)을 하도록 강요한다.

[사례]

김할머니는 큰 아들이 사업에 망하자 손주와 큰아들이 할머니네로 들어와 살게 되었다. 측은한 마음에 어미로서, 할미로서 밥해주고 빨래해주고 마냥 뒷바라지를 해주다 보니 어느날부터인가 큰아들이 술을 먹고 들어와서 할머니를 때리기 시작했고, 이를 보며 자란 손주도 할머니에게 욕을 하고 때는 생활이 계속되었다.

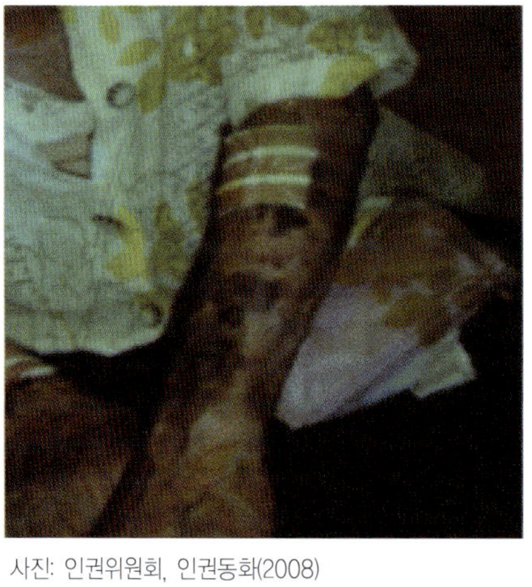

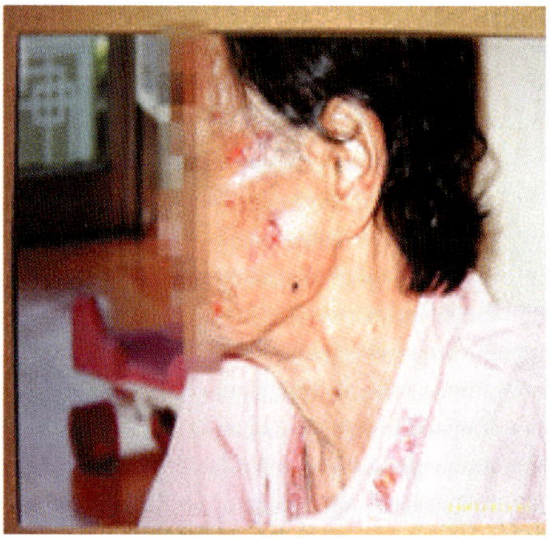

사진: 인권위원회, 인권동화(2008)

2) 정서적 학대 (Emotional Abuse)

정서적 학대란 노인에게 행해지는 정서적 침해 행위로 구체적으로는 노인의 소속과 애정, 자존의 욕구 실현을 저해하는 행위이다.

표4-6. 정서적 학대 대표적 행위

판정지표	대표적 행위
1. 노인과의 접촉을 기피한다.	☑ 노인을 쳐다보지 않고 무시한다. ☑ 노인에게 말을 걸지 않거나 대화를 하지 않는다. ☑ 노인의 말과 행동을 지속적으로 무시하고 반응을 보이지 않는다. ☑ 노인의 일상생활(식사, 일상물품 사용 등)을 타가구원과 별도로 하게 한다.
2. 노인의 사회관계 유지를 방해한다.	☑ 노인이 친구나 친지들과 만나거나 연락하는 것을 방해한다. ☑ 노인의 친구나 친지 등이 방문하는 것을 싫어한다. ☑ 비방이나 폭력적 행동 등으로 타인이 노인과의 관계를 유지하는 것을 싫어하게 만든다. ☑ 노인의 일상적인 사회활동이나 종교 활동을 노골적으로 방해한다. ☑ 비방이나 유언비어로 노인의 경제활동을 저해한다. ☑ 노인의 이성교제를 방해한다.
3. 노인을 위협 · 협박하는 언어적 표현이나 감정을 상하게 하는 행동을 한다.	☑ '죽이겠다.'고 협박한다. ☑ '시설로 보낸다. 또는 '집에서 나가라' 등의 위협 · 협박을 한다. ☑ 노인의 요구를 무조건 무시한다. ☑ 노인에게 고함을 지르거나 욕을 한다. ☑ 노인에게 혐오스러운 말을 한다. ☑ 노인이 수치심을 느끼게 하는 모욕적인 말을 한다. ☑ 자존심을 상하게 하는 말을 한다. ☑ 노인에게 창피를 준다. ☑ 노인을 비웃거나 조소를 한다. ☑ 노인을 재앙을 가져오는 사람으로 취급한다.
4. 노인과 관련된 결정사항에 대해서 의사결정 과정에서 소외시킨다.	☑ 노인의 거취 결정에서 노인을 배제시킨다. ☑ 노인의 소지품 처분을 결정할 때 노인의 의사를 반영하지 않는다. ☑ 노인을 집안 경조사에 참여시키지 않는다.

[사례 1]

신할머니는 아들 둘이 두었는데, 둘 중 큰아들은 공학박사까지 되었다. 큰아들을 혼인시켜놓고 보니 서운한 게 한 두가지가 아니었다. 큰아들네가 어렵게 결혼생활을 시작했기에 얼른 집도 사고 하라고 살림도 해주고, 손주도 돌봐주고 했는데 아들이 신할머니에게 잘하시는 것에 대해 며느리가 너무 시샘을 해서 토라지곤 했다. 지금도 이러

나 나중에 더 늙으면 어떻게 될지는 뻔한 일이고 해서 힘 있을 때 벌어야겠다고 생각했다.

[사례 2]

이할머니는 아들만 위하여 평생을 보따리 장사를 하면서 살아왔다. 그동안 혼자 살다가 지금은 당뇨병 말기가 되어 6개월 전에 큰아들 집으로 들어가 함께 생활을 하게 되었다. 정신은 멀쩡하지만 누워서 생활해야 할 때가 많고 겨우 기어서 다닐 정도이다 보니 점점 큰아들 내외가 이할머니와 이야기도 하지 않아 이할머니는 큰아들 내외와 함께 살고 있기는 하지만 소외된 상태이다. 며느리는 집에 있지 않고 매일 나가고, 나가기 전에 식사 한끼를 방문 앞에 밀어놔두고 밤에 들어오곤 한다. 함께 사는 일이 더 고통이다.

3) 성적 학대 (Sexual Abuse)

성적 학대란 노인이 성적으로 강제적 폭력 또는 행위를 겪는 것과 노인에게 직접적인 성관계를 강요하는 것은 아니지만 학대행위자의 행위로 말미암아 노인으로 하여금 성적 수치심을 갖게 하거나 느끼게 하는 행위이다.

표4-7. 성적 학대 대표적 행위

판정지표	대표적 행위
1. 노인에게 성폭력을 행한다.	☑ 노인이 원치 않음에도 불구하고 강제적으로 성관계를 갖는다. ☑ 노인이 원치 않음에도 불구하고 강제적으로 성관계를 강요 또는 시도한다. ☑ 노인이 원치 않음에도 불구하고 입맞춤, 애무 등을 요구한다. ☑ 노인이 원치 않음에도 불구하고 가슴이나 엉덩이 등 신체 일부를 만진다. ☑ 판단능력이 없거나 의사표현을 할 수 없는 노인을 성폭행 한다.
2. 노인에게 성적 수치심을 주는 표현이나 행동을 한다.	☑ 노인의 신체를 빗대어 혐오감을 주는 언행을 한다. ☑ 성적 언행 등으로 노인에게 굴욕감이나 협오감을 느끼게 한다. ☑ 사람들이 보고 있음에도 불구하고 노인의 성적 부위를 드러내고 옷 또는 기저귀를 교체한다. ☑ 사람들이 보고 있음에도 불구하고 노인을 알몸으로 목욕시킨다. ☑ 원하지 않거나, 판단능력이 부족한 노인임에도 불구하고 성적 신체부위를 몰래 촬영한다. ☑ 노인이 원치 않음에도 불구하고 학대행위자의 성기 및 자위행위를 보게 한다. ☑ 노인이 원치 않음에도 불구하고 포르노 잡지나 비디오를 보게 한다. ☑ 원하지 않거나, 판단능력이 부족한 노인임에도 불구하고 노인의 성적 신체 부위 전체 또는 일부를 알몸으로 노출시켜 놓는다.

[사례]

이할머니는 아들이 혼자 생계를 꾸릴 수 없다는 생각에 아들과 함께 지속적으로 살아왔다. 조건부 수급자로 약 10만원의 금액의 지원을 받았지만 그 마저도 아들의 술값과 담배값으로 나갔으며, 아들은 술을 마신 후 이할머니를 폭행하고, 본인의 성적인 욕구를 해결하기 위해 이할머니를 강제로 관계를 해왔다.

4) 경제적 학대 (Financial Abuse/Exploitation)

경제적 학대란 노인의 의사에 반하여 노인으로부터 재산 또는 권리를 빼앗아가는 행위로서 경제적 착취, 노인 재산에 관한 법률 권리 위반, 경제적 권리와 관련된 의사결정에서의 통제 등을 하는 행위이다.

표4-8. 경제적 학대 대표적 행위

판정지표	대표적 행위
1. 노인의 소득 및 재산, 임금을 가로채거나 임의로 사용한다.	☑ 노인의 허락 없이 임금, 연금, 임대료, 재산 등을 가로챈다. ☑ 의사표현 능력이 없는 노인의 연금, 재산 등을 가로챈다. ☑ 노인의 허락 없이 저축, 주식 등을 임의로 사용한다. ☑ 공적 부조(예: 국민기초생활보장 수급자 생계비) 급여를 가로채거나 임의로 사용한다. ☑ 노인의 허락 없이 노인명의의 은행계좌로부터 현금을 인출하여 사용한다. ☑ 노인의 허락 없이 노인 소유의 귀중한 물건을 빼앗는다. ☑ 노인 소유의 귀중한 물건을 파괴하는 등 재산적 피해를 준다. ☑ 노인에게 빌린 돈을 갚지 않거나 귀중한 물건을 돌려주지 않는다. ☑ 노인의 노동에 대한 대가를 정당하게 지급하지 않는다.
2. 노인의 재산에 관한 법률적권리를 침해하는 행위를 한다.	☑ 노인 소유의 부동산을 노인의 동의 없이 임의로 사용하거나 강제로 명의 변경한다. ☑ 노인의 허락 없이 수표 및 기타 금융 · 법적 서류에 서명을 날조한다. ☑ 노인의 허락 없이 노인의 신용을 이용하여 이익을 취한다(명의 도용). ☑ 노인의 허락 없이 노인명의로 은행 등에서 대출을 받는다. ☑ 노인의 허락 없이 노인명의의 은행계좌, 보험 등을 해약한다. ☑ 사기나 강압, 부당한 위력으로 유언장, 계약서, 위임장 등에 서명을 허위로 작성하거나 변조한다. ☑ 대리권을 노인이 원하지 않는 방법으로 악용한다. ☑ 노인부양을 전제로 재산 상속을 약속 또는 증여하였으나, 부양의무를 이행하지 않는다.
3. 노인의 재산 사용 또는 관리에 대한결정을 통제한다.	☑ 노인이 희망하는 재산 사용을 이유없이 제한하거나 강요한다. ☑ 노인 자신의 돈을 일상생활에서 마음대로 사용하지 못하게 한다. ☑ 노인의 재산을 노인이 원하지 않는 방법으로 사용하도록 강요한다. ☑ 노인의 재산관리 관련 결정을 제한하거나 강요한다. ☑ 노인 명의의 재산을 불법적으로 소유하려고 협박한다. ☑ 수표 및 기타 금융 · 법적 서류에 서명을 강요한다.

[사례 1]

박할아버지는 시골에서 농사를 지으며 평생 모은 재산이 있다. 그런데 시골에서 함께 농사짓는 아들이 할아버지에게 돈 내놓으라고 자주 협박을 한다. 그러나 어느날 할아버지는 건물 한 채를 팔았고 이 사실을 뒤늦게 안 아들은 "왜 나한테 말도 없이 집을 팔았냐"며 동네사람들이 다 보는데서 행패를 부렸다.

사진: 인권위원회, 인권동화(2008)

[사례2]

큰아들네에서 장애가 있는 작은 아들과 함께 사는 김 할머니는 평생모은 돈 오천만원을 큰아들 사업 자금으로 빌려주었다. 그런데 며느리가 이제와서 장애인이랑 함게 사는게 자녀교육상 좋지 않다며 나가 살라고 한다. 빌려간 돈이라도 주면 전세 얻어서 나갈텐데 돈은 주지 않은 채 나가라고만 한다.

5) 방임 (Neglect)

방임이란 노인의 의식주 문제를 비롯해 기본적인 생존과 관련해 부양자로서 책임이나 의무를 의도적 혹은 비의도적으로 거부하는 행위이다.

표4-9. 방임의 대표적 행위

판정지표	대표적 행위
1. 거동이 불편한 노인의 의·식·주 등 일상생활 관련 보호를 제공 하지 않는다.	☑ 스스로 식사하기 힘든 노인을 방치한다. ☑ 스스로 배변처리가 어려운 노인을 방치한다. ☑ 노인 스스로 청결유지(목욕, 빨래 등) 또는 환경관리(청소 등)가 불가능함에도 불구하고 이를 방치한다. ☑ 심각한 질환(치매 등)이 있는 노인을 홀로 거주하게 한다. ☑ 노인에게 안정된 주거공간을 제공하지 않고 떠돌게 한다. ☑ 노인이 부적절한 주거공간(컨테이너 등)에 거주하는 것을 방치한다.
2. 경제적 능력이 없는 노인의 생존을 위한 경제적인 보호를 제공하지 않는다.	☑ 경제적 능력이 없는 노인의 기본적 생존을 위한 생활비를 지원하지 않거나 중단한다. ☑ 경제적 능력이 없는 노인의 생활관련 업무(세금 및 각종 요금 납부)를 방치한다. ☑ 경제적 능력이 없는 노인의 사회적 활동(용돈, 종교활동비, 경조사비 등)을 위한 경제적 지원을 제공하지 않는다.

판정지표	대표적 행위
3. 의료 관련 욕구가 있는 노인에게 의료적 보호를 제공하지 않는다.	☑ 노인에게 필요한 보장구(틀니, 보청기, 돋보기, 지팡이, 휠체어 등)를 제공하지 않는다. ☑ 노인에게 필요한 의료적 처치를 제공하지 않거나 거부 · 방해하거나 혹은 소홀히 한다. ☑ 질병으로 인해 거동이 불편한 노인의 간병을 소홀히 한다(악취, 욕창, 염증 등 발생).
4. 자신을 돌보지 않거나, 돌봄을 거부함으로써 노인의 생명이 위협받는다(자기방임)	☑ 노인 자신이 의료처치 또는 약복용 등 의사의 지시에 따른 치료행위를 거부한다. ☑ 건강, 생활, 환경 등의 위험한 상황에서 노인이 도움을 요청하지 않거나 거부한다. ☑ 노인 스스로 생존을 위해 필수적인 의 · 식 · 주 관련 행위를 거부함으로써 생명이 위협받는다. ☑ 일상생활 수행을 위한 신체적 · 정신적 능력을 상실한 노인이 돌봄을 거부함으로써 생명이 위협받는다. ☑ 건강에 치명적임에도 불구하고 노인이 약물이나 알코올 남용을 지속한다. ☑ 노인이 자살을 시도한다.

[사례]

3남 1녀를 둔 김 할머니는 그동안 셋째 아들 집에서 함께 살며 손주를 다 키웠다. 할머니가 고혈압과 중풍으로 건강이 안좋아지자 셋째 아들은 할머니에게 큰아들네에 가서 살라고 한다. 큰아들은 할머니를 모시려 하나 큰며느리가 할머니를 모시지 않겠다고 한다.

[사례]

최할머니는 정신은 멀쩡하나 10년 전 중풍으로 하반신이 마비되었고, 지금은 큰아들네와 함께 산다. 어저나 딸들이 가보면 할머니의 방은 쓰리기장 그 자체이다. 냄새도 심하게 나고, 더럽고...... 할머니는 거동이 불편해서 치울 수 없는 상태이고 며느리나 아들이 전혀 치워주지 않는다.

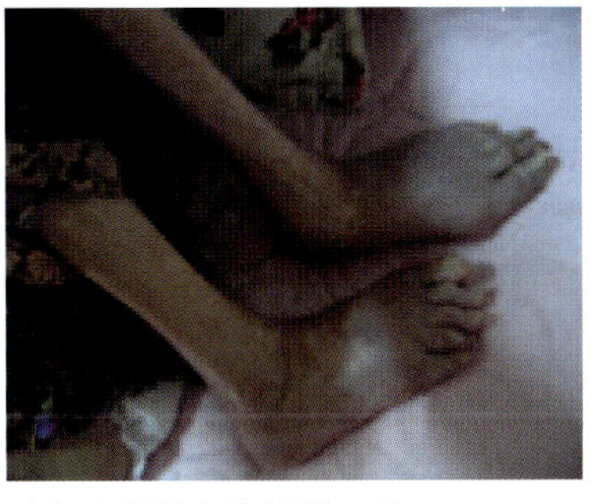
사진: 인권위원회, 인권동화(2008)

6) 유기(Abandonment)

유기란 의존적인 상태의 노인을 보호자 또는 부양의무자가 버리는 행위를 말한다.

표4-10. 유기의 대표적 행위

판정지표	대표적 행위
1. 의존적인 노인을 유기한다.	☑ 노인과 연락을 두절하거나 왕래를 하지 않는다. ☑ 노인을 시설, 병원에 입소시키고 연락과 왕래를 두절한다. ☑ 인지기능을 상실한 노인(치매, 약물중독, 알코올중독, 정신질환 등)을 고의적으로 가출 또는 배회하게 한다. ☑ 노인을 낯선 장소에 버린다. ☑ 배회하는 상태에서 발견된 노인에 대하여 부양의무자가 부양의무 이행을 거부한다.

[사례]

피해노인은 90세 여성 어르신으로 배우자와 사별하였으며, 슬하에 2남 1녀를 두었다. 피해노인의 주민등록상 주소지와 실거주지는 전북 전주시로 장남 내외와 함께 생활하였다. 하지만 장남이 형제간 사전 논의 없이 차남의 거주지인 서울로 피해노인을 모시고 갔다. 배우자와 이혼 후 슬하의 자녀 2명과 생활하는 차남의 거주지는 비어있는 상황이었고, 피해노인이 화장실을 이용하고자 차남 거주지의 이웃집에 들어간 사이, 장남이 혼자 전북으로 돌아가 피해노인이 유기된 상황이었다. 이웃의 신고로 차남 거주지 주민센터에서 본 기관으로 신고접수 되었으며, 자녀들과 연계상담을 진행하였으나 장남은 전화번호를 변경하여 연락처 파악이 되지 않았고, 장녀는 허리디스크 등 건강상의 이유와 경제적 이유로 인계를 거부하며 일방적으로 전화를 끊은 후 연락을 받지 않았다. 차남은 현재 경비업무를 보고 있어 새벽에 퇴근을 하며, 자녀들 또한 직장을 다녀 피해노인에 대한 부양이 어려운 상황임을 호소하였다.

노인유기

2. 노인학대의 원인

노인학대의 발생원인은 크게 학대를 유발시키는 노인관련 요인, 학대를 가하는 가해자관련 요인, 가해자와 피해자의 상호작용요인, 가정환경요인, 사회문화적 요인을 들 수 있으며, 그 내용은 다음과 같다(중앙노인보호전문기관).

1) 노인관련 요인

(1) 성별: 대부분 노인학대 희생자들이 65세 이상의 여자노인인데, 그것은 여성노인이 남성노인보다 평균수명이 긴 관계로 여성노인의 수가 남성노인 보다 많아서 여성노인이 학대를 더 받는 것으로 본다.

(2) 연령: 나이가 많을수록 학대의 위험에 크게 영향을 미치는 원인이 된다.

(3) 성격: 참을성이 많고 체념을 잘 하는 성격을 지닌 노인일 경우 가정내에서 학대를 받을 가능성이 크다.

(4) 신체적: 신체적 · 정신적으로 건강하지 못한 노인은 많은 보호를 필요로 하기 때문에 더 많은 학대를 받는다.

(5) 정신적 건강: 과거에 가족들에게 학대를 당한 경험이 있는 노인은 학대의 경험이 없는 노인보다 자신이 더 약해지고 의존을 해야 할 때 비슷한 행동을 더 나타내는 경향이 있다.

(6) 과거의 경험: 과거의 가족관계가 좋지 않은 경우에 학대문제를 일으킬 가능성이 크다.

(7) 세대간간들 : 다른 사람에게 자신의 부양을 의존하고 있는 노인이 더 학대를 받기 쉽다.

(8) 의존성: 다른 사람들로부터 고립된 노인은 도움이나 중재를 받기가 쉽지 않으므로 학대를 받을 확률이 높다.

(9) 음주: 술을 많이 마시거나 알코올 중독의 노인은 자발적으로 어떤 활동을 하기가 어려울 뿐만 아니라 부양능력이 없을 수 있으므로 학대를 받을 확률이 크다. 또한 건강이 나빠 의존적인 노인이 너무 과도한 요구를 한다거나, 고마움을 잘 모른다거나, 자제력이 없거나 당황스러운 행동을 하는 경우 부양자로 하여금 더 부담을 갖게 만들고 이러한 압박은 노인학대로 이어질 수 있다.

2) 부양자관련 요인

(1) 신체적 · 정신적 장애: 신체적이나 정서적으로 문제를 가진 부양자는 건강이 좋지 못하거나 의존적인 노인을 부양하는데 위험률이 높다.

⑵ 성격: 타인을 비난, 비판하거나 냉담한 성격을 지닌 사람은 의존적인 노인을 돌보기가 어렵다. 참을성이 많고 체념을 잘 하는 성격을 지닌 노인일 경우 가정내에서 학대를 받을 가능성이 크다.
⑶ 과거의 경험: 아동기 때 학대를 받은 경험이 있는 부양자가 노인학대자가 되기 쉽다.
⑷ 스트레스: 다양한 스트레스를 받고 있는 사람은 다른 사람을 부양할 의욕을 상실하는 경우가 있다.
⑸ 부양경험의 부족: 부양했던 경험이 없는 사람이나 자기중심적 사고를 가진 사람은 의존적인 노인을 잘 부양할 수 없다.
⑹ 음주: 술을 많이 마셔 문제를 일으키는 사람은 부정적인 감정을 가지고 행동하는 경향이 많다.
⑺ 약물남용: 과다한 약물복용이나 남용으로 부양자가 자신이 제대로 부양을 하지 못한다는 것을 잘 알지 못하거나, 왜곡된 판단이나 인지로 인해서 학대를 하게 된다.
⑻ 어려운 생활주기: 경제적 어려움이나 고립된 생활을 하는 사람은 노인을 부양하기에 부적당하다.

3) 가족상황적 요인

⑴ 어려운 생활주기: 노인을 부양해야 하는 시기가 생활주기에 있어 어려운 단계일 경우에는 부양자의 스트레스가 더해져 노인학대로 나타나기 쉽다.
⑵ 의료비용의 과중한 부담: 가족들의 스트레스의 원인이 될 수 있어 노인학대의 원인이 될 수 있다.
⑶ 내키지 않는 부양: 마지못해 노인을 부양한다면 좋지 못한 부양결과를 초래할 것이다
⑷ 부족한 가족지원: 노부모를 부양하는 자가 일정기간 동안도 쉴 수 없다면, 부양으로 인한 부담감은 매우 클 것이다.
⑸ 부부간 갈등: 부부간의 문제로 인한 스트레스는 노인학대를 유발하는 원인이 될 수 있다

4) 사회적 요인

⑴ 노인차별주의: 인종이나 성을 바탕으로 한 차별과 같이 능력의 직접적인 평가가 아닌 노인에 대한 선입감 때문에 우리사회가 통용적으로 무능력하다는 이유로 사회의 많은 활동으로부터 노인을 이탈시키는 것이다.

(2) 가족내의 구조적 변화: 핵가족화 현상으로 인해 부양자의 역할을 수행할 자녀의 수가 적어지고 지리적으로 떨어져 생활하기 쉬워 노인이 외부와 고립된다.
(3) 가치관의 변화: 부모에 대한 효(孝)의 의식에도 큰 변화가 초래되었다.
(4) 노인복지시설의 부족: 주간보호 및 노인을 위탁 보호하는 시설 등과 같은 적극적인 개입이 필요하다.

3. 한국의 노인학대 실태

2010년 중앙노인전문기관에 의뢰된 노인학대 피해노인 수는 전체 3,068명으로 그 중 남성이 979명, 여성이 2,089명이다. 피해노인의 연령은 70~74세가 681명으로 가장 높게 나타났으며, 75~79세가 660명, 80~84세가 599명 순으로 나타났다.

표4-11. 피해노인연령

연령/성별	59세 이하	60~64세	65~69세	70~74세	75~79세	80~84세	85~89세	90~94세	95~99세	100세 이상	계
남	8	47	152	252	227	165	88	31	9	-	979
여	9	106	240	429	433	434	291	116	29	2	2,089
계	17	153	392	681	660	599	379	147	38	2	3,068

자료: 중앙노인전문기관, 2010

학대행위자는 친족이 가장 높게 나타났으며, 그중 아들에 의한 노인학대가 1,686으로 60%정도 가장 높게 나타났다. 다음으로 딸이 441명, 배우자 347명, 며느리 293명 순으로 나타났다. 이는 대부분의 학대가 가족으로부터 행해진다는 것을 알 수 있다. 이는 2,625명이 가정내에서 학대를 받았다는 것을 통해서도 가정내 노인학대가 심각한 것을 알 수 있다.

표4-12. 학대행위자 유형

구분	피해노인본인	친족							타인	기관	계
		배우자	이들	며느리	딸	사위	손자녀	친척			
명수	196	347	1,686	293	441	37	73	55	237	115	3,480

자료: 중앙노인전문기관, 2010

노인학대의 사례유형으로는 정서적 학대가 1,981명으로 39%를 차지했으며, 신체적 학대가 1,304명(25%), 방임(891명), 경제(574명) 순으로 나타났다. 또한 노인학대의 발생빈도는 매일 학대를 받는다는 노인이 818명이었으며 1주일에 한번 이상이 1,085명으로 나타났다. 이는 68% 이상의 노인이 심각한 노인학대를 경험하였다는 것을 나타낸다.

표4-13. 노인학대 사례유형

구분	신체	정서	성	경제	방임	자기방임	유기	계
건수	1,304	1,981	39	574	891	196	91	5,076

자료: 중앙노인전문기관, 2010

표4-14. 노인학대 발생빈도

발생빈도	건수
매일	818
1주일에 한번이상	1,085
1개월에 한번이상	615
3개월에 한번이상	138
6개월에 한번이상	110
일회성	292
파악안됨	10
계	3,068

자료: 중앙노인전문기관, 2010

한편, 일본에서는 후생 노동성에서 노인학대에 대해 2003년에 처음으로 전국실태조사(재택개호서비스 사업소6,698개소)를 하였다. 그 결과 개호서비스의 이용자가 학대를 받고 있다고 하는 케이스가 2,865 개소에서 보고가 있었다. 노인학대를 경험한 고령자수는 합계 7,781명 (중복포함) 이었고 생명에 관계되는 위험한 상태에 이르고 있던 케이스가 10.9%나 있었다. 피해자의 연령분포에서는 75세에서 85세가 전체의 43.3%, 85세에서 95세가 34.3 %가 되었다. 낮동안 포함해서 상시접촉 이라는 케이스가 51.5%로 되어 있었다. 그리고 학대자가 주된 개호자인 케이스는 60.6%로 되어 있다. 신분관계로 말하면 아들이 가장 많고 32.1% 이다. 학대의 종류는 심리적 학대가 63.6%로 가장 많고 다음에 개호수발의 포기 방임이 52.4%, 신체적 학대가 50% 였다. 또 학대의 원인으로서 학대자의 개호피로를 들은 케이스가 37.2%나 된다. 매일의 개호에서는 피로가 회복될 여유가 없다 중요한 것은 주된 개호자에 협력자가 있는 케이스는 39%에 불과하고 협력자는 없으나 상담상대가 있다가 38.6%로 아무것도 없다는

17.7%로 나타났다. 이 조사에 의하면 주된 개호자의 60% 가 충분한 지원도 없고 그렇다고 개호를 포기할 수도 없고 오직 끝이 없는 개호에 하루 하루 쫓기고 있다는 상황을 반영하고 있다.

4. 외국의 노인학대관련 제도 및 프로그램

1) 미국

(1) Older Americans Act

미국은 1987년, 1991년 미국 노인법(Older Americans Act) 개정을 통해 노인학대의 예방 및 대처에 관한 법적 근거를 마련했다. 개정된 노인법은 강제성은 없으나 노인학대에 대한 포괄적인 정의를 제공하고 예방, 교육, 서비스제공 등 구체적인 프로그램 실행을 위한 예산지원조항을 포함했다는 점에서 정부의 적극적인 의지를 보여준다 하겠다(우국희, 2001; 국가인권위원회, 2006 재인용). 노인학대 예방 및 대처에 관한 구체적 활동으로 실태조사, 연구, 대중교육, 정보관리, 전문가 훈련 등을 시행하고 있다. 노인학대 관련 서비스로 정신건강 사정, 상담, 법률적 지원, 가정 폭력 프로그램, 학대발굴 프로그램 등이 있으며 노인학대 예방 및 대처에 관한 활동 내용과 제공 서비스는 주에 따라 다양하다.

(2) Adult Protective Services Law

성인보호서비스법(Adult Protective Services Law) 또한 학대 의심 사례에 대한 의무 신고와 실태 조사 그리고 노인 학대 피해자 보호를 위한 사회적 서비스 예비체계에 관한 규칙을 규정하고 있다(이연호, 2001; 국가인권위원회, 2006 재인용). 그러나 학대 피해 노인의 보호 서비스 수혜를 위한 자격 조건, 학대의 정의, 학대의 유형, 형사 또는 민사의 적용, 조사 의무와 절차 등은 각 주마다 상이하다. 성인보호서비스법의 두드러진 특징은학대, 방임, 또는 착취를 조사하기 위한 전문가 스탭을 둔다는 점이다. 전문가는 학대피해 노인의 기능과 욕구를 평가하고 지원 서비스를 제공한다(American Bar Association Commission on Law and Aging, 2005). 신고를 접수하고 조사할 수 있는 기관으로는 주정부산하의 성인보호서비스기관(APS), 혹은 인간서비스 기관, 지방정부의 성인보호서비스기관 및 사회서비스 기관, 지방경찰국, 등이 있는데 그 중 대표격인 성인보호서비스기관은 신고된 노인학대케이스를 조사하고 가해자와 피해자에게 치료와 보호서비스를 제공할 책임이 있다(우국희, 2001; 국가인권위원회, 2006 재인용).

(3) National Elder Abuse Policy Agenda(2001)

2001년 미국에서는 다양한 전문분야에 종사하는 80명의 전문가가 모여 범국가적 노인 학대 정책 아젠다를 수립했다. 노인 학대 해결을 위한 자원과 통일된 전략 개발의 중요성에 기반하여 다음의 건의문을 제시했다.

- 노인학대에 대한 대중교육을 위한 전략적 의사소통 프로그램의 개발과 적용
- 대중의 인식 증진, 연구 지원, 서비스 재원 마련, 주별 자원 조정을 위한 전국적 체계 구축에 관한 근거법으로 'National Elder Abuse Act' 제정
- 노인 학대에 대응하는 사법 체계 개선
- 노인 학대 교육과 훈련 교과의 개발과 적용을 위한 재원 마련
- 피해 노인을 위한 연령-적합 정신 건강 서비스의 접근성 제고
- 주정부와 연방정부의 현재 그리고 잠정적 지출 조사
- 범죄로써의 학대에 대한 사법 체계의 인식 증진
- 노인 학대의 연구, 자료 수집을 개선하기 위한 혁신적 프로그램과 정책을 탐색하고 개발하기 위한 조직 구성
- 노인 학대의 예방, 개입, 그리고 서비스의 보다 나은 조정을 위해 정책을 검토하는 정부의 집행 부서에 개입

2) 일본

일본은 노인학대 예방 및 대처를 위한 별도의 법이 마련되어 있지 않다. 노인학대 예방과 대처에 관한 관련 법안으로 「고령자 학대 방지 · 개호자 지원 법안」이 현재 국회에 계류되어 있는 상황이다. 노인학대에 대한 조치는 노인복지법 제10조와 제11조의 노인 학대 조치에 관한 조항을 근거로 이루어진다. 관련 조항에 따르면 노인학대에 대한 조치의 주체는 기초자치단체이며, 학대 대응 조치는 상담창구 설치, 긴급대응 일시 보호, 개호 보험 방문 조사와 상담, 생활 관리 지도 사업, 관계자 연수, 관계 기관 네트워크화, 시민계몽, 대응 매뉴얼 작성 등이 대표적이다(Yamada, 1999; 국가인권위원회, 2006 재인용).

3) 캐나다

캐나다에는 노인학대 예방 및 대처에 관한 독립된 법이 존재하지 않는다. 노인학대 관련법으로 「성인보호법(Adult Protective Law)」이 있으며 성인보호법은 노인학대 의심 사례에 대한 신고규정을 포함하고 있다. 노인학대와 관련된 프로그램은 노인학대 예방을 위한 교육과 노인의 긍정적 이미지 구축을 위한 홍보를 중심으로 이루어진다. 캐나다의 Newfoundland와 Labrador의 노인 자원 협회는 노인 학대에 대한 전략적

5개년 계획을 수립하였다. 본 계획은 노인 학대 예방과 지원을 위한 전략으로 노인학대 인식증진과 교육, 노인 학대 법 제정, 지역사회 참여, 서비스 제공자의 훈련과 선별, 가족 수발자 지원, 그리고 노인 학대 연구를 제시했다(Seniors Resource Centre Association of Newfoundland and Labrador, 2004; 국가인권위원회, 2006 재인용).

5. 한국의 노인학대예방프로그램

노인학대를 예방하기 위해 노인복지법과 가정폭력범죄의처벌등에관한특례법, 그리고 형법에서 처벌에 대해서 적시하고 있다. 노인복지법에서는 신체적 학대를 7년 이하의 징역 또는 2천만원 이하의 벌금을 줌으로서 가장 엄격하게 처벌하고 있으며, 그 외의 학대유형에 대해서는 5년 이하의 징역 또는 1천500만원 이하의 벌금을 부과하고 있다. 구체적인 내용은 [표4-15]와 같다.

표4-15. 노인학대 처벌관련 법규정

법	내용	비고
노인복지법	노인의 신체에 상해를 입히는 행위 (제39조의9제1호)	7년 이하의 징역 또는 2천만원 이하의 벌금
	노인의 신체에 폭행를 가하는 행위 (제39조의9제1호)	5년 이하의 징역 또는 1천500만원 이하의 벌금
	노인에게 성적 수치심을 주는 성폭행 · 성희롱 등의 행위 (제39조의9제2호)	
	자신의 보호 · 감독을 받는 노인을 유기하거나 의식주를 포함한 기본적 보호 및 치료를 소홀히 하는 방임 행위 (제39조의9제3호)	
	노인에게 구걸을 하게 하거나 노인을 이용하여 구걸하는 행위 (제39조의9제4호)	
	노인을 위하여 증여 또는 급여된 금품을 그 목적외의 용도로 사용하는 행위 (제39조의9제5호)	3년 이하의 징역 또는 1천만원 이하의 벌금
	학대노인의 보호와 관련된 업무에 종사하였거나 종사하는 자가 그 직무상 알게된 비밀을 누설했을때 (제39조의12)	1년 이하의 징역 또는 300만원 이하의 벌금
가정폭력 범죄의 처벌 등에 관한 특례법	가정폭력이란 가족구성원 사이의 신체적, 정신적, 재산적 손해를 수반하는 행위로서, 형법상 폭행, 상해, 유기, 학대, 체포, 감금, 협박, 강요, 공갈, 명예훼손, 아동에게 구걸을 시키거나 아동을 이용하여 구걸하는 행위 (제2조 제3호)	판사는 심리결과 보호처분 가능 (제40조) 가정폭력범죄에는 이법을 우선 적용 (제30조)
형법	노인에 대하여 상해, 폭행, 유기, 학대, 감금, 협박, 명예훼손, 모욕, 주거, 신체수색, 강요, 공갈, 재물손괴 들의 행위를 하면 형법의 각 조항에 의하여 처벌	

또한 노인학대를 예방하기 위해 노인보호전문기관을 설치하여 운영하고 있다. 노인보호전문기관은 노인들의 학대가 발생하였을 때 즉시 개입하여 적절한 조치를 하기 위한 것이다. 노인 학대가 발생하였을 때 사례를 접수하여 응급학대의심 사례인지, 학대의심사례인지, 일반사례인지 현장 조사 및 사정을 통해 판정한 후, 응급·비응급·잠재·일반 사례로 구분하여 처리한다. 노인학대 발생시 업무를 처리하는 순서는 [그림 4-3]과 같다

그림4-3. 노인학대사례 업무진행도

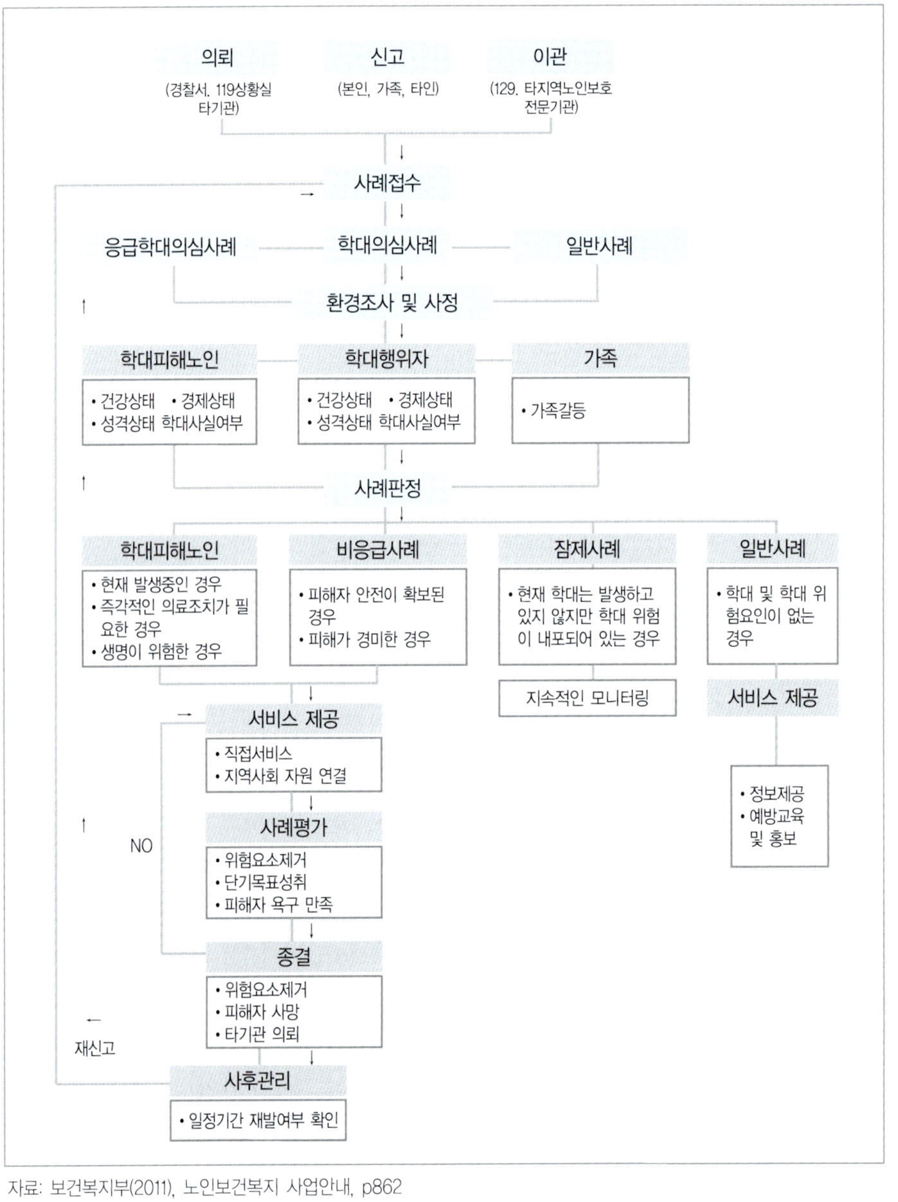

자료: 보건복지부(2011), 노인보건복지 사업안내, p862

이 외에도 노인학대 예방을 위해 전문적 상담과 서비스를 제공하는 1577-1389 전화를 시행하고 있으며, 피해노인이 시급히 보호가 요청되는 경우나 격리 보호가 필요한 경우 일시보호 서비스를 지원한다. 그리고 빈곤으로 인한 노인학대 발생가정 및 부양가족으로부터 격리 보호가 필요한 피해노인을 위한 ① 기초생활보장법에 의해 경제적 지원 서비스, ② 피해 노인에 대한 사회복지 서비스 연계, ③ SOS 긴급지원금 연계, ④ 노인학대로 의심되는 노인에게 종합적인 의료 서비스를 제공하며, 법률상담 및 의뢰 등의 다양한 측면에서 프로그램을 진행하고 있다.

6. 문제점 및 정책적 제언

그림4-4. 노인보호전문기관 신고 추이

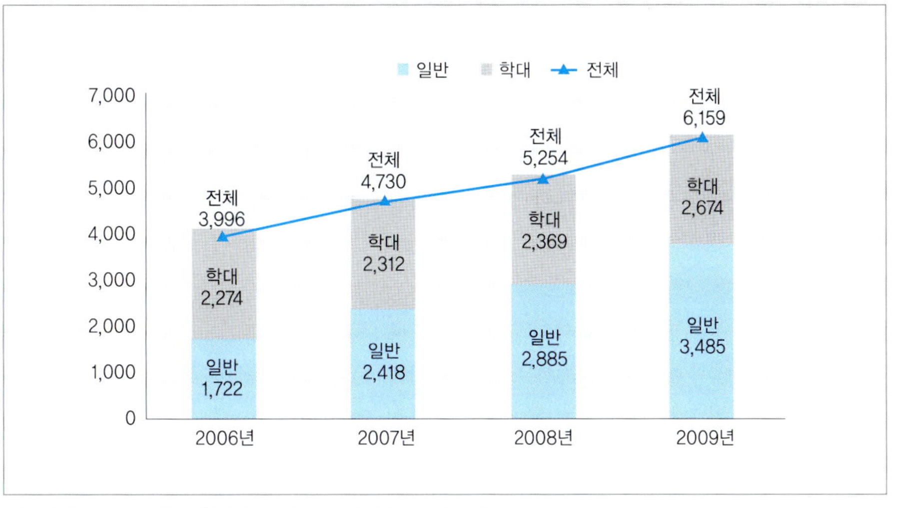

자료:중앙노인보호전문기관(2010), 2009 노인학대현황보고서, p50

[그림4-4]에서 노인보호전문기관의 신고추이와 학대 유형의 추이를 살펴보면 전체 사례는 2006년에 비해 2009년 약 47%로 증가하였으며, 그중 학대사례의 경우는 약 17%가 증가하였다. 이는 노인학대를 예방하기 위해 다양한 프로그램으로 접근하지만 그것의 효능성이 높지 않다는 반증이 될 수 있다. 이렇게 노인의 학대가 증가하는 이유는 무엇인가?

노인의 학대를 예방하기 위해 다양한 프로그램을 지원하고 있지만 그 프로그램이 노인학대 예방에 효과적이지 않다고 할 수 있다. 여성가족부, 한국보건사회연구원(2008)의 2007년 전국 가정폭력실태조사에 의하면 노인학대 피해자를 위해 필요한 국가 지원으로 보호시설 확충이 51.4%, 학대행위자의 법적 조치(18.5%), 신체적 · 정신적 치료

(16.4%), 상담 서비스(7.9%), 사회적 인식 개선(4.8%), 기타(1.0%)로 나타났다. 여기서 노인에게 직접적인 필요로써 보호시설 확충과 신체적 · 정신적 치료, 상담서비스는 76%로 높게 나타난다.

호주에서는 노인학대에 대해서 문제라는 관점이 아닌 권리의 개념으로 접근하고 있다. 따라서 노인보호사정팀을 통해 노인학대에 대한 사정, 사례조정, 권리옹호기관과의 연계활동을 펼치고 있다. 한국 역시 노인복지법(39조 5~9), 가정폭력범죄의 처벌 등에 관한 특례법(제4조~8조)과 가정폭력방지 및 피해자보호 등에 관한 법률(제4조~8조)에 의해 노인보호전문기관을 설치 운영을 하고 있으며, 경로효친 정신을 제고하여 노인학대를 예방하고자 하지만 실질적인 노인의 권리적 측면에서 접근하는 것은 부족하다고 할 수 있다.

다음으로 노인의 역량 강화를 위한 옴부즈맨 프로그램의 도입이 필요하다. 미국과 일본의 경우 옴부즈맨 프로그램을 실시하고 있으며 이는 노인들의 이익을 대변하고 노인을 보호하기 위한 행정적, 법적, 기타 해결책을 강구하며 잠정적 피해에 노출될 수 있는 노인을 보호하고, 그들의 역량을 강화하기 위해 권리, 안전, 복지, 건강과 관련된 정보를 제공하기위한 것이다 이 옴부즈맨 프로그램은 대부분 자원봉사자로 구성 및 운영되고 있다. 한국 역시 이와 비슷하게 노인인권지킴이 홍보대사를 선발하여 노인학대 예방 및 인권교육을 실시하고 있지만 옴부즈맨과 같이 전문적인 개입이 아닌 노인학대에 대한 교육과 홍보에 그치고 있다. 따라서 외국의 사례처럼 옴부즈맨 프로그램과 같이 전문가들로 노인학대를 예방하기 위한 팀을 구성하여 실태 파악 및 예방을 위한 여러 정책을 개발하는 등의 노력이 필요하다. 이를 통해 노인학대의 사각지대를 발견할 뿐 아니라 노인의 실태에 맞는 프로그램을 개발하고, 정책을 만들어 나가야한다.

한편 노인의 학대를 예방하고 권리를 제고하기 위해 성년 후견인 제도가 있다. 이것은 인지 능력에 제한이 있는 일반 성인을 대상으로 한 제도이지만 노인의 의사 결정권 보호에도 핵심적인 제도이다. 미국은 후견인 보호법에 근거하여 노인이 후견인을 세우고, 후견인이 노인을 대변하도록 하고 있다. 영국은 1985년 제정된 지속적 대리권법과 2004년 제정된 케어 기준법에 근거하여 노인 후견인 제도가 시행되고 있다. 노르웨이는 노인 보호 서비스 내에 Green Telephone으로 명명된 전화상담 프로그램을 두어 노인의 자기 결정권에 대한 욕구를 지원하고 있다(박수천, 2005; 국가인권위원회, 2006 재인용). 노인은 노화로 인한 인지능력의 감소되고 독립적이고 합리적인 의사결정이 어려운 존재로 조명되기 때문에 후견인 제도를 통해 노인의 의사결정권의 제고 뿐 아니라 노인학대의 문제에 있어서도 노인의 의견을 대변하여 노인학대를 줄일 것으로 기대된다.

노인인권과 성년후견제도 제6장

인구고령화로 인한 노인인구의 증가는 정신적, 신체적 장애로 인한 자신의 사무를 제대로 처리할 수 없는 자들이 증가하게 되는 문제도 수반한다. 이렇게 스스로 어떤 일을 제대로 할 수 없는 경우 가족이 이를 대신할 수도 있지만 독거 노인이나 고령자부부의 경우 가족의 도움을 받을 수 없다. 우리나라는 독거노인이나 고령의 부부만으로 구성된 가족형태가 점점 증가하고 있는 상황에서 이들을 보호하기 위해 충분한 보호와 지원이 이루어질 수 있는 제도가 마련될 필요가 있다. 이는 앞 장에서 살펴보았듯이 노인의 경우 신체적, 정신적 약화로 인해 수반되는 학대와 범죄에 노출될 위험이 증가하기 때문에 재산이나 그들의 다양한 일들을 처리해 줄 수 있는 제도가 필요한 것이다(신은주, 2009).

현재 우리나라는 정신적 장애로 판단능력이 부족한 성년인 자를 보호하기 위해 민법에 판단능력의 정도에 따라 금치산자 또는 한정치산자로 구별하여 규율하는 무능력자 제도가 있다. 그러나 현행법의 제도는 무능력자로 인정되는 자의 자기결정권을 제한하고, 지나치게 획일적이며, 잔존능력을 무시하여 재활의 기회를 배제하는 결과를 초래하고 있다. 또한 일반인에게 거부감을 주는 한정치산자 또는 금치산자라는 용어가 가족관계등록부에 공시되기 때문에 사회적 수치심으로 인해 이제도의 이용을 거리고 있다. 따라서 실제도 이 제도가 많이 활용되고 있지 않고 있는 실정이다(신은주, 2009; 보건복지가족부, 2009; 김판기, 2011).

표4-16. 한정치산, 금치산 선고 관련 추이

년도	접수건수	인용건수	기각건수
2005	721	291	80
2006	663	303	96
2007	747	334	60
2008	804	391	48
2009	944	493	72
2010	1024	515	97

자료: 김판기(2011), 2011년 민법개정과 향후과제 재인용, p45

따라서 민법의 행위무능력자제도는 자기결정권의 존중, 인간존엄성 보장이라는 측면에 비추어 봤을 대 매우 낙후된 제도라는 비판과 함께 노인의 복지증진과 인권의 보호를 위해 성년후견제도를 도입해야 한다는 사회적 요구가 증가하여 왔다. 이에 따라 2009년 민법개정위원회를 출범 · 운영하여 2009년 12월 29일 국회에 새로운 후견제도를 도입에 대한 개정안을 제출하였고 2010년 국회에서 대안입법을 마련하였다. 이후 이 대안은 2011년 2월 18일 국회 본회를 통과하였고 절차법 등의 준비작업을 거쳐

2013년 7월 1일부터 시행될 예정이다. 특히 민법개정안에서는 기존의 금치산 · 한정치산 제도를 폐지하고, 현재 정신적 제약이 있는 사람은 물론 미래에 정신적 능력이 약해질 상황에 대비하여 후견제도를 이용하려는 사람이 재산 행위뿐 아니라 치료, 요양 등 복리에 관한 폭넓은 도움을 받을 수 있도록 성년후견제를 확대 개편하고 내실화하여 노인 등에 대한 보호를 강화하도록 하였다.

그렇다면 이 장에서는 노인의 인권증진을 위한 성년후견제도의 기본이념은 무엇이며, 성년후견인의 개시 등 전반적인 개정내용에 대해 살펴보도록 하겠다.

1. 후견제도의 기본이념

개정안의 성년후견제도는 성년후견이 필요한 곳에 필요한 만큼, 성년후견 이외의 것으로 원조할 수 있는 방안이 마련되어 있다면 우선 그것에 의하고 그것이 없는 경우에 보충적으로만 이용되는 것으로서(필요성의 원칙과 보충성의 원칙), 자기결정(자율)의 존중, 신상보호의무, 잔존능력의 활용, 보편화이념, 애드보커시(advocacy) 등을 기본이념으로 하고 있다. 그리고 입법의 주된 취지는 이러한 이념과 본인 보호 이념과의 조화에 있다(백승흠, 2010).

1) 자기결정의 존중

자기결정의 존중이란 신상의 보호와 함께 성년후견제도의 기본이념이 되는데, 성년후견인 등은 본인(성년피후견인 등)의 생활, 요양 간호 및 재산의 관리에 관한 사무를 봄에 있어서 성년피후견인 등의 의사를 존중하고, 한편 그 심신상태 및 생활을 고려하지 않으면 안 된다는 것이다.

즉, 자기결정의 존중이란 본인의 노후에 온천이 있는 유료양로원 등에서 안전하고 건강하게 생활을 하고 싶다든가, 생활하기에는 위험이 있지만 그 위험에 대한 안전보다도 살기에 익숙한 자택에서 최후를 맞고 싶다는 등의 본인의 희망(자율)을 존중하는 사고방식이다. 신상의 보호라고 하는 것은 성년후견인 등이 재산관리 및 신상보호사무를 함에 있어서 성년 피후견인 등의 심신의 상황 및 생활의 상황을 고려하지 않으면 안될 의무를 말한다. 신상 보호의 기본적 성격은 성년후견인 등이 본인의 신상면에 관해 부담해야 할 선관주의 의무라고 하기 때문에 모든 유형의 성년후견인 등이 본인의 신상보호를 고려해야 할 의무를 지게 된다.

2) 잔존 능력의 활용

잔존능력의 활용이란 고령자 등이 자기 노후를 보내기 위해서는 자신의 능력을 활용하는 것이 필요하다는 사고방식이다. 이러한 실존능력의 활용에는 자신의 노후를 신뢰할 수 있는 사람에게 위탁하고, 자신의 잔존 능력을 활용하는 임의후견제도를 이용하는 등 다양한 방식이 있다. 예를 들면, 평소부터 본인의 좋은 상담자인 사법서사와 노후에 대해 서로 이야기한 후, 자택에서 생활하고 있는 본인은 장래 인지증 등에 의해 판단 능력이 쇠약해졌을 때는 본인의 재산 리 및 신상보호의 사무를 그 사법서사에게 의뢰하는 것을 희망하여 친환경적인 장소인 유료양로원에서의 생활을 할 수 있도록 임의후견계약을 체결함으로써 활용하게 된다.

3) 보편화이념

보편화이념이란 고령자나 장애자 등이 그 지역에서 보편적으로 생활할 수 있는 것이 당연하다는 사고방식이다. 이 사고방식에 따라 고령자나 장애자 등이 보편적으로 생활할 수 있는 환경을 성년후견제도의 활용에 의해 실현하려고 하는 것이다. 또 애드보커시(advocacy)는 본인의 신상에 관한 이익을 주장하는 것을 보조하거나, 본인의 신상에 관한 이익을 대변하는 것을 말하며, 본인(성년피후견인 등)이 인지증 등으로 말하고 싶어도 말할 수 없는 것을 대변하는 것이나 노인성 폐렴 등으로 긴급하게 입원할 필요가 있을때는 성년후견인 등이 보조하거나 대변하여 본인의 건강에 배려하는 것이다.

2. 성년후견제도의 개시와 종료

성년후견은 기본의 금치산제도에 대비되는 제도로서, 질병, 장애, 노령 그 밖의 사유로 인한 정신적 제약으로 사무를 처리할 능력이 지속적으로 결여된 사람에 대하여 본인, 배우자, 4촌 이내의 친족, 미성년후견인, 미성년후견감독인, 한정후견인, 한정후견감독인, 특정후견인, 특정후견감독인, 검사 또는 지방자치단체의 장의 청구에 의하여 가정법원이 심판에 의해 성년후견이 개시하며(개정민법 제9조 제1항), 원인이 소멸한 때에는 본인, 배우자, 4촌 이내의 친족, 미성년후견인, 미성년후견감독인, 한정후견인, 한정후견감독인, 특정후견인, 특정후견감독인, 검사 또는 지방자치단체의 장의 청구에 의하여 가정법원이 심판을 함으로써 종료한다(개정안 제10조).

기존의 행위무능력자제도는 행위무능력자의 심실상실이나 심신박약 등 주로 정신적 능력의 여하에 따라 한정치산 내지 금치산이 개시가 되었음에 반해, 성년후견제는 이러한 정신적 제약만으로는 성년후견이 개시되지 않고, 이러한 제약으로 인해 사무를 처리할 능력이 지속적으로 결여된 것을 그 요건으로 하고 있다(백승흠, 2010). 또한 개정민법에서는 성년후견의 청구권자에 검사와 지방자치단체의 장을 추가하여 근친이 없는 사람이 성년후견을 필요로 하는 경우에도 성년후견을 활용할 수 있도록 하였다. 무엇보다 복지행정서비스의 발달 등에 따라 보다 더 전문성을 가진 국가기관들이 성년후견을 필요로 하는 사람에게 도움을 줄 수 있도록 하였다(김판기, 2011).

3. 성년후견인의 선임

가정법원의 성년후견개시심판이 있는 경우에 그 심판을 받은 사람의 성년후견인을 두어야 한다(개정민법 제929조). 이때의 성년후견인은 피성년후견인의 법정대리인에 해당하며 결격사유(개정민법 제937조)가 없는 한 2인 이상 일수도 있고 법인도 가능하다(개정민법 제930조). 만약 성년후견인이 사망, 결격, 그 밖의 사유로 없게 된 경우에는 가정법원이 직권으로 또는 피성년후견인, 친족, 이해관계인, 검사, 지방자치단체의 장의 청구에 의해 성년후견인을 선임할 수 있다(개정민법 제936조 제2항). 또한 가정법원은 성년후견인이 선임된 경우에도 필요하다고 인정하면 직권또는 제936조 제2항의 청구권자나 성년후견인의 청구에 의해 추가로 성년후견인을 선임할 수 있다(개정민법 제936조 제3항). 성년후견인을 선임할 때 가정법원은 피성년후견인의 의사를 존중해야 하며, 그 밖의 피성년후견인의 건강, 생활관계, 재산상황, 성년후견인이 될 사람의 직업과 경험, 피성년후견인과의 이해관계의 유무 등의 사정도 고려해야 한다(개정민법 제936조 제4항).

4. 성년후견인의 임무

성년후견인은 피후견인의 법정대리인이 되며, 가정법원은 성년후견인이 가지는 법정대리권의 범위나 성년후견인의 신상에 관하여 결정할 수 있는 권한의 범위를 정할 수 있다(개정민법 제938조 제2항, 제3항). 성년후견인은 피성년후견인을 대리하여 피성년후견인이 거주하고 있는 건물 또는 그 대지에 대하여 매도, 임대, 전세권 설정, 저당권 설정, 임대차의 해지, 전세권의 소멸, 그 밖에 이에 준하는 경우에는 가정법원의 허가를 받아야 한다(개정민법 제947조의2 제5항).

성년후견인은 선임된 후 피후견인의 재산을 조사하여 2개월 내에 그 목록을 작성해야 한다. 이 때 후견감독인이 있는 경우 재산조사의 목록작성은 후견감독인의 참여가 없으면 효력이 없다(개정민법 제941조 제2항). 또한 성년후견인은 피성년후견인의 신상과 관련하여 치료 등의 목적으로 정신병원이나 그 밖의 다른 장소에 격리할 수 있으나 이 경우에는 가정법원의 허가를 받아야 하며(개정민법 제947조의2 제2항), 피성년후견인의 신체를 침해하는 의료행위에 대해 피성년후견인이 동의할 수 없는 경우에는 성년후견인이 그를 대신하여 동의할 수 있으며(개정민법 제947조의2 제3항), 의료행위의 직접적인 결과로 사망하거나 상당한 장애를 입을 위험이 있을 때에는 가정법원의 허가를 받아야 한다. 허가절차로 의료행위가 지체되어 피성년후견인의 생명에 의험을 초래하거나 심신상의 중대한 장애를 초래할 때에는 사후에 허가를 청구할 수 있다(개정민법 제947조의2 제4항).

이처럼 성년후견인은 피성년후견인의 복리와 의사를 존중하여 임무를 수행하여야 하며, 법정대리인으로서 피성년후견인의 재산에 대한 관리권을 가진다는 점에서 기존의 제도와 큰 차이는 없으나 성년후견제도는 요보호자의 재산관리 외에도 신상에 관한 중요한 결정에 대해 성년후견인이 조력하고 일정한 경우에는 결정까지 할 수 있도록 하여 요보호자를 더 폭넓게 보호한다고 할 수 있다(김판기, 2011).

한편 성년후견감독인은 ① 후견인의 사무를 감독하며, 후견인이 없는 경우 지체없이 가정법원에 후견인의 선임을 청구해야 하며(개정민법 제940조의6 제1항), ②후견감독인은 피후견인의 신상이나 재산에 대하여 급박한 사정이 있는 경우 그의 보호를 위해 필요한 행위 또는 처분을 할 수 있으며(개정민법 제940조의6 제2항), ③ 후견인과 피후견인 사이의 이해가 상반되는 행위에 관해 후견감독인이 피후견인을 대리(개정민법 제940조의6 제3항)하는 역할을 한다.

5. 정책적 제언

성년후견제도는 노인의 자기결정권 보호라는 측면에서 중요한 의미를 지닌다. 아직 우리나라에서는 2013년 7월부터 시행이 될 예정이지만 몇가지점에서 보완되어야 한다.

성년후견제도는 질병, 노령 기타 사유로 인한 정신적 제약으로 사무를 처리할 능력이 지속적으로 결여된 사람에 대해 개시심판을 청구할 수 있도록 하여 신체적 장애가 있는 경우에도 성년후견 심판이 가능한지 의문을 갖게 한다. 정신적 제약은 전혀 없지만 선척적인 사유에 의해 아니면 후천적인 사고에 의해 신체적 장애가 발생함에 따라 제대로 된 법률행위를 할 수 없는 사람들도 상당수 존재할 가능성도 있기 때문에 성년후견 개시의 사유를 좀 더 확대하거나 규정을 명확히 작성할 필요가 제기된다(김판기, 2011).

다음으로 노인들의 권리를 보호해주는 성년후견인의 역량을 강화하기 위해 성년후견인의 양성, 보수교육을 담당할 수 있는 민간기관의 역할 및 담당내용의 법적으로 명시할 필요가 있다(보건복지부, 한국보건사회연구원, 2009).

[예] 시설입소의 신원보증과 사후사무에 대한 성년후견인의 대응사례

오랫동안 부부로 지내온 처를 잃고 난 이후, A씨의 치매가 급격하게 진행되어 자택에서 혼자 살아가는 것이 어렵게 되었다. 시장의 신청에 따라 후견인 X씨가 선임되어 시설에 입소가 정해졌다.
A씨에게는 곁에서 돌봐줄 사람이 없다. 입소계약에 있어서 시설은 X씨에게 신원보증인이 되어달라고 요구했다. X씨는 신청을 담당한 시청 직원에게도 참고인으로 참석해 주길 부탁하고, 성년후견인과 보증인의 입장이 다르고, 또 성년후견인이 보증인이 되는 것은 부적당한 일임을 설명했다. 그래서 계약서를 보면서 시설과 논의를 하던 중 시설이 보증인에게 요구하는 것은 사실은 성년후견인의 사무에 해당되지 않음을 알고 그것을 시설에 잘 설명하여 양해를 얻을 수 있었다. 이렇게 해서 X씨가 신원보증인이 되지 않고 입소계약이 가능하게 되었다.
시설에서 편안하게 생활하던 A씨는 수년 후에 사망하였다. A씨의 장례를 치를 가족은 아무도 없었다. X씨는 가정재판소에 상담한 후 화장과 묘를 준비했다. 시설의 협력으로 검소한 장례를 치룰 수 있었고, 시설직원과 입소자가 함께 A씨의 마지막 길을 배웅했다. X씨는 상속재산 관리인 선인 신청을 했고, 선임되어 상속재산관리인까지 한 후 사무를 종료했다.

자료: 보건복지부, 한국보건사회연구원(2009), 성년후견제 사회복지분야 지원방안 연구

제7장

노인인권과 고령자의 성 (노인의 성을 누릴 권리)

노인에게도 성은 삶의 질을 결정하는 중요요소이다. 하지만 고령자의 성은 외면되어 왔으며, 이것의 중요성이 부각된 것은 오래되지 않았다. 우리 사회의 생활수준이 향상되면서 젊은 노인들이 증가하면서 노인의 성문제가 사회문제로 제기되었다. 특히 노년기의 성에 관련하여 관심이 증가하였음에도 불구하고 여전히 노인 자신이나 일반인들은 노년기의 성에 대한 지식을 제대로 가지지 못하고 있으며, 오히려 부정적인 시각이 많은 것으로 나타나고 있다. 이렇게 노년기의 성에 대한 무지와 무관심, 성문제에 대한 부정적인 시각은 성적 욕망에 솔직한 젊은 노인들이 증가하는 현실에서 인간의 기본적인 욕망일 뿐 아니라 삶의 질을 결정하는 중요한 권리를 왜곡하는 사회문제로 등장하고 있다.

우리사회는 유교적 가치관과 가부장적인 사회제도 하에서 노인의 성에 대해서 터부시하거나 남성 위주의 성 가치관과 종족보존의 역할만을 다루어 왔다. 이는 노년기의 성생활이 그들의 삶에 자신감을 주고, 부부 연대감을 강화하는 등의 정신적 건강을 높이는데 기여할 뿐 아니라 노년기의 고독감 해소와 삶에 대한 보람을 높여주는 윤활제의 역할을 한다는 것을 간과되어져 왔다.

성은 노인의 삶의 질을 결정하는 중요한 문제로 왜곡된 시선으로 노인의 성을 바라보아서는 안 된다. 이 장은 노인의 성의식과 성적태도 등을 알아봄으로써 노인의 성에 대한 권리의 이해를 높이고자 한다.

1. 노년기의 성

노화와 더불어 성기능은 점차 감퇴해 가지만, 상당히 고령에 이르기까지 성적 능력이나 욕구, 관심은 유지된다고 할 수 있다. Kinsey 보고서에 따르면 나이가 많아져도 많은 남성들은 성적 활동을 개속하고 있으며, 60세에 95%, 70세에 70%, 70세가 넘으면 미약한 성적 활동을 보였다(Kinsey et al., 1948; 최성재 장인협, 2010 재인용, p638). Weinberg(1982)는 65세 이상 노인 800명을 조사한 결과 76%가 규칙적인 성생활을 하였고 75~95세에서는 50%가 성교에 만족한다고 밝혔다. 또한 Marsiglio와 Donnelly(1991)에 의하면 학력이 높을수록 성생활이 더 많고, 월 1회이상 성관계를 유지하는 60세 이상 노인이 53%, 70세 이상은 24%로 월평균 4회 정도이며 특이한 점은 80세 이상 노인 1.8%는 월 20~35회 이상 성생활을 한다는 것이다. 이처럼 개인의 특성에 따라 차이가 나는 것으로 나타났다. 그리고 일본의 sextuality섹슈얼리티연구회(아라끼지네꼬)가 1999-2000년에 실시한 중고령 섹스얼리티 조사 결과를 보면 성적 욕구의 경우 남녀차가 현저하게 나타나는데 남성은 60대 후반에 여성은 50대 후반에 눈에 띄게 성적욕구의 감소가 보이는 것으로 나타났다. 하지만 여성의 경우 이른 시기에 갑자기 급커브로 감소하기 때문에 여성의 50대 후반과 남성의 70대의 성적욕구가 거의 같은 수준이라는 결과로 나타났다.

이처럼 나이가 들어갈수록 평균적으로 성적욕구와 성관계가 줄어드는 것이 일반적이지만 개인의 특성에 따른 차이가 나는 것을 알 수 있다.

2. 성별에 따른 차이

1) 성적욕구의 남녀의 차

여성의 경우는 60대후반 이후는 성욕이 거의 없다고 응답하는 사람이 과반수를 점하고 있다.

그리고 현재 배우자와의 어떤 성적관계를 바라고 있는가? 라는질문에 남성은 70대가 되어도 반수이상은 성행위 또는 애무가 따르는 애정관계를 요구하고 있다. 반면 여성의 경우는 그와 같은 성적행위를 요구하는 것은 5명에 1명정도이고 정신적인 애정만으로 '좋다' 라고 하는 사람이 다수를 점하고 있다. 90년 조사에서는 남성은 80세 이상에서도 17%는 성행위, 50%는 애무가 따르는 애정관계를 요구하고 있는데 반하여, 여성은 70세 이상이 되면 그러한 성적행위를 요구하는 것은 10% 미만으로 2000년 조사때보다는 남녀의 차이가 있었다. 노년기는 이와같이 남녀의 성적욕구나 요구하는 관계의 양상이 크게 괴리하는 시기이다. 그래서 서로의 니드를 어떻게 조정할 것인가 하는 문제가 생기게 된다. 남성이 인내하는 경우도 있을 것이고 내키지 않는 성활동에 '잘' 또는 '때때로' 응하는 여성의 경우는 거의 반수라고 하는 데이터에서 고찰하면, 여성이 남성의 욕구에 맞추어주고 있는 경우가 많은 것으로 생각된다.

2) 남녀차이의 배경

노년기에 남녀의 성적욕구의 괴리가 커지는 것은 왜일까? 우선 들 수 있는 것은 생리적 요인이다. 여성은 폐경을 경계로 성기능이 급속히 저하한다. 여성호르몬의 에스트로겐이 급격히 감소하기 때문에 질점막이 얇아지고 윤활성이 떨어져 성교시 고통을 유발되는 경우가 생긴다. 따라서 성장해를 강하게 느끼는 사람이 생기기 쉽다. 조사에서는 50대후반에 증가하고 있다고 한다. 문제되는 것은 여성자신이 이러한 신체적 변화에 대한 지식이 없고 윤활제(제리)나 호르몬 보충요법 등의 대처방법을 모르는 사람이 의외로 많은 것이다. 거기에 성적인 사안에 대해 서로 대화하는 습관이 없는 부부가 많으므로 성장애에 관해 남편에게 위로를 받거나 성행위의 대처방법을 생각하는 일이 없는 채로 성생활에서 멀어져 가는 결과가 되어 버리는 것이다. 어느 여성은 성고통을 병적인 것이 아닌가 하고 고민 끝에 병원에 가서 가령에 의한 것음을 알고 윤활제를 받아왔지만 성교가 고통스러운 의무가 되어 버렸던 것이다.

남성도 50대후반쯤부터 성기능에 불안을 가지는 사람이 늘고 성교가 곤란한 사람이 증가하고 있다. 남녀모두 성기능이 변화하는 노년기는 서로의 실체를 이해하고 성생활을 가지는 것이 중요하다 그리고 또 하나의 요인으로서 성생활이 남성중심으로 이루어지기 때문이다. 여성으로서는 아내로서의 역할이상의 매력을 가질수 없다는 것을 들고 있다. 조사에서는 60대에서는 30% 가까이, 70대 에서는 40% 전후의 여성이 성활동에 의한 육체적 만족감을 얻을 수 없다고 하고 있다.

남성중심의 성관계의 배경에는 전통적인 성도덕의 영향이 짙게 남아있는 것으로 생각된다. 남성중심의 성생활 즉 여성이 종속적인 관계에서는 성적욕구를 잃어가는 것이 수긍된다. 그러나 이러한 보수적인 생각은 연대와 함께 희박해져 감으로 노년기의 남녀의 성관계도 앞으로 서서히 변화해 가야 할 것으로 사료된다.

3. 노인의 성문제

노인들이 경험하는 성문제는 대체로 다섯 가지로 요약할 수 있다.

① 성생활 장애: 노화, 발기부전, 건강문제, 성 지식 부족, 자신의 성적 매력에 대한 부정적 인식, 성적 욕망과 표출에 대한 죄의식, 성관계 배우자 부재, 배우자에 대한 싫증, 성관계 성공에 대한 두려움, 성생활을 즐길 수 있는 주거 조건 불편함 등

② 성매매: 매춘업소 방문, 원조교제, 등산지 · 공원 · 쪽방 등에서 성매매

③ 성범죄: 강간 범죄가 매년 증가

④ 성건강(성병): 다양한 종류의 성병 발생

※ 서울특별시, 서울시립대학교(2009) 서울시 노인의 성의식 및 성생활 실태조사에 의하면 성병에 감염 된 적이 있음(10.3%), 성병 중 임질(57.5%), 요도/질염(19.5%), 매독(5.7%), 사면발니(4.6%), 성기단순포진(3.4%), 트라코모나스(2.3%) 순으로 나타남.

⑤ 성문화: 노인의 성에 대한 폐쇄적 문화(노인을 성적 무능력자로 보는 시작, 노인의 성 욕구 표출에 대한 부정적 시각으로 인한 음성적 성관계 촉진 등)

4. 노인의 성문제 실태

2009년, 서울시립대의 서울시 노인의 성의식 및 성생활실태조사에 따르면 성관계 빈도는 1개월간 하지 않음(67.5%), 1회(10.2%), 2회(13.3%), 3회(4.5%), 4회(2.7%) 순으로 나타났다. 대부분의 경우 성관계가 거의 없었으면 32%정도가 성관계를 가지고 있는 것으로 드러났다. 성적 만족도는 현재의 성관계에 만족한다가 53.4% 불만족이 46.6%로 비슷한 수치를 나타냈다. 또한 성관계 파트너로 배우자가 76.4%로 가장 많았고 이성 친구가 16.2%였으며, 이성 친구 유무는 있음이 21.7% 없음이 78.3%로 나타났다.

그리고 다른 조사에 따른 이성교제를 하고 있는 노인의 경우 90.8%가 만족하고 있고, 이성교제를 하지 않는 노인보다 외로움을 덜 느끼는 것으로 나타났다. 성 문화가 개방되고 노년층이 증가하면서 노인의 이성교제에 대한 노인들의 생각이 조금씩 변화하고 있는 것을 알 수 있다. 홀로된 노인의 다수(배우자와 사별한 65세 이상의 노인 중 90%)가 고독감을 해소하기 위해 또는 생의 동반자로서의 이성교제를 원하고 있다. 비아그라와 같은 발기부전 치료제의 보급으로 노인들의 성생활 기회가 늘어나 노인 매매춘은 갈수록 뿌리를 내리고 있으나 관리가 되지 않아 성병에 걸리는 노인의 수가 늘어나고 있다(조임현, 2011)

5. 해결 방안

1) 개인적 차원

고령자의 성생활을 성공적으로 영위하기 위해서는, 첫째 수동적으로 대하지 않을 것, 둘째는 성적인 욕망, 성적인 기쁨을 절대버리지 말 것, 셋째는 어느 연령이 되어도 섹스를 포함한 애정생활을 구하는데 인색해서는 안될것, 넷째는 다양한 방법을 인정할 것, 다섯째는 솔직하다는 것을 중시할것 등이다.

인생의 제 3의 시대라고 불리는 고령기에는 성적능력은 당연히 떨어지므로 성적기능불능, 성욕의 감퇴를 경험하게 되는 것은 지연스러운 것이다. 그러므로 '바이그라' 라고 해도 성적흥미, 욕망, 공상을 처음부터 포기하는 사람에게는 효과는 없다. 따라서 제니스 그로스는 고령자의 성에 대해서 자신의 편견을 극복하고 적극적인 태도를 취하는 것이 중요하다고 지적한다. 그리고 고령자의 성행위의 경우는 다양한 것이 되지 않으면 안 된다고 말한다. 또한 남성이 이니셔티브를 취하는 통상의 섹스 패턴을 벗어나야 한다. 고령이 되어서 새로운 파트너를 맞이할 경우는 상호간에 문화, 종교 생활력

등의 다른 배경을 가지고 있고, 현재의 건강상태도 예전과 같지 않다. 극단적인 경우 파트너가 교감상태가 잘 안되는 일도 있는 것이다. 그러한 상황 속에서 성행위를 하는 즉, 기쁨의 중요요소로서는 자기자신의 적극적인 의사와 함께 상대에 대한 세심한 배려가 불가결하다고 한다.

여성의 성에 대해서 미국 전체를 상대로 연구한 ‘하이트 레포트’로 유명한 시어 하이트 박사는 성행위를 전혀 다른 관점에서 파악하도록 권하고 있다. 키스에서부터 곁에 앉아 있는 것까지 모두 포함시켜야 한다고 말하고 있다. 무엇보다 그것을 뒷받침하는 사회의식의 유연성이야 말로 주목해야 한다. 현재 84세로 아직 고령자 교육의 현역인 리처드 크로스(Richard Cross) 박사는 남성이 빠지기 쉬운 ‘발기콤플렉스’에 대해서 명쾌하게 지적한다. 발기가 되지 않으면, ‘이제 성행위는 끝났다’라고 하는 생각은 아이를 만드는 것 이외의 성행위를 추하다고 한 과거의 유물론적 발상으로 고령자에 필요한 것은 친밀함과 자극적인 상호접촉이다. 거기에 성적인 관심, 욕망과 관련 행위는 평생을 통해서 이어지고 정력의 쇠퇴를 새로운 방법으로 보완하는 의식과 같다.

이것은 기능적으로도 능동적이기를 기대하여 왔던 남성에게 중요한 의식의 변혁을 추구하는 것이 될 것이다. 제니스 그로스 박사에 따르면 젊을때와 달리 고령에서는 성욕 발기 오르가즘이 잘 연동하는 것은 아니지만 여성도 이러한 단선적 성욕의 발로를 통해 성행위를 틀림없이 이해하고 기꺼이 받아들인다는 것을 알고 놀라는 남성 고령자가 많다고 지적하고 있다.

여기에서 성이라고 하는 것을 고령자 시대에 맞추고 기성개념으로 파악하지 않는 적극적인 사고의 전환이 있다고 생각한다. ‘섹스는 인생의 최후까지 이어지는 환희이다 라고 하는 낙관적인 긍정론이며 생애의 포만감 없는 찬가이다.’

2) 사회적 차원

노인의 성문제 해결의 한 방법으로 노년기의 결혼(노혼)의 관심이 고조되고 있다. 여러 연구결과에 의하면 노년기에 이르러 배우자와 사별, 또는 별거로 인해 정상적인 성생활이 이루어질 수 없고, 특히 남성의 경우 여성보다 평균수명이 5세 정도 낮은 상황에서 여성이 초로기에 홀로되는 경우가 많다.

아래 표를 보면 우리나라 남성 노인의 유배우자율은 2005년 인구조사결과에 의하면 85.0%인데 반해 여성 노인의 유배우자율은 35.9%로 훨씬 낮다. 따라서 남성노인의 성생활은 많은 경우 배우자가 있어 가능하나, 여성의 경우 거의 60%는 배우자가 없기 때문에 성생활이 불가능한 상황에 놓일 수밖에 없다. 아무리 노인의 성생활 능력이 있다 하더라도 상대방이 없으면 불가능하기 때문에 노혼의 필요성과 관심이 점차 고조되어 가고 있는 것이다.

표4-16. 노인 연령집단의 성별 유배우자 비율

전체		65~69세		70~ 74세		75~79세		80~84세		85세 이상	
남	여	남	여	남	여	남	여	남	여	남	여
85.0	35.9	89.9	55.4	86.9	28.5	80.9	21.7	71.8	10.9	55.0	4.4

자료: 통계청(2006), 2005년 인구주택총조사보고서 전수조사결과; 최성재, 장인협(2010), 재인용

그러나 우리나라의 경우는 아직 노혼을 인정하기에 많은 장벽이 있다. 이윤숙(1983)은 노인의 연애나 결혼을 가로막는 장벽을 ① 노인 스스로가 가지고 있는 낡은 성 도덕관과 자기억제, ② 자녀들의 반대, ③ 독립된 생계를 유지할 수 있는 경제적 수입과 주택의 부족, ④ 노인의 성애나 결혼에 대한 상담기관이나 전문가의 결여 등으로 지적하고 있다. 이렇게 노혼은 어려운 장벽과 문제점을 가지고 있긴 하지만 노인의 삶의 보람과 생활의 안정을 위해서 노혼에 대한 새로운 이미지를 고양시켜야 한다. 노혼이란 단순히 성적 만족만을 위한 것이 아닌 서로가 정신적으로 위로하고 북돋워주며 생의보람을 찾아가는데서 참된 의미를 찾을 수 있다(최성재, 장인협, 2010, 재인용).

부록

세계인권선언

시민적 및 정치적 권리에 관한 국제협약

경제적 · 사회적 · 문화적 권리에 관한 국제조약

[세계인권선언]
(Universal Declaration of Human Rights:1948)

전 문

인류사회의 모든 구성원이 갖는 고유한 존엄과 평등하고도 양도할 수 없는 권리를 승인함은 세계의 자유, 정의와 평화의 기초이기에,
인권 무시와 멸시는 인류의 양심을 짓밟는 만행을 초래하였으며, 언론과 신앙의 자유 그리고 공포와 결핍 없는 세계의 도래는 사람들의 최고의 소망으로 선언되어 왔으기에,
인간이 전제와 탄압에 저항하는 최후의 수단으로 반란을 일으키지 않도록 하기 위하여 법의 지배에 의해 인권을 보장하는 것이 필수적이기에,
여러 국가 사이의 우호적 관계의 발전을 증진시키는 것이 필수적이기에,
유엔의 여러 국민들은 유엔헌장에서 기본적 인권, 인간의 존엄과 가치, 그리고 남녀의 평등권에 대한 믿음을 재확인하고, 더욱 광범한 자유 중에서 사회적 진보와 생활수준 향상을 촉진하고자 결의하였기에,
가입국은 유엔과 협력하여 인권과 기본적 자유의 보편적인 존중 및 준수의 촉진을 이루어내고자 서약하였기에,
이러한 권리와 자유에 대한 공통된 이해는 그러한 서약의 완전한 실현에 가장 중요한 것이므로,
따라서 이에 국제연합 총회는,
사회의 모든 개인과 기관이 이 세계인권선언을 항상 마음에 새기면서, 가입국 자신의 인민들과 자국의 통치하에 있는 인민에게도 이들 권리와 자유의 존중을 교육을 통하여 촉진하는 일 및 그 보편적이고 효과적인 승인과 준수를 확보하도록 국내적 및 국제적인 점진적 조치를 통하여 확보하기 위하여 노력하도록, 모든 인민과 모든 국가가 이룩해야 할 공통의 기준으로 이 세계인권선언을 공포한다.

제1조 모든 사람은 태어나면서부터 자유롭고, 존엄과 권리에 있어 평등하다. 모든 사람은 이성과 양심을 타고났으며 서로 동포의 정신으로 행동하여야 한다.

제2조 1. 모든 사람은 인종, 피부색, 성, 언어, 종교, 정치적 또는 기타의 의견, 국민적 또는 사회적 출신, 재산, 출생 또는 이들과 유사한 그 어떠한 이유에 의해서도 차별을 받지 않고 이 선언에 규정된 모든 권리와 자유를 누릴 수 있다.
2. 나아가 개인이 속하는 국가 또는 지역이 독립국이든 신탁통치지역이든 비자치지역이든, 또는 어떤 주권제한 하에 있든지, 그 국가 또는 지역의 정치적, 사법적 또는 국제적인 지위에 근거하는 어떤 차별도 받지 않는다.

제3조 모든 사람은 생명, 자유 및 신체의 안전에 대한 권리를 가진다.

제4조 누구도 노예가 되거나 괴로운 노역을 강요당하지 않는다. 노예제도와 노예매매는 어떤 형태로든 금지된다.

제5조 누구도 고문 또는 잔인하고 비인도적이며 모욕적인 취급 또는 형벌을 받지 않는다.

제6조 모든 사람은 어디에서나 법앞의 인격으로 인정받을 권리를 가진다.

제7조 모든 사람은 법앞에 평등하며, 아무런 차별 없이 법의 동등한 보호를 받을 수 있다. 모든 사람은 이 선언을 위반하는 어떤 차별로부터도, 또한 그러한 차별을 부추기는 어떤 행위로부터도 평등한 보호를 받을 권리를 가진다.

제8조 모든 사람은 헌법 또는 법률에 의해 부여된 기본적인 권리를 침해하는 행위에 대하여, 권한을 가진 국내법원으로부터 유효한 구제를 받을 수 있는 권리를 가진다.

제9조 아무도 자의적인 체포, 구금 및 추방을 당하지 않는다.

제10조 모든 사람은 자신의 권리와 의무 및 자신에 대한 형사책임이 결정될 때에 독립된 공평한 법원에 의해 공정한 공개 심리를 받는 데 있어 완전히 평등한 권리를 가진다.

제11조 1. 범죄의 소추를 받은 사람은 누구나 자신을 변호하는 데 필요한 모든 것을 보장받는 공개재판을 통하여 법률에 따라 유죄가 입증될 때까지 무죄로 추정될 권리를 가진다.
2. 누구도 행위시에 국내법 또는 국제법에 의해 범죄를 구성하지 않은 작위나 부작위로 인하여 유죄가 되지 않는다. 또한 범죄가 행해진 때의 형벌보다 더 무거운 형벌을 받지 않는다.

제12조 누구도 자신의 개인적인 일, 가족, 주거 또는 통신에 대하여 함부러 간섭받거나 명예 및 신용에 대하여 공격을 받지 않는다.
모든 사람은 이러한 간섭이나 공격에 대하여 법의 보호를 받을 권리를 가진다.

제13조 1. 모든 사람은 각국의 경계 내에서 자유롭게 이전하고 거주할 권리를 가진다.
2. 모든 사람은 자국이나 다른 나라를 떠나거나 자국에 돌아갈 권리를 가진다.

제14조 1. 모든 사람은 박해를 피하여 타국에 피난처를 구하고 체재할 권리를 가진다.
2. 이 권리는 비정치적 범죄 또는 국제연합의 목적 및 원칙에 반하는 행위만을 원인으로 하는 소추의 경우에는 원용될 수 없다.

제15조 1. 누구에게나 국적을 가질 권리가 있다.
2. 누구나 자의적으로 국적을 박탈당하거나 국적을 변경할 권리를 거부당하지 않는다.

제16조 1. 성년 남녀는 인종, 국적 또는 종교에 의한 어떤 제한도 받지 않고 혼인하며 가정을 만들 권리를 가진다. 그들은 혼인기간 중 또는 그것을 해소할 때에 시에 혼인에 관하여 평등한 권리를 가진다.
2. 혼인은 그 의사를 가진 양 당사자의 자유롭고 완전한 합의에 의해서만 성립된다.
3. 가정은 사회의 자연적이고 기초적인 집단 단위로서 사회와 국가의 보호를 받는다.

제17조 1. 모든 사람은 단독으로 또는 타인과 공동하여 재산을 소유할 권리를 가진다.
2. 누구나 자의적으로 자신의 재산을 빼앗기지 않는다.

제18조 모든 사람은 사상, 양심 및 종교의 자유를 누릴 권리를 가진다. 이 권리는 종교 또는 신념을 바꿀 자유, 단독 또는 타인과 공동하여 공적 또는 사적으로 포교, 행사, 예배 및 의식을 통하여 종교나 신념을 표명할 자유를 포함한다.

제19조 모든 사람은 의견과 표현의 자유를 누릴 권리를 가진다. 이 권리는 간섭을 받지 않고 자신의 의견을 가질 자유를 포함하며, 또한 모든 수단을 통하여, 국경을 넘거나 넘지 않거나에 관계없이, 정보와 사상을 추구하고 받고 전할 자유를 포함한다.

제20조 1. 모든 사람은 평화적인 집회 및 결사의 자유를 누릴 권리를 가진다.
2. 누구도 결사에 소속할 것을 강요 받지 않는다.

제21조 1. 모든 사람은 직접 또는 자유롭게 선출된 대표자를 통하여 자국의 정치에 참여할 권리를 가진다.
2. 모든 사람은 자국에서 평등하게 공무를 담당할 권리를 가진다.
3. 인민의 의사는 통치권력의 기초가 되어야 한다. 이 의사는 정기적이고 진정한 선거에 의해 표명되어야 한다. 이 선거는 평등한 보통선거에 의한 것이어야 하고 비밀투표 또는 그것과 동등한 자유가 보장되는 투표절차에 의해 치러져야 한다.

제22조 모든 사람은 사회의 일원으로서 사회보장을 받을 권리를 가지며 국가적 노력 및 국제적 협력에 의해 또한 각국의 조직 및 자원에 따라 자신의 존엄과 자신의 인격의 자유로운 발전에 불가결한 경제적, 사회적 및 문화적 권리의 실현을 요구할 권리를 가진다.

제23조 1. 모든 사람은 노동할 권리, 직업을 자유롭게 선택할 권리, 공정하고 유리한 노동조건을 확보할 권리, 실업으로부터 보호 받을 권리를 가진다.
2. 모든 사람은 어떤 차별도 받지 않고 동등한 노동에 대하여 동등한 보수를 받을 권리를 가진다.
3. 모든 노동자는 자신과 가족이 인간의 존엄에 적합한 생활을 할 수 있는 공정하고 유리한 보수를 받고, 나아가 필요한 경우에는 다른 사회적 보호수단에 의해 보충 받을 권리를 가진다.
4. 모든 사람은 자신의 이익을 보호하기 위하여 노동조합을 조직하고 또한 그것에 가입할 권리를 가진다.

제24조 모든 사람은 노동시간의 합리적인 제한과 정기적 유급휴가를 포함하여 휴식 및 여가를 누릴 권리를 가진다.

제25조 1. 모든 사람은 의식주, 의료 및 필요한 사회복지에 의해 자신과 가족의 건강 및 복지에 충분한 생활수준을 유지할 권리를 가지며, 실업, 질병, 심신장애, 배우자의 사망, 노령 기타 불가항력에 의한 생활불능의 경우에는 보장을 받을 권리를 가진다.
2. 어머니와 어린이는 특별한 보호와 원조를 받을 권리를 가진다.
모든 어린이는 적출 여부에 관계없이 동일한 사회적 보호를 받는다.

제26조 1. 모든 사람은 교육을 받을 권리를 가진다. 교육은 적어도 초등과 기초적 단계에서는 무상이어야 한다. 초등교육은 의무적이어야 한다. 기술교육과 직업교육은 일반인이 이용할 수 있어야 한며 고등교육은 능력에 따라 모든 사람에게 동등하게 열려 있어야 한다.
2. 교육은 인격의 충분한 발전과 인권 및 기본적 자유의 존중을 강화할 것을 목적으로 하여야 한다. 교육은 모든 나라, 인종적 또는 종교적 집단 상호간의 이해, 관용 및 우호관계를 증진하는 것이어야 하고, 평화의 유지를 위하여 국제연합의 활동을 촉진하는 것이어야 한다.
3. 부모는 자녀에게 주는 교육의 종류를 선택하는 데 있어 우선적 권리를 가진다.

제27조 1. 모든 사람은 그 사회의 문화생활에 자유롭게 참여하고 예술을 즐기며 과학의 진보와 그 혜택을 공유할 권리를 가진다.
2. 모든 사람은 자신이 창작한 과학적, 문화적 또는 예술적 작품에서 생기는 정신적 및 물질적 이익을 보호받을 권리를 가진다.

제28조 모든 사람은 이 선언에서 제시된 권리와 자유가 완전하게 실현될 사회적 및 국제적 질서에 대한 권리를 가진다.

제29조 1. 모든 사람은 그 인격의 자유롭고 완전한 발전이 그 사회 속에서만 가능한, 그런 사회를 만들어 나갈 의무를 진다.
2. 모든 사람은 자신의 권리와 자유를 행사함에 있어서, 타인의 권리와 자유의 정당한 승인 및 존중을 보장하고 민주사회의 도덕, 공공질서 및 일반적 복지의 정당한 요구를 만족시키는 것만을 목적으로 하여 법률로써 정해진 제한에만 복종한다.
3. 이러한 권리와 자유는 어떤 경우에도 국제연합의 목적과 원칙에 반하여 행사할 수 없다.

제30조 이 선언의 모든 규정은, 어떤 나라나 집단 또는 개인에 대하여 이 선언에 열거된 권리와 자유의 파괴를 목적으로 하는 활동에 종사하거나 또는 그러한 목적의 행위를 할 권리를 인정한다고 해석되어서는 안된다.

[시민적 및 정치적 권리에 관한 국제협약(B협약)]

전 문

이 협약의 가맹국은,

국제연합헌장에서 밝혀진 원칙에 따라, 인류사회의 모든 사람이 나면서부터 가지고 있는 존엄성과 동등하고 남에게 넘겨줄 수 없는 권리를 인정함이 자유와 정의와 세계평화의 기본이 됨을 고려하고,

이 여러 권리가 사람이 나면서부터 가지고 있는 존엄성에 유래함을 인정하고,

세계인권선언에 따라, 자유인은 시민적 및 정치적 자유, 공포 및 굶주림에서 벗어나야 한다는 이상이, 사람이라면 누구나 자기의 경제적 · 사회적 · 문화적 권리와 함께 시민적 · 정치적 권리를 누릴 수 있는 조건이 조성되었을 때만 달성되는 것임을 인정하고,

국제연합헌장을 수락한 제국이 인권과 자유에 대한 보편적인 존중과 준수를 촉진시킬 의무를 지고 있음을 고려하고,

개인도 타인과 공동체에 대해 책임이 있는 바, 이 협약에 명시된 권리의 증진과 준수를 위해 노력할 의무를 지고 있음을 인식하면서,

다음과 같이 협정한다.

제 1 부

제1조(인민자결권) 1. 모든 시민은 자결권을 가진다. 이 권리에 근거하여 모든 인민은 그 정치적 지위를 자유로이 결정하고, 또한 그 경제적 · 사회적 · 문화적 발전을 자유로이 추구한다.

2. 모든 인민은 천연 재화와 자원을 자신들을 위하여 자유로이 처분할 수 있다. 이때, 호혜의 원칙에 근거한 국제적 경제협력 때문에 생기는 의무와 국제법을 위반해서는 안 된다. 어떠한 경우에도 한 인민의 생존수단이 빼앗겨서는 안 된다.

3. 가맹국(비자치령 및 신탁통치령의 행정책임을 지고 있는 나라를 포함)은 국제연합헌장의 규정에 따라 자결권의 실현을 촉진하고, 또한 자결권을 존중한다.

제 2 부

제2조(가맹국의 협약준수의무) 1. 가맹국은 그 영토 안에 살고 또 그 관할 아래 있는 모든 개인에게 대해, 이 협약에서 인정된 여러 권리를 존중해 주고 또 보장해 줄 의무를 진다. 권리의 존중과 보장에 있어서 인종 · 피부색 · 성별 · 언어 · 종교 · 정체적 또는 기타의 의견 · 민족적 또는 사회적 출신 · 재산 · 출생 · 기타의 신분에 기인하는 어떠한 종류의 차별도 두어서는 안된다.

2. 가맹 당시, 입법조치 또는 기타의 조치가 필요한 바, 헌법상의 절차와 이 협약의 규정에 따라 상기 조치를 취하는 데 필요한 방법을 강구하기로 한다.

3. 가맹국은 다음의 의무를 진다.

(a) 이 협약에서 인정된 권리 또는 자유를 침해당한 사람은 누구나 효과적인 구제조치를 받을 것을 보장하는 일. 그 침해가 공적 자격을 가지고 행동하는 사람들에 의해서 자행되었을 경우에도 똑같다.

(b) 구제조치를 구하는 사람의 권리가 관할권 있는 사법기관, 행정기관, 입법기관, 또는 그나라의 사법체계에 따른 관할권 있는 기관에 의해 결정되는 것을 보장하고, 또 사법상의 구제조치의 가능성을 발전시

키는 일.

(c) 구제조치가 허락되었을 경우, 관할권 있는 기관이 그 조치를 집행하는 것을 보장하는 일

제3조(남녀평등) 가맹국은 남녀가 평등하게 이 협약에 설정된 모든 시민적 · 정치적 권리를 누릴 것을 보장할 의무를 진다.

제4조(긴급사태하의 일탈(逸脫)조치) 1. 국민의 생존을 위협하는 공공의 긴급사태가 발생하고, 또 긴급사태의 존재가 공식적으로 선포된 경우, 가맹국은 사태의 긴급성에 비추어, 필요한 한도 안에서, 이 협약에 따라 지게되는 다른 의무에서 일탈(逸脫)하는 조치를 취할 수 있다. 그러나 그 조치는 국제법에 따라 지게되는 다른 의무에 저촉되어서는 안 되고, 또 인종 · 피부색 · 성별 · 언어 · 종교 · 사회적 출신을 유일한 이유로 하는 차별을 그 속에 포함해서는 안 된다.

2. 1항의 규정은 제6조, 제7조, 제8조 1항 및 2항, 제11조, 제15조, 제16조 및 제18조의 규정에서 일탈함을 허용하는 것은 아니다.

3. 가맹국 중 일탈권을 이용하는 국가는 일탈한 조항과 일탈하게 된 이유를, 국제연합사무총장을 통해 다른 가맹국에 즉시 통고하여야 한다. 또한 일탈 조치가 끝나는 날 당사국은 국제연합사무총장을 통해 그 사실을 다른 가맹국에게 통고하여야 한다.

제5조(해석적용상의 주의) 1. 이 협약의 어떠한 조항도 국가 · 집단 · 개인에게 다음 권리를 인정해 주는 것으로 해석 되어서는 안 된다. 그 권리란, 이 협약에 인정된 권리 및 자유를 파괴하거나, 이 협약에 규정된 제한의 범위를 넘어서 제한을 가할 것을 목적으로 활동에 종사 또는 행위를 할 권리를 말한다.

2. 가맹국은 특정한 기본적 인권이 법률 · 조약 · 규칙 또는 관습으로 인정되거나 (현실로) 존재하는 경우, 이 협약이 그 권리를 인정하지 않고 있다는 이유로, 또는 인정하는 범위가 좁다는 이유로 그 권리를 제한하거나 침해하지 못한다.

제 3 부

제6조(생명권) 1. 사람은 누구나 생명을 누릴 권리를 가진다. 이 권리는 법률에 의해 보호받는다. 아무도 그 생명을 함부로 빼앗기지 않는다.

2. 사형제도를 폐지하지 않고 있는 국가의 경우, 범행이 이루러진 당시의 시행법률에 비추어 가장 중대한 범죄인 때에만 사형이 선고될 수 있다. 그러나 법률은 이 협약의 조항 및 '집단 학살의 범죄예방 및 처벌에 관한 협약' 의 조항에 저촉되지 않아야 한다. 이 형벌은 관할권 있는 법원이 선고한 확정판결에 의해서만 집행될 수 있다.

3. 생명 박탈이 집단학살의 범죄를 구성한 경우에는 이 조문의 어떠한 규정도 가맹국이 '집단 학살의 범죄예방 및 처벌에 관한 협약' 의 규정에 따라 지는 의무로부터 어떠한 방법으로 일탈하는 것을 허용하지 않음을 양해한다.

4. 사형이 선고된 사람에게는 특사나 감형을 청구할 수 있는 권리가 있다. 사형선고에 대한 사면 · 특사 또는 감형을 모든 사건에 주어질 수 있다.

5. 18세 미만의 사람이 저지른 범죄에 대해 사형이 선고되어서는 안된다. 또한 임신중인 여자에게 사형이 집행되어서는 안된다.

제7조(고문 · 인체실험의 금지) 아무도 고문이나 가혹한, 비인도적인 또는 모욕적인 처우나 형벌을 받지 않는다. 특히 본인의 자유의사에 따른 동의 없이는 아무도 의학적 또는 과학적 실험의 대상이 되지 않는다.

제8조(노예·예속·강제노동의 금지) 1. 아무도 노예의 처지 또는 노예적 처지에 묶여 있지 않는다. 노예제도와 노예 매매는, 어떤 형태이건, 금지된다.
2. 아무도 예속자로서 부림을 당하지 않는다.
3. (a) 아무도 강제노동에 종사하도록 강요당하지 않는다.
(b) 범죄에 대한 형벌로서 중노동이 따르는 구근을 부과할 수 있는 국가에서는, 3항 (a)의 규정이 관할권 있는 법원에 의한 형벌의 선고로 중노동에 종사시키는 것은 금한다고 주장되어서는 안 된다.
(c) 이 규정을 적용함에 있어 강제노동이라는 용어에는 다음이 포함되지 않는다.
(i) 3항 (b)의 규정에는 언급되지 않았으나, 법원의 합법적인 명령으로 구금당하고 있거나, 조건부로 구금이 면제되고 있는 사람에게 통상적으로 요구되는 노동 또는 용역.
(ii) 군사적 성격을 띤 용역, 또는 양심에 따른 병역거부자가 법률에 따라 부과되는 국민적 용역.
(iii) 사회의 존립 또는 복지를 위협하는 긴급사태 또는 재해에 즈음해서 부과되는 용역.
(iv) 시민의 통상적인 의무로 여겨지고 있는 작업 또는 용역.

제9조(신체의 자유) 1. 사람은 누구나 신체의 자유 및 안전을 누릴 권리를 가진다. 아무도 함부로 체포 또는 구금당하지 않는다. 법률에 의한 정해진 이유 및 절차에 의하지 않고는 아무도 그 자유를 빼앗기지 않는다.
2. 체포당하는 사람은 체포당할 때 그가 체포당하는 이유에 대해 통고받고, 또 자기의 혐의 사실에 대해 신속하게 통고받는다.
3. 형법상의 혐의로 체포 또는 구금당한 사람은 판사 또는 법률에 의해 사법권의 행사가 허용된 다른 관리 앞에 신속하게 인도되고, 또 타당한 기간 안에 재판에 회부되거나 석방될 수 있는 권리를 가진다. 재판에 회부된 사람이 구치소에 구금당하는 것이 관례로 되어서는 안된다. 그러나 석방에 즈음해서 재판 또는 사법적 절차상 그 밖의 단계에서의 출두 및 필요한 경우 판결의 집행을 위한 출두가 보증되어야 한다는 조건을 붙일 수 있다.
4. 체포 또는 구금으로 자유를 빼앗긴 사람은 법원을 대상으로 하는 절차를 밟을 수 있는 권리를 가진다. 그 절차가 목적하는 바는, 법원이 그 구금의 합법성에 관해 지체없이 결정을 내릴 수 있고, 또 그 구금이 합법적이 아닐 경우 석방을 명령할 수 있도록 하는 데 있다.
5. 불법으로 체포 또는 구금당한 사람을 마땅히 배상받을 권리를 가진다.

제10조(수감자 처우) 1. 자유를 빼앗긴 모든 사람은 인도적으로, 또한 인간으로서 타고난 존엄성이 존중되는 가운데 다루어진다.
2. (a) 기소당한 사람(미결수)은 예외적인 사정이 있는 경우를 제외하고는 유죄선고를 받은 사람(기결수)과 분리되고, 또 유죄 선고를 받은 사람이 아니라는 그 지위에 알맞는 별도 대우를 받는다.
(b) 소년범은 성인과 분리되고, 또 될 수 있는 내로 신속하세 새반을 받는나.
3. 행형제도는 수감자의 교정과 사회복귀를 그 기본적인 목표로 삼는 수감자의 처우를 포함한다. 소년범은 성인과 분리되고, 또 그 나이와 법적 지위에 알맞은 처우를 받는다.

제11조(민사구금의 금지) 아무도 계약상의 의무를 이행하지 못했다는 이유만으로 금당하지 않는다.

제12조(이동·거주·출입국의 자유) 1. 합법적으로 한 국가의 영토 안에 머무르고 있는 사람은 누구나 자유롭게 이동하고 또 자유롭게 거처를 선택할 수 있는 권리를 가진다.
2. 사람은 누구나 자국을 포함한 어떤 나라로부터도 자유롭게 떠날 수 있다.

3. 1항과 1항에 규정된 권리는 다음의 경우를 제외하고는 어떠한 제한도 받지 않는다. 법률에 의해 규정되고, 국가의 안전 · 공공질서 · 공중위생 · 도덕 · 타인의 권리와 자유를 보호하기 위해 필요하며, 또한 이 협약에서 인정된 다른 권리와 상충되지 않을 경우에는 제한이 가해질 수 있다.
4. 아무도 자국에 돌아오는 권리를 빼앗기지 않는다.

제13조(외국인의 추방) 가맹국의 영토 안에 합법적으로 머무르고 있는 외국인은 법률에 의거하여 내려진 결정에 따라서만 추방당한다. 국가의 안전이나 기타 부득이한 이유가 있는 경우를 제외하고는, 해당 외국인은 자신의 추방에 반대하는 이유를 제시하는 것이 허용되고, 또 관할권 있는 기관 또는 그 기관이 특별하게 지명하는 사람에 의해 그 사안을 재심받는 것이 허용되며, 그렇게 하기 위해 자신의 대리인을 출두시키는 것이 허용된다.

제14조(공평한 재판을 받을 권리) 1. 모든 사람은 법 앞에서 평등하다. 사람은 누구나 형사상의 혐의를 받고 재판에 회부되거나 권리 · 의무에 관한 분쟁으로 재판을 받게 될 때, 법률에 따라 설치된, 관할권 있는, 독립된 그리고 편파적이 아닌 법정이 관장하는 공정한 공개 심리를 받을 권리를 가진다. 재판의 전부 또는 일부가 보도 기관 및 공중에게 공개되지 않는 경우가 있다. 즉 민주사회에서 인정된 도덕 · 공공질서 · 국가안보상의 이유가 있을 때, 또는 그 공개라 사법의 이익을 해치게 되는 특별한 상황에서는 법정이 꼭 필요하다고 보는 한도 안에서, 재판이 공개되지 않을 수 있다. 그러나, 미성년자의 이익이 걸려 있거나, 그 (소송)절차가 부부간의 분쟁 또는 어린애에 대한 후견과 관계되는 경우를 제외하고는, 어떠한 형사사건 또는 소송에서 내려지는 선고라 하더라도 공개되어야 한다.
2. 형사상 범죄와 관련하여 소추당한 사람은 누구나, 법률에 따라 유죄로 밝혀질 때까지는 무죄로 추정받을 권리를 가진다.
3. 형사상의 범죄혐의를 받고 재판에 회부되었을 때 누구에게나 남들과 똑같이 최소한 다음 보장을 받을 권리가 있다.
(a) 본인이 알아듣는 말로 그가 받고 있는 혐의의 성질과 그 이유를 신속하게 그리고 상세하게 고지(告知)되는 일.
(b) 방어를 준비하기 위해 적절한 시간과 편의가 제공되고, 또 자시가 선임한 변호인과 연락을 가지는 일.
(c) 부당하게 지체되지 않고 재판을 받는 일.
(d) 본인이 출석하는 가운데 재판을 받고, 또 자기 자신이 또는 자기다 선임한 변호인을 통해 방어하는 일. 변호인이 없는 경우에는 변호인을 선임할 권리가 있다는 사시리 고지되는 일. 사법의 이익으로 보이 변호인이 필요하면서도 충분한 지불수단이 없는 경우에 그 비용을 부담하지 않고서도 변호인의 도움을 받는 일.
(e) 본인에게 불리한 증인을 본인이 신문하거나(변호인으로 하여금) 신문케 하는 일. 본인에게 불리한 증인과 똑 같은 조건 아래 본인에게 유리한 증인을 출석시켜 이를 신문하는 일.
(f) 법정에서 사용되는 말을 알아듣지 못하거나 말하지 못하는 경우 무료로 통역의 도움을 받는 일.
(g) 본인에게 불리한 진술을 하도록 강요당하거나 유죄를 인정하도록 강요당하지 않는 일.
4. 미성년자인 경우 그 절차는 당사자의 나이와 갱생 촉진을 고려한 것이어야 한다.
5. 유죄의 선고를 받은 사람은 누구나 그 선고와 형량을 법률에 따라 상급법정에서 재심받을 권리가 있다.
6. 확정 판결에 의해 유죄로 인정되었다가, 나중에 새로운 사실 또는 새로이 발견된 사실에 의해 오판이 었음이 밝혀져서 그 유죄선고가 파기되었거나 사면이 베풀러졌을 경우, 그 유죄선고 때문에 복역하게 된

사람은 법률에 따라 보상받는다. 그러나 그러한 사실이 제때에 알려지지 않는 것이 전적으로 또는 부분적으로 본인의 잘못 때문이었음이 밝혀질 경우에는 그렇지 않다.
7. 어떠한 사람도 그 나라의 법률과 형사 절차에 따라 유죄 · 무죄가 확정된 행위로 인해서 또 다시 재판에 회부되거나 처벌받지 않는다.

제15조(소급처벌의 금지) 1. 아무도, 행위 당시에는 국내법상으로 또는 국제법상으로 형사 범죄를 구성하지 않는 작위 또는 부작위를 이유로 하여, 형사범으로서 유죄의 선고를 받지 않는다. 또한 범죄가 행해진 당시에 적용되는 형벌보다 더 무거운 형벌이 가해지지 않는다. 범죄가 행해진 다음에 보다 더 가벼운 형벌을 가하기로 법률이 개정되었을 경우, 범법자는 개정된 법률로부터 혜택을 받는다.
2. 국제사회가 인정하는 법의 일반원칙에 따라 실행 당시에 범죄가 되는 작위 또는 부작위를 이유로 하여 어떤 사람을 재판에 회부하여 처벌하는 것을 이 조문의 어떠한 규정도 막는 것이 아니다.

제16조(법률 앞에서 인격으로 인정받을 권리) 사람은 누구나, 어디에서건, 법 앞에서 하나의 인격으로 인정받을 권리를 가진다.

제17조(사생활 · 명예 · 평판의 존중) 1. 아무도 자신의 사생활, 가정, 집 또는 통신에 대해 함부로 간섭당하지 안고 또 자신의 명예와 신용에 대해 공격당하지 않는다.
2. 사람은 누구나 앞에서 말한 간섭 또는 공격에 대해 법률의 보호를 받을 권리를 가진다.

제18조(사상 · 양심 · 종교의 자유) 1. 사람은 누구나 사상 · 양심 · 종교의 자유를 누릴 권리를 가진다. 이 권리에는, 자기가 선택하는 종교 또는 신념을 가지거나 받아들이는 자유, 자기 혼자서 또는 남들과 함께, 공공연히 또는 은밀하게 예배 · 의식 · 행사 · 강론이라는 형태로 자기의 종교 또는 신념을 밝히는 자유가 포함된다.
2. 아무도 자기가 선택하는 종교 또는 신념을 가지거나 받아들이는 자유를 해칠 우려가 있는 강제를 강요당하지 않는다.
3. 법률에 규정되어 있고, 또 공공의 안녕 · 공공질서 · 공중건강 · 도덕 · 타인의 기본적 권리와 자유를 보호하기 위해 필요한 제한에 의해서만 종교 또는 신념을 표명하는 자유가 제약 받는다.
4. 이 협약의 가맹국은 부모(경우에 따라서는 법정후견인)가 자신의 신념에 따라 그 자녀에게 종교적 및 도덕적 교육을 베푸는 자유를 존중할 의무를 진다.

제19조(표현의 자유) 1. 사람은 누구나 간섭받지 않고 의견을 지닐 권리를 가진다.
2. 사람은 누구나 표현의 자유에 대한 권리를 가진다. 이 권리에는 구두 · 필기 · 인쇄 · 예술형태 · 본인이 선택하는 그 밖의 전당수단으로 국경과는 무관하게, 모든 종류의 정보와 사상을 추구하고 얻고 전달하는 자유가 포함된다.
3. 제2항에 규정된 권리의 행사에는 특별한 의무와 책임이 따른다. 그러므로 이 권리에 일정한 제한이 가해질 수 있다. 그러나 그 세한은 법률에 규성되어 있고, 또 다음을 목적으로 삼는 것이어야 한다.
(a) 타인의 권리 또는 평판에 대한 존중
(b) 국가의 안전 · 공공질서 · 공중건강 또는 도덕의 보호

제20조(전쟁선전 등의 금지) 1. 전쟁을 위한 어떠한 선전도 법률에 의해 금지된다.
2. 차별 · 적대감정 · 폭력을 선동하는 국민적 · 인종적 · 종교적 증오의 고취는 법률에 의해 금지된다.

제21조(집회의 자유) 평화적 집회의 권리는 인정된다. 법률에 따라 가해지는 제한으로서, 국가의 안전

공공의 안녕 · 공공지서 또는 공중건강과 도덕의 보호, 또는 타인의 권리와 자유의 보호를 위해 민주사회에서 필요로 하는 것 이외의 어떠한 제한도 이 권리의 행사에 가해지지 않는다.

제22조(결사의 자유 · 단결권) 1. 사람은 누구나 타인과 결사하는 자유를 누릴 권리를 가진다. 이 권리에는 자기 이익을 보호하기 위해 노동조합을 결성하고 이에 가입하는 권리가 포함된다.

2. 법률에 규정된 제한으로서, 국가의 안전 · 공공의 안녕 · 공공질서 또는 공중건강과 도덕의 보호 또는 타인권리의 자유로운 보호를 위해 민주사회에서 필요로 하는 것 이외의 어떠한 제한도 이 권리의 행사에 가해지지 않는다. 이 조항의 규정은 군대와 경찰 구성원의 상기 권리의 행사에 대해 합법적 제한을 가하는 것을 막지 않는다.

3. 1948년에 '결사의 자유 및 단결권 보호에 관한 ILO조약'이 체결된 바 있다. 그런데 이 조문의 어떠한 규정도 동 조약의 가맹국이 동 조약에 규정된 보장을 해치는 입법조치를 강구하거나, 동 조약에 규정된 보장을 해치는 방법으로 법률을 적용하는 것을 허용하지 않는다.

제23조(가정 및 결혼에 관한 권리) 1. 가정은 사회의 자연적이고 기초적인 집단 단위이다. 가정은 사회와 국가의 보호를 받을 권리가 있다.

2. 결혼할 수 있는 나이가 된 남녀가 결혼하여 한 가정을 이룰 수 있는 권리는 인정된다.

3. 양 당사자의 자유로운 그리고 완전한 동의 없이는 결혼이 성립되지 않는다.

4. 이 협약의 가맹국은 배우자 쌍방이 결혼생활을 하는 동안 또는 이혼하게 될 때 평등한 권리 · 의무를 누릴 수 있도록 적절한 조치를 강구한다. 이혼의 경우에는 어린이를 보호하는 데에 필요한 조치가 강구된다.

제24조(어린이의 권리) 1. 어린이는 누구나, 인종 · 피부색 · 성별 · 언어 · 종교 · 민족적 또는 사회적 출신 · 재산 · 출생에 기인하는 어떠한 차별도 받지 않고, 미성년자라는 지위로 보아 마땅히 받아야 할 보호조치를 가정 · 사회 · 국가로부터 받을 권리가 있다.

2. 어린이는 누구나 출생 직후에 등록되고 또 이름을 가진다.

3. 어린이는 누구나 국적을 얻을 권리가 있다.

제25조(공무 참여) 시민은 누구나, 제2조에 규정된 어떠한 차별 또는 불합리한 제한을 받지 않고, 다음을 행할 권리 및 기회를 가진다.

(a) 자신이 직접 나서서 또는 자유스럽게 선출된 대포를 통해서, 공공의 일을 처리하는것.

(b) 진정한 정기적 선거에서 투표하고 또 피선되는 것. 이 선거는 보통 및 평등 선거권을 기반으로 하여 비밀투표로 실시되고, 또한 선거인의 자유스런 의사 표현이 보장되는 것이라야 한다.

(c) 일반적이고 평등한 조건 아래 자국의 공무에 나서는 것.

제26조(법률 앞에서의 평등 및 차별금지) 모든 사람은 법률 앞에서 평등하다. 누구나 어떠한 차별도 받지 않고 법률의 보호를 똑같이 받을 권리가 있다. 이 점에 있어서 법률은 어떠한 차별도 금지한다. 또한 인종 · 피부색 · 성별 · 언어 · 종교 · 정치적 또는 기타 의견 · 민족적 또는 사회적 출신 · 재산 · 출생 또는 기타 지위에 기인하는 어떠한 차별도 받지 않도록 평등하고도 효과적인 보호를 모든 사람에게 보장한다.

제27조(소수민족 보호) 인종적 · 종교적 또는 언어적 소수 민족이 존재하는 국가의 경우, 소수 민족에 속하는 사람은 다음 권리를 부정당하지 않는다. 그 권리란, 그 집단에 속하는 다른 사람들과 함께 뭉쳐서 자신들의 문화를 누리거나 자신들의 종교를 신봉 · 실천하거나, 자신들의 언어를 사용하는 것을 말한다.

제 4 부

제28조 1. 인권위원회(이하 위원회라 한다.)를 둔다. 위원회는 18명의 위원으로 구성되고 이하는 조문에 규정된 직무를 맡는다.

2. 위원회는 가맹국 국민 중에서 고결한 인격을 갖추었고 또 인권분야에서 뛰어난 능력을 갖춘 사람들로 구성된다. 사법분야에서 경험을 쌓은 사람의 참여가 유익하다는 점이 고려된다.

3. 위원회의 위원은 개인 자격으로 선출되고 또 그 직무를 수행한다.

제29조 1. 제28조에 규정된 자격을 갖추었고 또 가맹국에 의해 후보자로 지명된 사람들의 명단 중에서 비밀투표로 위원회 위원이 선출된다.

2. 가맹국은 2명 이내의 후보자를 지명할 수 있다. 지명된 사람은 그 국가의 국민이어야 한다.

3. 누구나 재지명을 받을 수 있다.

제30조 1. 위원회 의원의 첫 번째 선거는 이 협약이 발효된 날로부터 6개월 이내에 실시된다.

2. 제34조의 규정에 따라 선언된 동석을 채우기 위한 선거를 제외하고, 국제연합사무총장은 위원회 위원 선거일의 적어도 4개월 전에, 위원회 위원으로 지명된 사람의 명단을 3개월 안으로 제출할 것을 요청하는 서안을 가맹국 앞으로 보낸다.

3. 국제연합사무총장은 지명된 모든 사람의, 알파벳순으로 된 명단을 작성하되 그들을 지명한 가맹국을 적시하여 작성하고, 선거일의 적어도 1개월 전에 가맹국 앞으로 보낸다.

4. 위원회 위원의 선거는 국제연합사무총장에 의해 소집되고 국제연합본부에서 개최되는 가맹국회의에서 실시된다. 이 회의의 정족수는 가맹국의 3분의 2로 한다. 이 회의에 참석하여 투표권을 행사하는 가맹국 대표가 던진 최대 다수 및 과반수의 투표를 얻은 피지명자가 위원회 위원으로 선출된다.

제31조 1. 위원회는 같은 국가의 국민 2명 이상을 포함해서는 안 된다.

2. 위원회의 선거에 즈음하여 위원의 배분이 지리적 형평을 유지하고, 또 서로 다른 문명 형태와 주요한 법률 체계가 대표되도록 하는 배려가 있어야 한다.

제32조 1. 위원회 위원의 임기는 4년으로 한다. 위원은 재지명을 받았을 경우 재선될 수 있다. 그러나 첫 번째 선거에서 선출된 위원 중 9명의 임기는 2년으로 한다. 첫 번째 선거가 있은 직후에 제30조 4항에 규정된 회의의 의장은 앞에서 말한 9명의 이름을 제비로 뽑는다.

2. 임기 만료에 즈음한 선거는 앞에 나온 여러 조문의 규정에 따라 실시된다.

제33조 1. 위원회 위원 중 한 사람이 잠정적 부재가 아닌 다른 이유로 그 직무를 수행할 수 없게 되었다고 나머지 위원들이 일치하여 인정할 경우, 위원회의장은 그 사실을 국제연합사무총장에 알리고, 이에 따라서 국제연합사무총장은 그 위원의 의석이 공석이 되었음을 선언한다.

2. 위원회 위원이 사망 또는 사임했을 경우, 의장은 즉시 그 사실을 국제연합사무총장에게 알리고, 이에 따라서 국제연합사무총장은 사망 또는 사임한 날로부터 그 위원의 의석이 공석이 되었음을 선언한다.

제34조 1. 제33조의 규정에 따라 공석이 선언되었는데 잔여 임기가 공석선언 때부터 기산하여 6개월 이내가 아닐 경우에는 , 국제연합사무총장은 그 사실을 그 가맹국에 알린다. 각 가맹국은 공석을 채울 목적으로 2개월 이내에 제29조의 규정에 따라서 지명된 사람의 명단을 보낼 수 있다.

2. 국제연합사무총장은 지명된 사람의, 알파벳순으로 된 명단을 작성하여 가맹국 앞으로 보낸다. 공석을 채우기 선거는 앞에 나온 규정에 따라서 실시한다.

3. 제33조의 규정에 따라서 선언된 공석을 채우기 위해 선출된 위원회 위원은 동 조문의 규정에 따라 의석이 없어진 위원의 잔여임기동안 재임한다.

제35조 위원회 위원은 국제연합총회가 위원회의 첫 번째 회의를 소집하고 그 회의를 국제연합본부에서 개최한다.

제36조 국제연합사무총장은 이 협약에 규정된 직무를 위원회가 효과적으로 수행하기 위해 필요로 하는 직원 및 편의를 제공한다.

제37조 1. 국제연합사무총장은 위원회의 첫 번째 회의를 소집하고 그 회의를 국제연합본부에서 개최한다.

2. 위원회는 첫 번째 회의 이후로는 절차 규칙에 정해진 때에 회의를 개최한다.

3. 위원회는 통상적으로 국제연합본부 또는 제네바에 자리잡은 국제연합사무소에서 회의를 개최한다.

제38조 위원회의 모든 위원은 직무 개시에 앞서, 공개된 위원회 석상에서, 공평하게 그리고 양심적으로 직무를 수행할 것을 엄숙하게 선서한다.

제39조 1. 위원회는 임기 2년의 임원을 선출한 임원은 재선될 수 있다.

2. 위원회는 절차 규칙을 정한다. 절차 규칙에는 특히 다음 사항이 포함된다.

(a) 위원회의 정족수가 12명이라는 것.

(b) 출석 위원의 과반수 찬성으로 위원회의 결정이 이루어진다는 것.

제40조 1. 가맹국은 이 협약에서 인정된 권리의 실현을 위해 자국이 어떤 조치를 취했고 또 그 권리를 누림에 있어서 어느 정도의 행상이 이루어졌는가에 관한 보고를 다음에 따라 제출할 의무를 진다.

(a) 자국에 대해 이 협약이 효력을 발생하는 때로부터 1년 이내.

(b) 그 이후에는 위원회가 요청할 때.

2. 모든 보고는 국제연합사무총장 앞으로 제출하고, 동 사무총장은 그 보고를 위원회 앞으로 보내어 검토받도록 한다. 보고에는, 이 협약의 실시에 영향을 미치는 요인과, 경우에 따라서는, 난점이 기재된다.

3. 국제연합사무총장은, 위원회와 협의한 다음, 그 보고의 사본을 전문기구 앞으로 보낼 수 있되, 그 전문기구의 권한에 속한 사항과 관계되는 부분을 보낸다.

4. 위원회는 가맹국이 제출한 보고를 검토한다. 위원회는 자신의 보고 및 위원회는 가맹국으로부터 받은 보고의 사본과 함께(앞에서 말한) 일반적인 견해를 경제사회이사회 앞으로 보낼 수 있다.

5. 가맹국은 제4항의 규정에 따라 작성된 견해에 대한 자신의 논평을 위원회 앞으로 보낼 수 있다.

제41조 1. 가맹국은 위원회의 다음 권한을 인정한다는 선언을, 이 조문의 규정에 따라 어느 때든지 행할 수 있다. 그 권한이란, 이 협약에 따른 의무를 가맹국 중 어떤 나라가 이행하지 않고 있다고 주장하는 다른 가맹국의 통보를 접수하고 또 검토하는 것을 말한다. 위원회의 그와 같은 권한을 자국에 관해 인정한다는 선언을 행한 가맹국이 제기하는 경우에만, 그와 같은 통보가 접수되고 또 검토된다. 그와 같은 선언을 행하지 아니한 가맹국이 제기하는 경우, 위원회는 그 통보를 접수하지 않는다. 이 조문의 규정에 따라 접수된 통보는 다음 절차에 따라 처리된다.

(a) 한 가맹국이 볼 때에 자른 가맹국이 이 협약의 조항을 실시하지 않고 있을 경우, 그 사안에 대해 서면 통보로 해당국의 주의를 환기할 수 있다. 통보 수령국은 통보를 받은지 3개월 안에 그 사안을 밝히는 설명서 또는 그 밖의 문서를 통보 송부국 앞으로 보낸다. 그 문서에는 그 사안에 관해 임 취해진, 취하고 있

는, 또는 앞으로 취할 수 있는 국내 절차와 국제 수단에 대한 언급이, 가능한 그리고 타당한 한도까지, 포함되고 있어야 한다.

(b) 첫 통보가 수령국에 의해 접수된 지 6개월 안에, 관계 가맹국 쌍방이 만족할 수 있는 정도로 그 사안이 조정되지 아니했을 경우, 위원회와 상대방에게 통고함으로써 그 사안을 위원회에 위임할 권리를 쌍방이 모두 가진다.

(c) 그 사안에 관해 이용이 가능한 국내의 조치가 취해졌고 달리 방법이 없다는 것을 확인한 경우에 한해서, 위원회는 일반적으로 인정된 국제법의 원칙에 따라 위임받은 사안을 처리한다. 그러나 구제 조치의 적용이 불합리하게 지연되는 경우에는 그렇지 않다.

(d) 이 조문의 규정에 따라 통보를 검토하는 경우, 위원회는 비공개 회의를 개최한다.

(e) (c)의 규정에 따르는 것을 전제로 하여, 위원회는 이 협약에서 인정된 인권과 기본적 자유의 존중을 기초로 하는, 사안의 우호적 해결을 이룰 목적으로 관계 가맹국 사이에서 협의를 주선한다.

(f) 위원회는 위임받은 사안이 어떠한 것이건, (b)에서 말하는 관계 가맹국에 대해 관련 정보의 제공을 요구할 수 있다.

(g) (b)에서 말하는 관계 가맹국은 그 사안이 위원회에서 검토되고 있을 때 대표를 출석시키고, 구두 또는 서면으로 자국의 의견을 말할 권리를 가진다.

(h) 위원회는 (b)에서 말하는 통고를 받은 날로부터 12개월 이내에 보고를 제출한다.

(i) (e)에 규정된 대로 해결이 이루어질 경우, 위원회는 보고서에 사실 및 해결에 관한 사항을 간략하게 기술한다.

(ii) (e)에 규정된 대로 해결이 이루어지지 않을 경우 위원회는 보고서에 사실에 관한 사항을 간략하게 기술하고, 관계 가맹국의 의견서 및 구두 진술의 기록을 첨부한다.

2. 이 조문의 (모든)규정은 규약 가맹국 10개국이 1항의 규정에 따른 선언을 행했을 때 효력을 발생한다. 선언은 가맹국이 국제연합사무총장에게 기탁하고, 국제연합사무총장은 그 사본을 다른 가맹국 앞으로 보낸다. 선언은 국제연합사무총장 앞으로 보내는 통고로써 어느 때든지 철회할 수 있다. (그러나 선언의 철회가 있기 전에) 이 조문의 규정에 따른 통보가 이미 있었을 경우, 철회가 통보의 주제인 사안의 검토를 막지 못한다. 선언 철회의 통고가 국제연합사무총장에 의해 접수된 후에는, 그 가맹국이 새로이 선언을 행하지 않는 한, 그 가맹국의 새로운 통보는 접수되지 않는다.

제42조 1. (a) 제 41조의 규정에 따라 위원회에게 위임된 사안이 관계 가맹국 쌍방에 만족을 주게끔 해결이 이루어지지 않을 경우, 위원회는 관계 가맹국의 사전 동의를 얻어, 특별조정위원회(이하 조정위원회라 약칭한다)를 설치할 수 있다. 조정위원회는 이 협약에 대한 존중을 기초로 하는, 사안의 우호적 해결을 이룰 목적으로 관계 가맹국 사이의 협의를 주선한다.

(b) 조정위원회는 관계 가맹국 쌍방이 받아들이는 위원 5명으로 구성된다. 조정위원회의 구성 전부 또는 일부에 관해 3개월 이내에 관계 가맹국 쌍방이 합의를 이루지 못했을 경우, 위원회의 비밀투표로 합의를 얻지 못한 조정위원회위원을 선출하되 위원회위원 중에서 3분의 2 다수표를 얻은 사람으로 한다.

2. 조정위원회위원은 개인 자격으로 직무를 수행한다. 위원은 관계 가맹국 · 협약 가맹국이 아닌 국가 · 41조의 규정에 따른 선언을 행하지 않고 있는 국가의 국민이어서는 안 된다.

3. 조정위원회는 의장을 선출하고, 또 절차규칙을 채택한다.

4. 조정위원회 회의는 보통 국제연합본부 또는 제네바 소재의 국제연합사무소에서 개최된다. 그러나 조

정위원회가 국제연합사무총장 및 관계 가맹국과의 협의를 거쳐 정하는 경우에는 그 밖의 적당한 곳에서 개최될 수 있다.

5. 제36조의 규정에 따라 제공되는 사무국은 이 조문의 규정에 따라 설치되는 조정위원회를 위해서도 용역을 제공한다.

6. 위원회가 접수한 그리고 취합한 정보는 조정위원회에 대해 제공되어야 한다. 조정위원회는 관계 가맹국에 대해 그 밖의 관련 정보를 무엇이나 요구할 수 있다.

7. 조정위원회는 사안을 충분히 검토한 다음, 그러나 어떤 경우에도 사안을 다루기 시작한지 12개월 이내에, 관계 가맹국에 대해 통지를 보내기 위해 위원회의장에서 보고를 제출한다.

(a) 12개월 이내에 사안의 검토를 끝내지 못하는 경우에는, 조정위원회는 보고서에 사안의 검토 상황을 간략하게 기술한다.

(b) 이 협약에서 인정된 인권의 존중을 기초로 하는, 사안의 우호적 해결이 이루어지는 경우에는, 조정위원회는 보고서에 사실과 해결책을 간략하게 기술한다.

(c) (b)에서 말하는 해결이 이루어지지 않을 경우, 조정위원회는 보고서에 다음을 수록한다.

- 관계 가맹국간의 분쟁과 관련되는 모든 사실 관계에 대한 조사 결과.
- 사안의 우호적 해결의 가능성에 대한 의견

또한 이 보고서에는 관계 가맹국이 제출한 진술서와 구두진술의 기록이 포함한다.

(d) (c)의 규정에 따라 조정위원회의 보고가 제출될 경우, 관계 가맹국은 조정위원회의 보고 내용을 수락할 것인가 아니할 것인가를 그 보고를 접수한 지 3개월 이내에, 조정위원회의장 앞으로 통고한다.

8. 이 조문의 규정은 제41조의 규정에 근거한, 위원회의 임무에 아무런 영향을 미치지 않는다.

9. 관계 가맹국은 국제연합사무총장이 작성한 예산안에 따라서 조정위원회위원의 모든 비용을 평등하게 분담한다.

10. 국제연합사무총장은, 필요한 경우, 9항의 규정에 따른 관계 가맹국의 비용 부담에 앞서 조정위원회의 비용을 지불할 권한을 가진다.

제43조 위원회위원 및 제42조의 규정에 따라 임명되는 조정위원회위원은 국제연합을 위해 임무를 수행하는 전문가가 누리기로 되어있는 편의 · 특권 · 면제를 누릴 자격이 주어진다. 이편의 · 특권 · 면제는 '국제연합의 특권 및 면제에 관한 조약' 의 관련 조항에 규정된 바와 같다.

제44조 국제연합 및 전문기구의 기본문서와 조약에 의해서, 또는 그 기본문서와 조약에 따라서 인권분야에 관한 절차가 규정되어 있는 바, 이 협약의 시행에 관한 규정은 상기 절차를 침해하지 않고 적용된다. 또한 가맹국간에 효력을 가지는 일반적인 또는 특별한 국제협정이 있을 경우, 이 협약의 시행에 관한 규정은 가맹국이 그 협정에 따라 분쟁을 해결하고자 다른 절차를 취하는 것을 막지 않는다.

제45조 위원회는 활동에 관한 연차보고를 경제사회이사회를 통해 국제연합총회 앞으로 제출한다.

제 5 부

제46조 국제연합헌장 및 전문기구 기본문서는 국제연합의 여러 기관 및 전문기구의 임무를 각각 규정하고 있는 바, 이 협약의 어느 규정도 국제연합헌장 및 전문기구 기본문서의 규정을 이 협약에 규정된 사항에 대해 적용하는 것을 막는다고 해석되어서는 안 된다.

제47조 모든 인민은 그들의 천연 재화와 자원을 충분히 그리고 자유로이 누리고 또 이용할 천부의 권

리를 가지고 있는 바, 이 협약의 어느 규정도 그 권리를 막는다고 해석되어서는 안된다.

제 6 부

1. 이 협약은 국제연합 가맹국이나 전문기구 회원국, 국제사법 재판소 규정 가입국, 그리고 국제연합총회가 이 협약의 가맹국이 될 것을 요청한 그 밖의 국가가 서명할 수 있도록 개방된다.
2. 이 협약은 비준 절차를 밟아야 한다. 비준서는 국제연합사무총장에게 기탁된다.
3. 이 협약은 1항에서 언급된 국가가 가입할 수 있도록 개방된다.
4. 가입은 가입서가 국제연합사무총장에게 기탁됨으로써 이루어진다.
5.국제연합사무총장은 이 협약에 서명하거나 가입한 모든 국가에 대해 비준서 또는 가입서를 기탁할 것을 통보한다.

제49조 1. 이 협약은 35번째의 비준서 또는 가입서가 국제연합사무총장에게 기탁된 날로부터 3개월 후에 발효된다.
2. 35번째의 비준서 또는 가입서가 기탁된 후에 이 협약을 비준하거나 이 협약에 가입하는 국가에 대해서는, 이 협약에 그 비준서 또는 가입서가 기탁된 날로부터 3개월 후에 발효된다.

제50조 이 협약의 규정은, 어떠한 제한이나 예외없이, 연방국가의 모든 지역에 적용된다.

제51조 1. 어느 가맹국이나 개정을 제안할 수 있고 또 개정안을 국제연합사무총장에게 제출할 수 있다. 국제연합사무총장은 그 즉시로 여러 가맹국에 대해 개정안을 통보하고, 그 제안을 검토, 표결할 여러 가맹국회의의 개최를 찬성하는지 또는 반대하는지를 국제연합사무총장에게 통고해 주도록 요청한다. 가맹국의 3분의 1이상이 회의 개최를 찬성할 경우, 국제연합사 무총장은 국제연합의 주관 아래 회의를 소집한다. 과반수의 찬성으로 채택된 개정안은 승인받기 위해 국제연합총회에 제출된다.
2. 국제연합총회가 승인하고 또 가맹국의 3분의 2가 그 나라 헌법에 규정된 절차에 따라 수락했을 때, 개정은 효력을 발생한다.
3. 개정은, 효력 발생 시에, 개정을 수락한 가맹국에 대해 구속력을 가진다. 그 밖의 가맹국은 이 협약의 규정 및 그 국가가 수락한 그 이전의 개정에 의해 종전대로 구속당한다.

제52조 제48조 5항의 구정에 따라 행해지는 통보와 상관없이, 국제연합사무총장은 제48조 1항에서 언급된 모든 국가에 대해 다음 사항을 통고한다.
(a) 제48조의 규정에 따른 서명, 비준 및 가입.
(b) 제49조의 규정에 따라 이 협약이 효력을 발생하는 날자 및 제51조의 규정에 따라 개정의 효력을 발생하는 날자.

제53조 1. 이 협약을 중국어 · 영어 · 프랑스어 · 러시아어 · 스패인어로 기록된 것을 정본(正本)으로하고, 국제연합기록보관소에 기탁된다.
2. 국제연합사무총장은 제48조에서 언급된 모든 국가 앞으로 이 협약의 인증된 등본을 송부한다.

시민적 · 정치적 권리에 관한 국제협약에 대한 선택의정서

이 의정서의 가맹국은,

시민적 · 정치적 권리에 관한 협약(이하 협약이라 약칭한다)의 목적을 달성하고 또 그 규정의 시행을 더욱 보장하기 위해서는, 협약 제4부의 규정에 따라 설치된 인권위원회(이하 위원회라 약칭한다)가, 이 의정서의 규정에 따라, 이 협약에 제시된 권리 중 하나를 침해당했다고 주장하는 개인의 통보를 접수, 검토할 수 있도록 하는 것이 적당하다고 생각하면서,
다음과 같이 협약한다.

제1조　이 의정서에 가맹하는 협약 가맹국은, 위원회가 협약에 제시된 권리 중 어느 하나를 국가에 의해 침해당했다고 주장하는 자국 국민의 통보를 접수 · 검토할 권리를 가지고 있음을 인정한다. 그 통보가 의정서에 가맹하지 아니한 협약 가맹국에 관계가 되는 것일 경우, 위원회는 어떠한 통보도 접수하지 않는다.

제2조　제1조의 규정을 조건으로 하여, 협약에 열거된 권리 중 어느 하나가 침해당했다고 주장하는 개인은 검토를 요구하는 서면 통보를 위원회 앞으로 보낼 수 있다. 그러나 그 개인은 이용이 가능한 모든 국내적 구제조치를 취했고 달리 방법이 없어야 한다.

제3조　위원회는 이 의정서의 규정에 따른 통보 중, 익명으로 된 것 · 통보제출권의 남용으로 생각되는 것 · 협약의 규정에 저촉된다고 생각되는 것을 접수 불능으로 처리한다.

제4조　1. 제3조의 규정을 조건으로 하여, 위원회는 이 의정서의 규정에 따라 제출된 모든 통보에 대해, 협약의 규정을 침해한 것으로 되어 있는 의정서 가맹국의 주의를 환기한다.
2. 주의 환기를 받은 국가는 6개월 이내에 사안을 밝히는, 그리고 구제조치가 존재하는 경우에는 국가가 그 동안에 취한 구제조치를 밝히는 설명서 또는 진술서를 위원회에 제출한다.

제5조　1. 위원회는 개인 및 관계 가맹국이 보내온 모든 서면 정보에 비추어서, 이 의정서의 규정에 따라 접수된 통보를 검토한다.
2. 위원회는 다음 사항을 확인하지 않고서는 개인으로부터 온 통보를 검토하지 않는다.
(a) 같은 사안이 다른 국제적 심사 또는 해결 절차에 따라 심의되고 있지 않을 것.
(b) 이용이 가능한 모든 국내적 구제조치를 그 개인이 취했고 달리 방법이 없을 것. 그러나 구제조치의 적용이 불합리하게 지연되고 있을 경우에는 이 규칙을 따르지 않는다.

제6조　위원회는 협약 제 45조에서 말하는 연차보고에 이 의정서의 규정에 따른 활동의 개요를 포함시킨다.

제7조　1960년 12월 14일 국제연합총회에 의해 채택된 '식민지 및 그 인민에게 독립을 부여하는 선언'에 관한 결의 1514(XV)의 목적이 달성될 때까지, 이 의정서의 규정은 국제연합헌장 및 국제연합과 전문기구의 주관 아래 체결된 그 밖의 국제조약 및 문서에 의해서 전기 인민에게 부여된 청원권을 제한하지 않는다.

제8조　1. 이 의정서는 협약에 서명한 국가가 서명할 수 있도록 개방된다.
2. 이 의정서는 협약을 비준했거나 협약에 가입한 국가에 의해 비준되어야 한다. 비준서는 국제연합사무

총장에게 기탁된다.
3. 이 의정서는 협약을 비준했거나 협약에 가입한 국가가 가입하 수 있도록 개방한다.
4. 가입은 가입서를 국제연합사무총장에게 기탁함으로써 효력을 발생한다.
5. 국제연합사무총장은 의정서에 서명했거나 가입한 국가에 대해 비준서 또는 가입서를 기탁할 것을 통보한다.

제9조 1. 협약의 발효를 조건으로 하여, 이 의정서는 1번째의 비준서 또는 가입서가 국제연합사무청장에게 기탁되는 날로부터 3개월 후에 효력을 발생한다.
2. 이 의정서는, 10번째 비준서 또는 가입서가 기탁된 후에 비준 또는 가입 절차를 밟는 국가에 대해서는, 그 비준서 또는 가입서가 기탁되는 날로부터 3개월 후에 효력을 발생한다.

제10조 이 의정서의 규정은, 어떠한 제한이나 예외 없이, 연방국가의 모든 지역에 적용된다.

제11조 1. 어느 가맹국이나 개정을 제안할 수 있고 또 개정안을 국제연합사무총장에게 제출할 수있다. 국제연합사무총장은 그 즉시로 의정서 가맹국에 대해 개정안을 통보하고, 그 제안을 검토, 표결할 가맹국회의의 개최를 찬성하는지 또는 반대하는지를 국제연합사무총장에게 통고해 주도록 요청한다. 가맹국의 3분의 1 이상이 회의개최를 찬성할 경우, 국제연합사무청장은 국제연합의 주관 아래 회의를 소집한다. 과반수의 찬성으로 채택된 개정안은 승인받기 위해 국제연합총회에 제출된다.
2. 국제연합총회가 승인하고 도 가맹국의 3분의 2가 그 나라 헌법에 규정된 절차에 따라 수락했을 대, 개정은 효력을 발생한다.
3. 개정은 효력 발생 시에 개정을 수락한 가맹국에 대해 구속력을 가진다. 그 밖의 가맹국은 이 의정서의 규정 및 그 국가가 수락한 그 이전의 개정에 의해 종전대로 구속당한다.

제12조 1. 어느 가맹국이나 국제연합사무총장 앞으로 보낸 서면 통고로 언제든지 탈퇴를 선언할 수 있다. 탈퇴는 국제연합사무총장이 그 통고를 접수한 날로부터 3개월 후에 효력을 발생한다.
2. 탈퇴의 효력이 발생되는 날 이전에 제2조의 규정에 따른 통보가 이미 있었을 경우, 탈퇴선언은 그 통보에 대해 이 의정서의 규정을 계속 적용하는 것을 막지 못한다.

제13조 이 의정서의 제8조 5항의 규정에 따라 행해지는 통보와 상관없이, 국제연합사무총장은 협약 제48조 1항에서 언급된 모든 국가에 대해 다음 사항을 통고한다.
(a) 제8조의 규정에 따른 서명 비준 및 가입.
(b) 제11조의 규정에 따라 개정이 효력을 발생하는 날자.
(c) 제12조의 규정에 따른 탈퇴 선언.

제14조 1. 이 의정서는 중국어 · 영어 · 프랑스어 · 러시아어 · 스페인어로 기록된 것을 정본(正本)으로 하고, 국제연합기록보관소에 기탁한다.
2. 국제연합사무총장은 협약 제48조에서 언급된 모든 국가 앞으로 이 의정서의 인증된 등본을 송부한다.

[경제적 · 사회적 · 문화적 권리에 관한 국제조약(약칭 사회권 조약)]

전문

이 조약의 가입국은,

국제연합헌장에 밝혀진 원칙에 따라, 인류사회의 모든 사람이 나면서부터 가지고 있는 존엄성과 평등하고 남에게 넘겨줄 수 없는 권리를 인정함이 자유와 정의와 세계평화의 기본이 됨을 고려하고,

이러한 권리는 인간의 고유한 존엄성으로부터 유래함을 인정하며,

세계인권선언에 따라 공포와 궁핍으로부터의 벗어나야 한다는 자유 인간의 이상은 사람이라면 누구나 자신의 시민적 · 정치적 권리와 함께 경제적 · 사회적 · 문화적 권리를 누릴 수 있는 조건이 조성되었을 때만 달성될 수 있음을 인정하고,

국제연합헌장을 수락한 여러 나라가 인권과 자유에 대한 보편적인 존중과 준수를 촉진시킬 의무를 지고 있음을 고려하고,

개인도 타인과 공동체에 대해 책임이 있는 바, 이 조약에 명시된 권리의 증진과 준수를 위해 노력할 의무를 지고 있음을 인식하면서,

다음과 같이 합의한다.

제1부

제1조 1. 모든 인민은 자결권을 가진다. 이 권리에 근거하여 모든 인민은 그 정치적 지위를 자유로이 결정하고, 또한 그들의 경제적 · 사회적 · 문화적 발전을 자유로이 추구한다.

2. 모든 인민은 그들의 천연재화와 자원을 자신들을 위해 자유로이 처분할 수가 있다. 이 때, 호혜의 원칙에 근거한 국제적 경제협력 때문에 생기는 의무와 국제법을 위반해서는 안된다. 어떠한 경우에도 한 인민은 그들의 생존 수단을 빼앗겨서는 안된다.

3. 비자치지역 및 신탁통치지역의 행정 책임을 지고 있는 나라를 포함하여 이 조약의 가입국은 국제연합헌장의 규정에 따라 자결권의 실현을 촉진하고, 또한 자결권을 존중한다.

제2부

제2조 1. 각 가입국은 특히 입법 조치의 채택을 포함한 모든 적절한 수단에 의하여 이 조약에서 인정한 권리의 완전한 실현을 점진적으로 달성하기 위해, 개별적으로 또한 국제적인 원조와 협력, 특히 경제적 기술적인 지원과 협력을 통하여, 자기 나라의 가용 자원이 허용하는 최대한도까지 조치를 취할 의무를 진다.

2. 가입국은 이 조약에서 선포된 권리가 인종 · 피부색 · 성별 · 언어 · 종교 · 정치적 또는 기타의 의견 · 민족적 또는 사회적 출신 · 재산 · 가문 · 기타의 신분에 기인하는 어떠한 종류의 차별도 받지 않고 행사되도록 보장할 의무를 진다.

3. 개발도상국은 인권 및 자국 경제를 적절하게 고려하는 가운데 이 조약에서 인정된 경제적 권리를 비자국인에게 어느 정도로 보장할 것인가를 정할 수 있다.

제3조 가입국은 이 조약에 규정된 모든 경제적 · 사회적 · 문화적 권리를 남녀가 평등하게 누리도록 보장할 의무를 진다.

제4조 가입국은 이 조약에 따라서 국가가 제공하는 권리의 향유에 있어서 법률이 정하는 바에 따라서만 국가가 그 권리에 제한을 가할 수 있음을 인정한다. 그 제한은 이 권리의 본질과 모순되지 아니하고, 또한 오직 민주사회에서의 공공복지를 증진시킬 것을 목적으로 하는 경우에 한한다.

제5조 1. 이 조약이 어떠한 조항도 국가 · 집단 · 개인에게 다음 권리를 인정해 주는 것으로 해석되어서는 안된다. 그 권리란, 이 조약에 인정된 권리 또는 자유를 파괴하거나, 이 조약에 규정된 제한의 범위를 넘어서 제한을 가할 것을 목적으로 하는 활동에 종사, 또는 행위를 벌일 권리를 말한다.
2. 어떤 나라에서 특정한 기본적 인권이 법률 · 조약 · 규칙 또는 관습으로 인정되거나 현실로 존재하는 경우, 이 조약이 그 권리를 인정하지 않고 있다는 이유로, 또한 인정하는 범위가 좁다는 이유로 그 권리를 제한하거나 침해하지 못한다.

제3부

제6조 1. 가입국은 노동의 권리를 인정한다. 이 권리에는 각자가 자유롭게 선택하거나 수락하는 노동으로 생계를 꾸려나갈 기회를 얻을 권리도 포함된다. 가입국은 노동의 권리를 보장하기 위해 적절한 조치를 취한다.
2. 가입국이 노동의 권리를 완전하게 실현하기 위해 취하는 조치에는 개개인에게 기본적인 정치적 · 경제적 자유를 보장하는 조건 아래서, 착실한 경제적 · 사회적 · 문화적 발전과 완전하고도 생산적인 고용을 달성하기 위한 기술 및 직업의 지도 · 훈련 계획 · 정책 · 방법이 포함된다.

제7조 가입국은 누구나 공정하고 유리한 노동조건, 특히 다음 항목을 보장하는 노동조건을 누릴 권리가 있음을 인정한다.
가. 최소한 모든 노동자에게 제공하는 다음의 보수
(1) 공정한 임금 및 어떤 차별도 없는 동일한 가치의 노동에 대한 동일한 보수, 특히 여자의 경우 동일한 노동에 대한 동일한 임금과 함께 남자의 노동조건에 뒤떨어지지 않는 노동조건을 보장할 것.
(2) 이 조약의 규정에 부합하는 노동자 자신과 그 가족의 평균적인 생활
나. 안전하고 위생적인 작업 조건
다. 연공서열과 능력 이외의 어떤 것도 고려되지 않고, 누구나 고용관계 안에서 적절한 상급 지위로 승진할 수 있는 균등한 기회
라. 휴식, 여가 및 노동시간의 합리적 제한, 공휴일에 대한 보수와 정기적인 유급휴일

제8조 1. 가입국은 다음의 권리를 보장할 것을 책임진다.
가. 모든 사람은 자신의 경제적 · 사회적 이익을 증진시키고 보호하기 위해 누구든지 노동조합을 조직할 수 있고, 또 해당 노동조합의 규칙에만 따르는 가운데 자신이 선택하는 노동조합에 가입할 수 있는 권리. 그러한 권리의 행사에 대하여는 법률로 정해진 바, 국가의 안전이나 공공질서를 위해서 또는 타인의 권리와 자유를 보장하기 위해서 민주사회에 필요한 제한 이외의 어떠한 제한도 가할 수 없다.
나. 노동조합이 전국적인 연맹 또는 총연맹을 결성할 권리 및 연맹이나 총연맹이 국제적인 노동조합조직을 결성하거나 거기에 가입할 권리
다. 노동조합은 법률로 정한 바, 국가의 안전이나 공공질서를 위해서 또는 타인의 권리와 자유를 보호하

기 위해서 민주사회에서 필요한 제한 이외의 어떠한 제한도 받지 않고 자유롭게 활동할 권리
라. 파업권, 그러나 이 권리는 그 나라의 법률에 따라 행사되어야 한다.
2. 이 조문은 군, 경찰 또는 국가행정기관 구성원이 앞에 쓴 권리를 행사하는 것에 대하여 합법적인 규제를 배제하는 것이 아니다.
3. 이 조의 어떠한 규정도 결사의 자유 및 단결권 보호에 관한 ILO조약(1948) 가입국이, 동 조약에 규정된 보장을 저해하는 입법조치를 취하거나, 저해하는 방식으로 법을 적용하는 것을 허용하지 않는다.

제9조 가입국은 사회보험을 포함한 사회보장을 받을 권리가 누구에게나 있음을 인정한다.

제10조 가입국은 다음을 인정한다.
1. 가정은 사회의 자연적이고 기본적인 단위이다. 가능한 한 최대의 보호와 원조가 가정에 대해 주어져야 한다. 특히 가정의 형성을 위해 그렇거니와, 한 가정이 부양할 어린이의 양육과 교육을 책임지고 있는 동안에는 보호와 원조가 마땅히 주어져야 한다. 결혼은 혼인 의사를 가진 두 당사자의 자유로운 합의로 이루어져야 한다.
2. 산전산후의 상당한 기간 동안 산모에게 특별한 보호가 주어져야 한다. 직장생활을 하고 있는 산모인 경우에는 그 기간동안 유급휴가나, 상당한 사회보장의 혜택이 따르는 휴가가 주어져야 한다.
3. 출생이나 그 밖의 조건을 이유로 하는 어떠한 차별도 없이 모든 어린이와 청소년을 돕기 위한 특별한 보호와 원조의 조치가 취해져야 한다. 어린이와 청소년을 그들의 정신 또는 건강에 해롭거나, 생명에 위험을 주거나, 그 정상적인 발육에 지장을 줄 우려가 있는 노동에 종사시키는 행위는 법률로 처벌되어야 한다. 또한 국가는 연령제한을 정해야 한다. 그 연령에 미치지 못한 어린이를 임금을 주고 일을 시키는 행위는 법률로 금지되고, 또한 처벌되어야 한다.

제11조 1. 가입국은 누구나 상당한 생활수준을 유지하고, 또한 부단히 생활조건을 향상시킬 권리가 있음을 인정한다. 상당한 생활수준이란 자기와 자기 가족이 쓸 상당한 식량, 의복 및 주택을 그 내용으로 한다. 가입국은 이 권리의 실현을 확보하기 위해 적절한 조치를 취하고, 또한 그러기 위해서는 자유로운 합의에 근거한 국제협력이 매우 중요하다는 것을 인정한다.
2. 가입국은 사람이 누구나 굶주림에서 벗어날 기본적 권리를 가지고 있음을 인정하면서, 단독으로는 물론 국제협력을 통해, 다음을 이룩하기 위해 구체적인 계획, 기타 필요한 조치를 취한다.
가. 식량의 생산 · 보존 · 분배의 방법을 개선한다. 개선의 방법으로는 기술적 및 과학적 지식을 충분히 이용하는 것, 영양 원칙에 관한 지식을 보급하는 것, 천연자원을 가장 효과적으로 개발하고 이용할 수 있도록 농지제도를 발전 또는 개혁하는 것 등을 들 수 있다.
나. 식량의 수입국과 수출국 쌍방의 문제를 고려하면서, 수요와 관련하여 세계의 식량 공급품의 분배가 공평하게 이루어지도록 한다.

제12조 1. 가입국은 누구에게나 성취할 수 있는 최고수준의 신체적 및 정신적 건강을 누릴 권리가 있음을 인정한다.
2. 가맹국이 이 권리의 완전한 실현을 위해 취할 조치에는 다음 사항을 위하여 필요한 조치가 포함된다.
가. 사산율과 유아사망율의 감소 및 어린이의 건전한 발육을 위한 대책
나. 환경위생 및 산업위생의 모든 부문의 개선
다. 전염병, 풍토병, 직업병 및 기타 질병의 예방 · 치료 및 억제
라. 질병 발생시 누구나 의료와 의학적 배려를 받을 수 있는 여건의 조성

제13조 1. 가입국은 누구에게나 교육받을 권리가 있음을 인정한다. 가입국은 교육이 인격의 완성과 인격의 존엄성에 대한 의식을 온전히 발전시키는 방향으로 나아가야 하며, 또 인권과 기본적 자유에 대한 존경심을 굳건하게 해야한다는 것에 동의한다. 더 나아가서 가입국은 교육이 모든 사람으로 하여금 자연스런 사회에 효과적으로 참가할 수 있게 한다는 것, 모든 나라와 인종 · 종족 · 종교 집단 사이에 이해와 관용 및 우의를 촉진시킨다는 것, 그리고 평화를 유지하기 위해 국제연합의 활동을 증진시킬 수 있도록 하는 것에 동의한다.

2. 가입국은 이 권리의 완전한 실현을 달성할 목적으로 다음을 인정한다.

가. 초등 교육은 모든 사람에게 무상 의무 교육으로 실시한다.

나. 기술 및 직업 중등교육을 포함하여 여러 가지 형태의 중등교육은 모든 적절한 방법을 통해서, 특히 무상교육의 점진적 도입에 의하여 모든 사람이 일반적으로 이용할 수 있도록 하고, 또한 모든 사람에게 개방한다.

다. 고등 교육은 모든 적절한 방법을 통해, 특히 무상교육의 점진적 도입에 의하여, 능력에 따라 모든 사람에게 균등하게 개방한다.

라. 초등교육을 받지 못했거나 그 전 과정을 마치지 못한 사람들을 위해 될 수 있는 대로 광범하게 기초교육을 장려 또는 강화한다.

마. 모든 단계의 학교제도의 발전을 적극적으로 추구하고, 적절한 장학제도를 수립하며, 교원의 물질적 처우는 부단히 개선한다.

3. 가입국은 부모 또는 법정 후견인이 자녀를 위해 학교를 선택할 자유를 존중할 책임을 진다. 여기서 말하는 학교란 공공기관이 설치하지 아니하되, 국가가 설정하거나 승인한 교육상의 최저기준에 합치하는 학교를 가리킨다. 또한 가입국의 부모 또는 법정 후견인이 자신의 신념에 따라서 자녀의 종교교육과 도덕교육을 책임지는 자유를 존중할 것을 약속한다.

4. 이 조문의 어떠한 규정도 개인 및 단체가 교육기관을 설치 · 운영하는 자유를 막는 것으로 해석되어서는 안된다. 그러나 교육기관이 언제나 1항에 제시된 원칙을 준수하고 있고, 또 그 기관에서 이루어지는 교육이 국가가 설정한 최저기준에 부합하고 있다는 조건 아래서만 그러하다.

제14조 이 조약 가입 당시에 본토에서는 물론이요, 그 통치하에 있는 다른 지역에서 무상 초등의무교육을 실시하지 못하고 있는 각 가입국은 다음을 이행할 책임을 진다. 즉 무상 의무교육 원칙을 점진적으로 실시하기 위한 상세한 행동계획을 2년 이내에 마련 · 채택하되, 합리적인 실시 기간이 그 계획에 명시되어 있어야 한다.

제15조 1. 가입국은 누구에게나 다음 권리가 있음을 인정한다.

가. 문화적인 생활에 참여할 수 있는 권리

나. 과학의 진보와 그 응용에서 오는 혜택을 누릴 수 있는 권리

다. 자기가 창조한 과학적 · 문화적 · 예술적 작품에서 생기는 유형 · 무형의 이익을 보호받는 데에서 오는 혜택을 누릴 수 있는 권리.

2. 가입국이 이 문화적 권리의 완전한 실현을 이룩하기 위하여 취하는 조치 중에는 과학과 문화의 보전 · 발전 · 보급에 필요한 조치가 포함된다.

제4부

제16조 1. 가입국은 이 조약에서 인정된 권리가 잘 지켜지도록 하기 위해서 어떤 조치를 취했고 또 어떤 발전이 이루어졌는가 하는 보고서를 이 조약 제4부의 규정에 따라 제출할 의무를 진다.
2. 가. 모든 보고서는 국제연합 사무총장에게 제출한다. 국제연합 사무총장은 이 조약의 규정에 따라 경제사회이사회가 심의할 수 있도록 그 사본을 보낸다.
나. 국제연합 사무총장은 또한 전문기구 회원국이기도 한 가입국으로부터 온 보고서의 사본 또는 관련 부분을 전문기구 앞으로 보낸다. 그러나 이것은 그 보고서 또는 보고서의 일부가 그 전문기구의 기본 문서에 따라 임무 범위에 속하는 사항과 관련이 있는 경우에 한한다.

제17조 1. 가입국은, 경제사회이사회가 가입국 및 관계 전문기구와 협의를 거친 다음 이 조약의 발효 후 1년 이내에 작성하는 계획에 따라, 보고서를 단계적으로 제출한다.
2. 보고서에는 이 조약에 규정된 의무의 이행 정도에 영향을 미치는 요인 및 장애를 기재할 수 있다.
3. 관련 정보가 가입국에 의해 국제연합 또는 전문기구 앞으로 이미 제출되었을 경우, 그 정보를 다시 작성할 필요는 없고, 제출된 정보에 대한 명확한 언급만으로 족하다.

제18조 국제연합헌장은 인권 및 기본적 자유 분야의 책임을 경제사회이사회에 지우고 있다. 이 책임에 따라 경제사회이사회는 이사회 앞으로 보고서를 보내주는 문제에 관해 전문기구와 사전 협의를 가질 수 있다. 그 보고서는 조약 준수 촉진 활동에서 이룩된 진전에 관한 것인데, 그 활동이 동 전문기구의 활동 범위에 속해 있어야 한다. 전문기구의 권한 있는 기관이 채택한, 협약 실시에 관한 결의 및 권고의 자세한 내용이 이 보고서에 포함될 수 있다.

제19조 가입국의 경우는 제16조와 제17조의 규정에 따라, 전문기구의 경우는 제18조의 규정에 따라, 각각 인권에 관한 보고서를 제출하기로 되어 있다. 경제사회이사회는, 검토와 일반적인 권고를 위해, 또는 적당하다고 생각하는 경우에는 정보용으로, 적절한 보고서를 인권위원회 앞으로 보낼 수 있다.

제20조 가입국 및 관계 전문기구는 제19조의 규정에 따라 행해진 일반적 권고에 대한 의견을 경제사회이사회에 제출할 수 있다. 인권위원회의 보고서 또는 인권위원회의 보고서에서 언급된 문서가 그와 같은 일반적 권고를 언급하고 있을 경우, 그 부분에 관한 의견도 위와 똑같다.

제21조 경제사회이사회는 일반적 성격을 지닌 권고가 첨부된 보고서와, 가입국 및 전문기구로부터 접수한 정보의 개요를 수시로 총회에 제출할 수 있다. 그 정보란 이 조약에서 인정된 권리의 실현을 위해 취해진 조치 및 이룩된 진전 사항에 관한 것을 말한다.

제22조 이 조약 제4부에 규정된 보고서에서 어떤 사안이 제기될 경우, 경제사회이사회는 기술원조 제공에 관여하는 국제연합의 다른 기구, 그 보조기관 및 전문기구에 대해 주의를 환기시킬 수 있다. 그 사안이란, 앞에 쓴 기관들이 각기의 소관 분야에서 이 조약의 효과적이고도 점진적인 시행에 도움이 될 만한 국제적 조치를 결정하는 데 참고가 되는 것을 말한다.

제23조 가입국은 이 조약에서 인정된 권리를 실현시키기 위한 국제적 조치에는 조약의 체결, 권고의 채택, 기술원조의 제공, 관계국 정부와 협조하여 조직된 협의 및 연구를 목적으로 하는 지역회의와 전문가 회의의 개최와 같은 방안이 포함된다는 것을 인정한다.

제24조 국제연합헌장 및 전문기구 기본문서는 국제연합의 여러 기관 및 전문기구의 임무를 각각 규정하고 있는 바, 이 조약의 어느 규정도 국제연합헌장 및 전문기구 기본문서의 규정을 이 협약에 규정된 사

항에 대해 적용하는 것을 막는다고 해석되어서는 안된다.

제25조　모든 인민은 그들의 천연재화와 자원을 충분히 그리고 자유스러이 누리고 또 이용할 타고난 권리를 가지고 있는 바, 이 조약의 어느 규정도 그 권리를 막는다고 해석되어서는 안된다.

제5부

제26조　1. 이 조약은 국제연합 가입국이나 전문기구 회원국, 국제사법재판소 규정 가입국, 그리고 국제연합 총회가 이 조약에 가입하도록 요청한 그밖의 국가가 서명할 수 있도록 개방된다.
2. 이 조약은 비준 절차를 밟아야 한다. 비준서는 국제연합 사무총장에게 기탁된다.
3. 이 조약은 1항에서 언급된 국가가 가입할 수 있도록 개방된다.
4. 가입은 가입서가 국제연합 사무총장에게 기탁됨으로써 이루어진다.
5. 국제연합 사무총장은 이 조약에 서명하거나 가입한 모든 국가에 대해 비준서 또는 가입서를 기탁할 것을 통보한다.

제27조　1. 이 조약은 35번째의 비준서 또는 가입서가 국제연합 사무총장에게 기탁된 날로부터 3개월 후에 발효된다.
2. 35번째의 비준서 또는 가입서가 기탁된 후에 이 조약을 비준하거나 이 조약에 가입하는 국가에 대해서는, 이 조약은 그 국가의 비준서 또는 가입서가 기탁된 날로부터 3개월 후에 발효된다.

제28조　이 조약의 조항은, 어떠한 제한이나 예외 없이, 연방 국가의 모든 지역에 적용된다.

제29조　1. 어느 가입국이나 개정을 제안할 수 있고 또 개정안을 국제연합 사무총장에게 제출할 수 있다. 국제연합 사무총장은 그 즉시로 여러 가입국에 대해 개정안을 통보하고, 그 제안을 검토 · 표결할 가입국 회의의 개최를 찬성하는지 또는 반대하는지를 국제연합 사무총장에게 통고해주도록 요청한다. 가입국의 3분의 1 이상이 회의 개최를 찬성할 경우, 국제연합 사무총장은 국제연합의 주관 아래 회의를 소집한다. 과반수의 찬성으로 채택된 개정안은 승인받기 위해 국제연합 총회에 제출된다.
2. 개정안은 국제연합 총회가 승인하고 또 가맹국의 3분의 2가 그 나라 헌법에 규정된 절차에 따라 수락했을 때 효력을 발생한다.
3. 개정안은 효력 발생시에 개정을 수락한 가입국에 대해 구속력을 가진다. 그 밖의 가입국은 이 조약의 조항 및 그 국가가 수락한 그 이전의 모든 개정에 의해 종전대로 구속된다.

제30조　제26조 5항의 규정에 따라 행해지는 통보와 상관없이, 국제연합 사무총장은 제26조 1항에서 언급된 모든 국가에 대해 다음 사항을 통고한다.
가. 제26조의 규정에 따른 서명, 비준 및 가입.
나. 제27조의 규정에 따른 이 조약의 발효 일자 및 제29조의 규정에 따른 개정이 효력을 발생하는 일자.

제31조　1. 이 조약은 중국어 · 영어 · 프랑스어 · 러시아어 · 스페인어로 기록된 것을 정본으로 하고, 국제연합 기록보관소에 기탁된다.
2. 국제연합 사무총장은 제26조에 언급된 모든 국가 앞으로 이 조약의 인증된 등본을 송부한다.

참고문헌

- 고령사회법제 워크샵, 고령사회와 성년후견제도(2003)
- 고수현(2009), 노인복지이론과 실제; 학지사
- 구본미(20011) 노년기 장애발생과 장애수준 변화의 영향요인에 대한 종단 연구
- 국가인권위원회, 한국성서대학교(2006), 노인에 대한 사회차별 실태조사: 개인적 및 제도적 차별경험을 중심으로
- 국가인권위원회(2008), 노인인권교육교재
- 권중돈(2007) 노인복지론; 학지사
- 김성철, 류기덕, 이문국, 정희남(2009), 노인복지론
- 김신겸, 박인수(2010), 노인학대; Journal of Korean Geriatric Psychiatry 2010, 14: 3-8
- 김판기(2011), 2011년 민법개정과 향후 과제: 제한능력자제도로의 전환을 중심으로; 법학연구 제19권 제2호
- 나영선(2010), 외국의 고령자고용서비스 사례 및 시사점
- 노인생활실태조사(2012)
- 대통령자문정책기획위원회(2006) 사회비전 2030: 선진복지국가를 위한 비전과 전략
- 대통령직속저출산고령사회위원회(2006) 고령사회주거지원 종합대책
- 대한민국정부(2008), 제1차 저출산고령사회기본계획(보완: 2006-2010), 새로마지플랜 2010
- 대한민국정부(2010), 제2차 저출산 · 고령사회 기본계획: 새로마지 플랜 2015
- 문화체육관광부(2010), 행복을 반올림하는 사다리: 80가지 서민행복정책
- 박광준(2004), 고령사회의 노인복지정책: 국제비교적 관점; 학현사
- 박재간, 손화희(2005), 영국과 스웨덴의 노인복지정책
- 박효진(2008), 노인의료보장제도로서 국민건강보험과 노인장기요양보험제도 비교 분석 연구; 29-45
- 백승흠(2010), 성년후견제도의 도입과 과제; 한양대 법학논총 27집 제1호
- 보건복지부(2011), 노인보건복지 사업안내
- 보건복지부(2010), 2009 노인학대현황보고서
- 보건복지부(2010), 2010 보건복지통계연보
- 보건복지부(2011), 2010 보건복지백서
- 보건복지부(2012), 2011년도 노인실태조사
- 보건복지부, 계명대학교(2009), 2008년도 노인실태조사: 전국노인생활실태 및 복지욕구조사
- 보건복지부, 중앙노인보호전문기관(2011), 노인학대 현황보고서

- 보건복지부, 한국보건사회연구원(2009), 성년후견제 사회복지분야 지원방안 연구
- 보건복지부 한국보건산업진흥원(2011), 고령친화사업 실태조사 및 산업분석
- 보건복지통계연보(2010)
- 서울 노년학 국제학술 심포지움(2006)
- 서울 북경 동경의 노인의 삶과 사회복지정책 및 서비스
- 서혜경(2009), 노인죽음학개론
- 서혜경 외(2012), 고령화사회와 노인인권, 경춘사
- 서혜경 외(2012), 노인상담모델, 학지사
- 석재은(2010), 공적연금 및 기초 노령연금의 빈곤감소효과 및 효율성: 서울시를 중심으로; 사회복지정책 제 37권 제 3호, 한국사회복지정책학회
- 안진(2007), 노인인권의 발달과 현황에 관한 소고; 인권법평론 2007-1, 109-134
- 유엔(2009), World Population Prospects; 2008 Revision
- 유엔총회(2011), A/66/173(2011.07.22.)
- 이윤경(2011), 백세시대 대응 노인장기요양체계 개선방안; 보건복지포럼(2011. 10)
- 이준구(2002), 일본 고령사회대책대강의 제정과 해설; 노인복지학회 vol.15,273-301
- 인구보건복지협회(2010), 2010 세계인구현황보고서 한국어판 발간; 분쟁과 위기에서 새로운 미래로 : 변화의 세대
- 일본고령자의 재산관리문답: 고령자 장애자의 재산 관리 연구회
- 조애저(2008), 노인학대 실태와 정책방안: 보건복지포럼 2008.9, 16-29
- 조임현(2011), 노인의 성인식에 관한 탐색적 연구; 노인복지연구 52호, 391-418
- 최공필, 남재현(2005), 인구고령화의 경제적 영향과 시사점
- 최성재, 장인협(2010), 고령화시대의 노인복지학
- 최성재(2011), 모든 세대가 함께하는 고령화사회; 선진국의 경험과 한국의 정책방향
- 한국법제연구원(2003) 고령사회와 성년후견제도
- Barr(2004), Economics of the Welfare State
- Cowglil, D.O. & Holmes. L. D.(1972), Aging and modernization, Net York: Appleton Century-Croft
- Diego Rodrigues-Pinzon & Claudis Martin(2003), The International Human Rights Status of Elderly Persons; American University International Law Review, Vol.18,Issue 4.
- Estes(2001), Social Policy & Aging
- Gasparini, Leonardo, Javier Alejo, Francisco Haimovich, Sergio Olivieri, and Leopoldo Tormarolli, 2007, Poverty among the Elderly in Latin America and

Carribbean, Background Paper for the WESS, 2007
- Glass, T. A. & Maddox, G.L.(1992), The quality and quantity of social support: Stroke recovery as a psycho-social transition. Social Science and Medicine, 34, 1249-1261
- Gool,C.H., Kempen, I.J. M., Penninx B.W. J.H, Deeg, D,J,H, Beekman, A. T.F., Eijk, J(2005), Impact of depression on disablement in late middle aged and older person: results from the longitudinal Aging Study Amsterdam. Social Science & Medicine, 60, 25-36
- Grundy, E., & Glaser, K(2000), Socio-demographic differences in the onset and progression of disability in early oldage: a longitudinal study. Age and Ageing, 29, 149-157
- Healy, J.(2004), The benefits of an ageing population
- Huong TT (2007a), Study on current system for recording and reporting of suicide: attempet suicide in Vietnam
- Jang, IS.N., & Kim, D.H. (2010), Trends in the health status of older Koreans. Journal og American Gertric Society, 58, 592-598
- Japanese Government(1995), The basic law in measures for the aging society; law No. 129
- Kaplan,G.A. Strawbridge, W. J., Camacho T., & Cohen, R.D.(1993), Factors associated with change in physical functioning in the lelderly. Journal of Aging and Health, 5, 140-153
- Leon C. F. Gold D.T. Glass T.A. Education gender and compression of Morbidity. International Journal of Aging Hum Dev. 39(3) 233-246
- Li.L W(2005), Predictirs of ADL disability trajectories among low-incpme frail elders in the coumunity . Research on aging 27 (6) 615-642
- Li XY, Phlips Mr. Wang YP, Yang R S, Zang C, Ji HY, Bian Phillips MR(2002), Characteristics of serious suicide attemts treated in genaral hospitals
- Li, XY Phillips MR, Wang Yp, Yang RS Zang C, Ji HY, Bian (2003), The comparison impulsive and non-impulsive suicide attempts, Chinese Journal of Nervous and Mental Dusease 29:27-31 (in Chibesee)
- OECD(2005), Live longer, work longer, Paris: OECD
- OECD(2009), Policies for healthy ageing an overview. Paris: OECD
- OECD(2009), Pension at a Glance 2009, Paris: OECD

- OECD(2009), The Long-term care workforce: Overview and strategies to adapt supply to a growing demand
- OECD(2011), Factbook 2011-2012
- OECD(2011), Help wanted? Providing and paying for long-term care, Paris: OECD
- OCED(2011), Health Data
- OECD(2011), Pension at a Glace 2010, Paris: OECD
- Stuck A.E. Walthert J. M. Nikolaus. T Bula C. J., & Beck H. C.(1999), Risk factiors for functional status decline in community-living elderly people; A systematic literature review .JC Social Science medicine 48 (4), 445-69
- Tuker A,(2006), Housing policy for older people in the UK, In proceedings of policy forum on low fertility and aging society held in Seoul on September 13-14 2006
- United nations(1993, 2000) The sex and age distribution of world population. New York; United Nations
- United nations(2007), Develpment in an aging world(overview), New York: UN
- Von Korff, M. Ormel. J. Katon W. & Lin E.(1992), Disability and Depression among high utilizers of health care: A longitudinal anakysis Archivws of Genaral Psychiatry, 49(2), 91-100
- Walker, A.(2002), A strategy for active ageing, International social security review, 55(1), 121-139
- Wilcox,V.L., Kasl S., & Berkman L.F.(1994), Social support and physical disability in older people after hospitalization; A prospective study. Health Psychologt 13, 170-179
- Williamson, J. B. Watts-Roy(1999), Framing the generational equity debate. The generational equity debate:3-37
- http://www.globalageing.org/agingwatch/convention/process,2011.0731검색

고령화 사회와 노인인권

지은이 서혜경 · 나영희
발행인 안 중 기
발행처 도서출판 경춘사
등록번호 제10-153(1987. 11. 28)

인　쇄 2012년 11월 20일
발　행 2012년 11월 30일

서울 특별시 마포구 공덕 1동 117-25
경춘빌딩 101호

전화 716-2502, 714-5246
팩스 704-0688

값 20,000원

ISBN 978-89-5895-109-4 93330